Caniadau Maes y Plwm: Gweithiau Barddonol

Edward Jones

BIBLIOLIFE

CANIADAU MAES Y PLWM.

GWEITHIAU BARDDONOL

Y

DIWEDDAR MR. EDWARD JONES,

MAES Y PLWM.

TREFFYNNON:
ARGRAFFWYD A CHYHOEDDWYD GAN P. M. EVANS.

MDCCCLVII

RHAGYMADRODD.

———

Anwyl Gydwladwyr,—

Y mae enw "Edward Jones o Faes y plwm" yn
dra hysbys i bawb o honoch. Nid yn hawdd y gellir
cyfarfod â Chymro mewn un man yn anadnabyddus o
hono. Y mae efe yn un o'r enwau cysegredig hyny a
seinir gydag edmygedd cyffelyb ar yr aelwyd grefyddol
ag yn yr Ysgol Sabbothol, yn y cynnulliad eglwysig ag yn
yr addoliad cyhoeddus. Y mae rhanau o'i gyfansodd-
iadau hefyd mor adnabyddus i chwi ag ydyw ei enw ef;
a mynych y dyfynir hwy yn eich clywedigaeth, ochr yn
ochr âg Emynau yr "Hen Williams," gyda pharch heb
fod yn ail i ddim ond i gyfansoddiadau y "dynion sanct-
aidd" hyny gynt "a ysgrifenasant megys y cynhyrfid hwy
gan yr Ysbryd Glân."

Ond er fod ei enw fel hyn mor gynnefin, a rhanau o'i
waith mor hysbys, i ni fel cenedl, eto ychydig iawn, mewn
cymhariaeth, a welsant fwy na'r ychydig bennillion o'i
eiddo a welir yma a thraw yn y gwahanol Emyn-lyfrau
sydd yn arferedig yn ein plith. Nid yw y llyfrau a
gyhoeddwyd o'i waith i'w gweled ond yn anfynych iawn.
Y mae yn gryn orchest cael gafael ynddynt; ac y mae
rhai o honynt allan o argraff er ys llawer o flynyddau.

Y mae bellach saith mlynedd a deugain wedi myned
heibio er pan gyhoeddodd yr Awdwr y gyfran gyntaf o'i
gyfansoddiadau, yr hyn a wnaeth efe yn y flwyddyn 1810.
Dilynodd cyfran arall, yr hon a elwid ganddo yn ail ran,
cyn pen ychydig o flynyddau. Ond ni chyhoeddwyd y

gweddill o'i ganiadau hyd y flwyddyn 1839, ymhen tua thair blynedd ar ol marwolaeth yr Awdwr, a thua naw mlynedd ar hugain ar ol cyhoeddiad y gyfran gyntaf o'i weithiau, mewn cysylltiad â Chofiant am dano gan ei feibion—y Parch. John Jones, Runcorn, a'r Parch. Daniel Jones, y pryd hwnw o Gilcain, ond wedi hyny Cenadwr yn Mryniau Cassia, yn yr India Ddwyreiniol. Yr oedd un genedlaeth o ddarllenwyr wedi myned heibio yn y cyfamser; ac yr oedd cannoedd a dderbyniasent y rhanau cyntaf wedi huno yn nystawrwydd y bedd cyn ymddangosiad y rhan ddiweddaf. Nid rhyfedd, gan hyny, mai anaml y gwelid ei holl waith yn meddiant yr un personau. Ac heblaw hyny, yr oedd cryn wahaniaeth yn mhlygiad y gwahanol ranau a nodwyd, yr hyn a'i gwnelai yn anmhosibl iddynt gael eu rhwymo ynghyd yn un cyflyfr; a theimlid hyny yn anfantais fawr gan laweroedd o'r rhai a lwyddent, ar ol ymdrech galed, i gael ei waith yn gyflawn i'w meddiant.

Canlyniad naturiol y pethau hyn, fel y gallesid dysgwyl, ydoedd fod ymholiad mynych iawn yn bod am argraffiad cyflawn o'i gyfansoddiadau barddonol. Yr oedd teimlad cyffredinol wedi cael ei amlygu lawer gwaith am yr anghenrheidrwydd o hyny; ond hyd yn hyn, nid oedd y fath beth i'w gael. Ar ol cryn ystyriaeth, penderfynwyd cydsynio â'r alwad, ac ymgymeryd â'r anturiaeth o'u cyhoeddi; ac yn awr yr ydys yn cyflwyno i sylw ein cydwladwyr argraffiad cyflawn ac unffurf o'i holl waith.

Nid ein lle ni ydyw dywedyd dim mewn ffordd o gymeradwyaeth i'r gwaith; ac y mae hyny yn gwbl ddianghenrhaid; oblegid y mae y safle uchel ag y mae ei gyfansoddiadau wedi ennill iddynt eu hunain yn llênyddiaeth farddonol ein gwlad yn llawn ddigon o gymeradwyaeth iddynt. Eto, dichon y dylem ddywedyd ychydig eiriau o berthynas i'r argraffiad presennol. Y mae pob gofal galluadwy wedi ei gymeryd i'w wneuthur yn un cywir a chryno. Y mae y cyfan a gyhoeddwyd yn flaenorol gan yr Awdwr ei hunan, a chan ei feibion ar ei ol, wedi eu cyfleu ynddo; ac ychwanegwyd rhai eraill atynt a ymddangosasent o'r blaen drwy wahanol gyfryngau, ynghyda chymaint o'i weddillion ysgrifenedig ag a fernid yn gyfaddas a theilwng i'w cadw a'u trosglwyddo i oesoedd dyfodol. Ac y maent oll, fel y gwelir, wedi eu cyfleu yn wahanol ddosbarthiadau. Nid oedd yr Awdwr wedi dilyn yr un drefn neillduol, oddieithr yn y rhan gyntaf; yn hòno y mae y cyfansoddiadau oeddynt ar yr un mesurau wedi eu gosod yn nesaf at eu gilydd; eithr yn y lleill gosodwyd hwy ynghyd rywfodd, blith-draphlith, heb dalu un sylw i na thestun na mesur. Ond yn awr, ceir ei Emynau, ei Garolau, ei Ganeuon ar Wahanol Destunau, ei Englynion, ei Farwnadau, a'i Emynau Claddedigaethol, oll wedi eu cyfleu ynghyd gyda'u gilydd. Y mae ei Emynau, drachefn, wedi eu trefnu yn gyffelyb, gyda chyfeiriad at berthynas y testunau y cyfansoddwyd hwy arnynt, fel y gwelir ond cyfeirio i'r Cynnwysiad yn niwedd y llyfr.

Yr ydys yn hyderu y bydd y trefniad hwn ar y gyfrol yn cael ei ystyried yn welliant nid bychan. Y mae yn ddiammheuol ei fod yn rhoddi ymddangosiad mwy gorphenedig iddi fel awdurwaith; a gellid meddwl yr ychwanega gryn lawer hefyd at gyfleusdra y darllenydd, er ei alluogi i wneyd defnydd mwy ymarferol o honi. Nid yw mewn un modd yn annhebygol na buasai yr Awdwr, pe cawsai fyw i arolygu dygiad allan argraffiad cyflawn o'i holl gyfansoddiadau, yn mabwysiadu rhyw gynllun cyffelyb; ac nis gallwn lai nag ystyried, o herwydd hyny, fod y rhyddid a gymerwyd gyda hynyma yn berffaith gyfiawnhäol.

Yn awr, Anwyl Gydwladwyr, wele y gwaith yn cael ei gyflwyno i'ch sylw a'ch nodded. Yr ydym yn gwneuthur hyny gyda chrediniaeth ddiysgog o'i deilyngdod a'i ragoriaeth. Y mae ganddo hawl neillduol i gymeradwyaeth a chefnogaeth y dosbarth mwyaf crefyddol o honoch. Myfyrdodau dyn duwiol yn ngwirioneddau yr Efengyl, a dadganiad o'i brofiadau a'i deimladau yn ystod ei yrfa grefyddol, ydyw ei Emynau oll. Os dymunech wybod hanes "Bardd Maes y plwm" fel crefyddwr,—os ewyllys-iech ei weled yn crynu gan arswyd yn ymyl Sinai, fel un a fyddai bron yn anobeithio am gael diangfa,—os hoffech ei ganfod yn y cyflwr hwnw yn gweled y gyfraith yn cael ei chyflawni i gyd, a'i llid yn cael ei ddofi heb ei ladd ef,—neu os mynech ei weled yn ngrym gelyniaeth ei galon megys "wrth borth uffern yn curo, yn ceisio cael myned i mewn," a chlywed "y Gŵr a'r agoriad" yn dywedyd wrtho "ei bod wedi ei chauad, na chai," ac yntau, mewn canlyniad, yn cael ei ddwyn "o fin damnedigaeth, trwy rym iachawd-wriaeth yr Oen,"—os mynech ei weled er gwaethaf "hen lais ei anghrediniaeth" yn cael "ar bechod goncwest byth, a chyfan oruchafiaeth" ar "fyd, cnawd, a diafol," ac yn tystio fod iddo "eto obaith byw, mai meddwl Duw yw maddeu,"—os mynech gael golwg arno, mewn mwynhâd o "lawn sicr-wydd gobaith," yn edrych ymlaen yn hyderus at ei angeu, oblegid y cai efe yn nhragwyddoldeb ddigon o hamdden i "ymddifyru yn wych yn edrych ar ei Dduw, a'i weled megys ag y mae, heb galon ddrwg, na gŵg, na gwae,"—mewn gair, os dymunech weled holl fywyd y Cristion diffuant hwn yn cael ei ddadlenu o'ch blaen, yn ei drallodau a'i gysuron, yn ei ofnau a'i obeithion, yn ei groesau blinion ac yn y tangnef-edd sydd uwchlaw pob deall a fwynhäodd,—darllenwch ei gyfansoddiadau, oblegid ynddynt hwy "gwneir dirgelion ei galon ef yn amlwg." Byddai darlleniad ystyriol o hono, gan hyny, yn sicr o wneyd y darllenydd yn well dyn ac yn well crefyddwr; ac y mae tuedd gref yn y cynghorion a'r gocheliadau sydd ynddo i ieuenctyd i'w harafu yn eu gyrfa bechadurus, i'w dwyn i wneuthur heddwch â Duw, ac i ym-orphwys am fywyd tragywyddol ar haeddiannau ei Fab; a chan ddymuno ar iddo, o dan fendith y Nef, fod yn offerynol i effeithio y daioni hwn i laweroedd, cyflwynir ef yn hyderus i'ch nawdd a'ch cymeradwyaeth, gan

Eich gostyngedig Wasanaethydd,

Y CYHOEDDWR.

Treffynnon, Ebrill 9, 1857.

CYFARCHIADAU

I

MR. EDWARD JONES,

GAN Y DIWEDDAR

BARCH. JAMES HUGHES, LLUNDAIN,

AWDWR YR ESBONIAD AR Y BIBL.

MI gefais unwaith gerydd trwm
Gan EDWARD JONES o Faes y plwm;
Rhoes i mi sèn yn ddiwahardd,
Am i mi dd'weyd nad oeddwn Fardd.

Mi dd'wedais i yn berffaith iawn,
Erioed ni roed i mi mo 'r ddawn;
Pob prydydd cywrain gwn a chwardd
Os taeraf fi fy mod yn Fardd.

Mae 'n ddigon gwir im' fod yn hael
Cyn hyn ar lawer rhigwm gwael;
Ond beth yw hyny, gyfaill hardd,
Drachefn at i mi fod yn Fardd.

Na, chwi 'r Gwyneddiaid ydyw 'r rhai
A fedrwch ganu yn ddifai;
O wlad yr Hwntws bell ni thardd,
Mae 'n debyg, byth un enwog Fardd.

Nid ydwyf fi, fy anwyl frawd,
Ond gwael rigymydd trwstan, tlawd;
A gwybod hyn a roddes wardd
Na thybiwn byth fy mod yn Fardd.

Tydi a fedri ganu, gwn,
Garolau, hymnau, mawl i'r Hwn
A ddaeth i'n prynu ar y groes,
A chenaist lawer yn dy oes.

Dy gân—"Clywch lais ac uchel lef"—
Sydd orchest awen bur o'r nef;
Myfi a'i cenais lawer gwaith!
Yn nechreu fy nghrefyddol daith.

Ac wrth ei chanu ambell dro,
Mi welais orfoleddu, do ;
Hen wragedd bro Llangeitho gu
A wylent,—diau hyn a fu.

Wel, sèna di, os hyny a raid,
Canmolaf finnau yn ddibaid ;
Canmolaf fy ngheryddwr trwm,
Sef EDWARD JONES o Faes y plwm.

Rhoed iddo *ef* athrylith rad,
Mae *ef* yn brydydd yn ddiwâd ;
Myfi nid wyf, ni byddaf chwaith—
Bydd wych, cawn gwrdd ar ben y daith.

———

Dirodres, cynhes y canodd—EDWARD,
    Odiaeth y prydyddodd ;
  Rhoes awenawl fawl o'i fodd
  I'r Iesu, ac ni rusodd.

Ei awen ddïen fu dda,—a hedawl,
    O hyd y mae 'n para ;
  Hoen-wech lwys, nid hen na chla'
  Ei awen, ac ni wywa.

Daw dydd i'r prydydd parodawl—orwedd
    Mewn erwyll dŷ beddawl ;
  Awen, er hyn, myn roi mawl,
  Yr un bath i'r Ion bythawl.

Awen wiw gan friw, hen frawd,—na henaint,
    Ni huna mewn beddrawd ;
  Anfarwol, o nefol nawd,
  Ydyw hon, a da hynawd.

Hynawd i'r Drindawd drwy iawnder—câna
    Acenion melusber ;
  Arwyrain, iach sain uwch ser,
  A gâna i foli Gwiw-ner.

Bydd wych tra byddych yn bod,—hen Iorwerth,
    Hyn o eiriau diglod
  Derbyn,—a gwna bob darbod
  I'r byd maith, syu daith, sy 'n d'od !

EMYNAU.

Y DRINDOD.

ANFEIDROL, anfeidrol, anfeidrol,
  Rhyfeddol Dri nerthol yn Un;
Tri rhyfedd, o'r un fawredd, un fwriad,
  Am wneuthur arddeliad o ddyn;
Rhyfeddol Dri nerthol i wneuthur,
  Crëadur mor anmhur ei ryw,
Yn lân heb frycheuyn na chrychni,
  Yn bur i gydoesi â Duw.

SYNIAD CYWIR AM Y DRINDOD.

O ARGLWYDD, lladd fy lleiddiaid,
  Sy 'n haid o fewn fy nhŷ;
Sef holl drachwantau 'nghalon,
  Mae o'm gelynion—lu;
Y diffrwyth dylwyth diles,
  O fewn fy mynwes maent;
Pe na f'ai gras y trecha',
  Diau fy nifa wnaent.

Rho im' feddyliau union,
  Mwy tirion, am y Tâd;
Ac am yr Iesu hefyd,
  Sy 'n rhoddi bywyd rhad;
Ac am yr Ysbryd nefol,
  Y Person dwyfol da,
Yr hwn oddiwrth fy mhechod
  Yn hynod a'm glanhâ.

B

O Arglwydd, clwyfa 'nghalon,
  Wrth gofio 'r Person pur,
A gollodd waed ei galon
  O dan yr hoelion dur ;
A'i gefn yn gŵysau hirion,
  Yn cario 'i greulon groes ;
Fy mhleser boed am dano
  'N myfyrio drwy fy oes.

Wrth gofio 'r Gŵr fu 'n dyodde'
  O dan ddyrnodiau 'r Ne',
Ar wedd pechadur euog,
  Trwm-lwythog yn ei le,—
Ei draed a'i ddwylaw 'n ddolur,
  A'i ystlys bur dan boen,—
O na chawn galon ddrylliog
  I gofio 'r enwog Oen.

Fy enaid, na ddychymyg,
  Mae 'n beryg', rhag dy boen,
Am lûn y Tâd, na 'r Ysbryd,
  Na 'r Mab, a elwid Oen,
Sef am y Gair tragwyddol,
  Anfeidrol, bythol, byw,—
Tri Pherson gogoneddus
  Yn un daionus Dduw.

Dos beunydd at y Bibl
  Yn syml er llesâd,
Gwel beth a ddywed hwnw
  Yw delw 'r nefol Dâd ;
Ac am y Gair a'r Ysbryd,
  'R un ffunud, gyda phwyll,—
Fe ddengys hwnw 'n hynod
  Y Duwdod yn ddidwyll.

O ! dyro 'r ffydd ddiffodda
  Bob saeth a fedda 'r fall,
Ffydd a orchfyga hefyd
  O hyd y byd heb ball,
Y ffydd a bura 'r galon
  Oddiwrth ei blinion blâ,
A chydio mewn Iachawdwr,
  O'm llwgr a'm gwellâ.

MAWREDD DUW.

LLON'D y nefoedd, llon'd y byd,
  Llon'd uffern hefyd yw ;
Llon'd tragwyddoldeb maith ei hun,
  Diderfyn ydyw Duw :
Mae'n llon'd y gwagle yn ddi-goll,
Mae oll yn oll, a'i allu 'n un ;
Anfeidrol, annherfynol Fôd,
  A'i hanfon ynddo 'i hun.

Un hunanfodol ydoedd Ef,
  Cyn llunio nef na llawr ;
Yn nhragwyddoldeb maith yn ol,
  Yn Dduw anfeidrol fawr ;
Heb ddechreu dyddiau iddo 'n bod,
Na diwedd einioes chwaith i dd'od,
Tragwyddol a rhyfeddol Fôd,
  Yn Drindod uniawn drefn.

Anfesuredig yw ei ras,
  Un addas yw i ni ;
Ni a welsom ac a glywsom son,
  Am droion UN yn DRI ;
Ao fel y clywsom, felly mae,
I ninnau 'n rhyfedd yn parhâu,
Yn ddigyfnewid i'w fwynhâu,
  Er cymaint beiau 'r byd.

'Does neb drwy 'r nefoedd hawddgar heb
  Ei bresennoldeb rhydd ;
Pob angel, seraph, a phob sant,
  A'i gwelant yn ddi-gudd :
Mae pob un yno yn ei ŵydd,
Yn canu 'n llafar gyda llwydd,
Ac yn mawrhâu eu syml swydd,
  Gael moli 'r Arglwydd mawr.

'R ŷm ninnau i gyd drwy 'r byd heb ball,
  Hawdd deall, yn ngŵydd Duw ;
Oll yn ymsymud dan y rhôd,
  Yn bôd, ac ynddo 'n byw :

Nis gallwn wneyd mewn dirgel le,
Un math o fai nas gwel Efe,
Drwy'r byd yn awr, ac yn y ne',
   Mae, wele, ar un waith !

Ein holl feddyliau da a drwg,
   Sydd amlwg iddo Ef ;
A phob ochenaid ddystaw iawn,
   Fe 'i clyw, mor llawn a'r llef ;
Fe edwyn galon dyn heb goll,
A'i fwriad oll, ofered yw ;
Mae 'r chwant yn weithred cyn ei gwneyd,
   Hawdd d'weyd, yn nghyfrif Duw.

Clyw, f' enaid tlawd, mae genyt Dâd,
   Sy'n gwel'd dy fwriad gwan ;
A Brawd yn eiriol yn y nef,
   Cyn codi 'th lef i'r lân ;
Cred nad diystyr gan dy Dâd
Yw gwrando gwaedd dymuniad gwiw,
Pe byddai d' enau yn rhy fud
   I'w dd'wedyd ger bron Duw.

Pan byddwyf mewn rhyw ddirgel fan
   Yn gruddfan dan y groes,
Bron methu cerdded llawer cwm
   Gan faich rhy drwm yn f' oes,
Daw weithiau feddwl i mi fod
Mab Duw i'm canfod ymhob cell,
Na chaf ddihoeni felly o hyd,
   Y gwawria bywyd gwell.

———

PENARGLWYDDIAETH DUW.

MAE Duw 'n weithiwr rhydd i wneyd fel y myno ;
Gall faddeu dyledion plant dynion, neu 'u damnio ;
Os damnia droseddwr ei sanctaidd orch'mynion,
Pwy all dd'weyd am dano, Ni wnaeth weithred union ?
Os myn drugarhâu, gall wneyd hyny 'n gyfiawn,
A phob priodoledd, a'r gyfraith yn foddlawn.

Os dewis Mab Duw y cyfryw bechadur
Fu 'n fwyaf annuwiol, un bydol a budr,
Gall osod ar hwnw ei ddelw hardd olwg,
Er gwaethaf holl wenwyn pob gelyn a'i gilwg,
Heb dori un iod o'i hynod wirionedd ;
Fe dalodd eu dyled i bob Priodoldeb.

Er gwerthu o'n tâd Adda ei hun a'i ddedwyddwch,
Na feddai hawl bendant na haeddiant i heddwch,
Ni roes ein Tâd nefol mo 'i law wrth y weithred,
Mewn un modd i dori ei hawl i'w grèaduriaid ;
Ond mae Ef yn rhydd, heb neb all ei attal
I alw pob gwrthddrych mae 'n chwennych, a chynnal.

Os geilw 'r dyn brynta' neu ddua' ar y ddaear,
Sy 'n ddall genedigol, anfuddiol, neu 'n fyddar,
Neu un sy 'n llawn anaf, neu 'n glaf wahanglwyfus,
Mae ganddo hawl dduwiol i alw neu ddewis ;
Os cyfyd ryw hen Fagdalen i'w deulu,
Gall o'i Benarglwyddiaeth droi pawb i'w hymg'leddu.

Gall ddwyn dyn cythreulig, ga'dd ei gaeth-rëoli
Yn gwbl gan ddiafol, nas gellid mo'i ddofi,
A'i dirion arafu, i'w wneuthur mor ufudd,
Yn Gristion diniwed, a chrëadur newydd,
A'i ddwyn ef i'w dŷ, a than ei ddysgyblaeth,
I gael mwynhâu gwleddoedd ei hen Benarglwyddiaeth.

Os dewis ryw Ddafydd yn llywydd galluog,
O fysg y corlanau, yn frenin calonog ;
A gadael i'w frodyr i gyd ymhyfrydu,
Heb attal ei gyd-blant, i'w erlid a'i gablu ;
Pwy feiddia, o hyd ei fywyd, ei feio ?
Mae 'n Ben-Arglwydd manwl, gall wneyd fel y myno.

Gall ddewis dyn diras, fel Suddas,* i swyddau ;   * Judas.
Os myn Duw ei ethol i gario 'r gôd weithiau,
A'i adael ef wed'yn, yn un a'i hen anian,
Yn ngafael ei lwgr, a'i gyflwr drwg aflan,—
Pwy ddywed mor ffol, Iawn-ethol ni wnaethost ?
Y mae dy weithredoedd yn annoeth a rhy-dost ?

Y rhai sydd â'u taith trwy helaeth dreialon,
Mae Duw yn eich gweled, na fyddwch ddigalon ;

Fe 'ch dŵg trwy bob tywydd, mae 'n Llywydd galluog ;
Erioed, neb ni fethodd, mae 'n Dduw hollgyfoethog,
Gall beri i'r holl-fyd y mynyd y myno
Wneyd lles, megys Cyrus, i'w blant, a'u cysuro.

GALLU DUW.

Gwialen fach yn llaw ein Iôr,
  Er agor y môr eigion,
Ond taro o Dduw, fe 'i tŷr yn ddau,
  Bob dafn o'i dònau dyfnion.

ENW DUW YN AMLWG.

Mae Enw Duw 'n ymddangos
  Yn dêg mewn nos a dydd,
A'i enw 'n mhob blodeuyn
  A phob llysieuyn sydd ;
Mae yn yr haul yn amlwg
  I'w wel'd i'm golwg i,
Ac hefyd yn y lleuad
  A'i hardd ysgogiad hi.

Wrth edrych ar y nefoedd,
  A'r lluoedd uwch y llawr,
Ni welwn Dduw anfeidrol
  Yn un rhyfeddol fawr ;
Mae 'r lloer a'r ser, llu siriol,
  Yr haul a rheol rhai 'n,
Yn cyd-glodfori ei fawredd
  Yn un gysonedd sain.

Mae enw y Crëawdwr
  I'w wel'd mewn dŵr bob dydd,
Ac yn y tân mae 'n amlwg
  Er maint ei fŵg a fydd ;
Mae 'i enw yn yr awyr
  Erioed yn eglur iawn,
A'i enw yn y ddaear
  A'i ffrwythau lliwgar llawn

Mae enw Duw 'n ddigymysg
  I'w wel'd yn mhŷsg y môr,
Ac yn y rhyw asgellog
  Sy 'n fywiog enwog gôr;
Eu rhywiau, lleisiau llesol,
  Rhagorol siriol sain,
Yn dadgan am ei fawredd
  Mor rhyfedd y mae rhai 'n !

Mae 'i enw 'n mhob gwenithyn,
  A grawnyn hedyn haidd,
Mae yn y dderwen frigog,
  A'r cwmmin rywiog wraidd ;
Mae 'i enw yn yr ònen,
  A'r goeden 'fallen fyw,—
Pob peth ymhell ac agos
  Sy 'n dangos enw Duw.

Ond yn ei Air yn benaf
  A llawnaf o un lle,
Y gwelwn mor rhagorol
  Anfeidrol ydyw 'Fe ;
Ac yn y Gair agorir
  Ei enw 'n gywir iawn
I olwg y crëadur,
  Mae hwn yn llythyr llawn.

A glywir llais y llysiau
  Yn seinio ar nodau 'n uwch
Na llais a doniau dynîon,
  O chwi rai c'ledion, clywch !
A gaiff pob peth glodfori,
  Heb dewi, fawredd Duw,
A dynion fod yn fudion,
  Ben-rhyddion, o bob rhyw !

———

DIOLCHGARWCH AM EIN CREADIGAETH.

I'R annherfynol fythol Fôd,
  Sy 'n hynod Dri Phersonau,
Y Tad, y Gair, a'r Ysbryd Glân,
  Cyhoeddaf gân â'm genau.

I'r Duw a'm ffurfiodd yn y bru
　A'i allu 'n ol ei 'wyllys,
Dymunwn roddi nos a dydd
　Addoliad rhydd yn ddilys.

Fe roes fy llygaid yn eu lle,
　Fel hardd ganwyllau 'n hollol,
Ac O! mor hyfryd ydyw rhai 'n
　I'm harwain yn dymhorol!

Fe roddodd glustiau wrth fy mhen,
　Yn rhad, sy 'n anghenrheidiol,
Heb rhai 'n mi f'aswn ymhob man
　Yn fyddar ac anfuddiol.

LLYWODRAETH DUW.

MAE gan fy Nhad lywodraeth
　Ar bobpeth yn y byd,
Fe bïau 'r aur a'r arian,
　A'r cyfan oll i gyd;
Fe bïau 'r tir a'r moroedd,
　A lluoedd nef a llawr,—
Mae 'n Arglwydd ac yn Frenin,
　A chanddo fyddin fawr.

Rhyfeddod o'r dechreuad
　Yw doeth sefydliad Duw,
Yn gosod i bob graddau
　Derfynau i gyd i fyw;
Mae dynion, anifeiliaid,
　Yr 'hediaid, a phob rhyw,
A'r diafol câs, ein gelyn,
　Tu mewn i derfyn Duw.

Yr Arglwydd sydd yn rhwymo
　Y rhai a fyno 'Fe;
Darostwng cedyrn beilchion,
　A rhoi i dlodion le
Ymhlith ei ddewisolion,
　A'i bendefigion byw,
I wel'd, mwynhâu, a phrofi
　Parhâd daioni Duw.

Gall Duw droi llwch y ddaear
  Yn llau, anhawddgar lu,
A'u gwneyd yn fyddin fuddiol
  I'w bobl, fel y bu,
I ymladd â'u gelynion,
  Fo 'n bendefigion byd ;
Mae 'i allu a'i lywodraeth
  Mor helaeth fawr o hyd.

Gall beri i'r locustiaid,
  Sydd bryfaid gwael di-bris,
Ddwyn penau uchel enwog,
  Coronog, lawer is ;
Gan hyny, gwell ymostwng,
  Mae 'n deilwng, ger bron Duw ;
Gall ddwyn i'r bedd i'n claddu,
  Neu 'n codi i fyny 'n fyw.

Fe wna y pŷsg, heb esgus,
  I Dduw waith medrus mawr,
Os geilw am un o honyn'
  I lyncu dyn i lawr,
A'i fwrw yn ddiniwed,
  Fe wna y weithred wych,
Pe byddai 'n brophwyd cyndyn,
  Yn sydyn, ar dir sych.

Fe ysa 'r pryfaid isel,
  Hyd farw, uchel ŵr ;
A'r cigfrain, dros ei fawredd,
  I sant â gwledd yn siwr ;
Os myn, â buchod blithion
  Yn union is y nen
A'i Arch i'r man y myno,
  Tan feichio, gyda'r fèn.

DUW YN LLYWODRAETHU.

O ! DEUWN yn ddiduedd
  Yn awr at orsedd Duw,
Myfyriwn am ei fawredd,
  Mor dda a rhyfedd yw,

Sef i rai anniolchgar,
  Hĩl rhai rhodresgar drwg,
Sy 'n haeddu byw 'n dragwyddol,
  Oll tan ei ysol ŵg!

Ystyriwn oll ei allu
  A dwfr i wlychu 'r wlad,
I dduo cnwd y ddaear,
  A braenu 'r hawddgar hâd;
Na chawsem hâd i'r hauwr,
  Nac i'r bwytäwr têg
Mwy i'w ddifyru fara
  I'w gylla nac i'w gêg.

Holl ddyfroedd moroedd mawrion,
  A'r tân, ei weision ŷnt;
A'r ddaear fawr yn ddiau,
  A holl agweddau 'r gwynt:
Pan roddo Duw orchymyn,
  Fe ddaw pob un heb ball,
I ryfel, bawb mor ufudd
  I'w Llywydd fel y llall.

Pan alwo 'r haul i boethi,
  Neu losgi unrhyw le,
Neu 'r dyfroedd i ddystrywio,
  Hwy wnant a fyno 'Fe;
Fe lwnc y ddaear ddynion
  Yn anufuddion f'o—
Ei lef wna 'r dŵr i lifo,
  A dryllio yn ei dro

Os geilw 'r gwynt i chwythu,
  Neu ynte i wlychu wlaw,
Y ddau wrth ei orchymyn,
  Yn gosb ar ddyn a ddaw:
Fe all â'i dân felltenu,
  A'r dwfr i wlychu, â'i lef,
Fel pe 'r ymrwygai 'r eigion
  Wrth dwrf ei weision Ef.

Ni glywsom amryw droiau
  Dwrf yr elfenau yn fawr,
Fel rhai f'ai yn ymryson
  Yn llymion uwch y llawr,

I ddyfod am y cyntaf,
  A chwyrnaf, i roi chwâl
Ar waeledd annuwiolion,
  Dros Dduw, er dwysion dâl.

Yr Arglwydd sy 'n eu ffrwyno,
  Rhag iddynt d'rawo 'n drwm,
Fe wêl ei hun mor waelaidd
  A saled yw ein swm ;
Ei weision yw clefydau,
  A heintiau blin o hyd,
Sy'n fynych mewn rhyw fanau
  Neu barthau yn y byd.

Ei was oedd y Cholera
  Wnai yma grynfa groch,
Trwy 'n gwlad y trôai 'n g'ledi,
  A llu i waeddi, Och !
O'r diwedd fe 'n gwrandawyd,
  Symudwyd iasau 'r march,
Aeth miloedd tan ei garnau
  I'w beddau 'n llwyr ddibarch.

Ond Duw sydd yn teyrnasu,
  Er hyny, ar yr hin ;
I Dduw mae 'r holl elfenau,
  A'r t'ranau 'n hawdd eu trin ;
Gwna 'r moroedd yn dymherus,
  Er mor arswydus ŷnt,—
Llonyddodd dwrf y tônau,
  A'i nefol gamrau gynt.

Gall ddal ŷ gwynt tymhestlog
  Yn ei ddiysgog ddwrn,
A'r gwres, rhag llosgi ei bobl
  Mewn tân effeithiol ffwrn :
Os dywed Duw, Dystawa,
  Arafa, er dy rym,
Try 'n awel dawel dywydd,
  A llonydd,—nid yn llym.

Yr Arglwydd sy 'n teyrnasu,
  Rhown iddo felly fawl,
Mae 'n deilwng o'i ogoniant,
  Ei haeddiant yw a'i hawl ;

A'n dyled yw ei dalu,
  Trwy anrhydeddu Duw,
A'i foli yn ofalus,
  Yn bwyllus, tra f'om byw.

Pe galwai Duw ei weision
  I wneyd gorchwylion chwith,
A'u danfon hwynt yn heintiau,
  Neu 'r pläau yn ein plith ;
Hwy wnaent y peth a fynai,
  Fel yr ordeiniai Duw,
Ein lladd ar fyr yn feirw,
  Neu 'n fodd i'n cadw 'n fyw.

Mor hawdd i Dduw f'ai 'n rhoddi
  I boeni hyd y bedd,
Yn lle rhoi ymborth iachus
  I ni 'n haelionus wledd !
Gallasai alw eilwaith
  Wlybaniaeth ar y byd,
I bydru cnwd y ddaear,
  A difa 'r hygar ŷd.

Gallasai gau ein llesol
  Yd bara 'n ol er neb,
Wrth gadw 'r ddaear dano,
  Trwy fynych wlawio, 'n wleb ;
Ond danfon gwres i'w grasu,
  A'i ymgeleddu 'n glyd,
I'w gael, er maint ein gwaeledd,
  Yn nghyr'edd pawb ynghyd.

Cydganwn ei ogoniant,
  A'i foliant yn ddifêth,
Yr Arglwydd yn ddiammheu
  A biau bob rhyw beth ;
Gall wneuthur fel y myno
  A'i hynod eiddo 'i hun,—
O ! rwydded y mae 'n rhoddi
  O'i fawr ddaioni i ddyn !

Ein bendigedig Geidwad,
  O'i rad ddarpariad pell,
Cymhwysai gnwd y maesydd,
  Er cynnydd, i bob cell ;

Haelionus yw eleni,
　Mae 'n rhoddi i ni 'n rhad,
Yn ddiau gnwd y ddaear,
　Mor liwgar yn y wlad.

———

CLODFORI LLYWYDD MAWR Y BYD.

GOGONIANT a ganwn, anrhegwn, yn rhwydd,
I'r Brenin tragwyddol yn siriol ein swydd;
Cynnaliwr ein bywyd a'n hiechyd ni yw,
Ei enw clodforwn, addefwn E 'n Dduw.

Ei enw daionus, mae 'n weddus yn wir
I bawb ei ddyrchafu 'n mhob teulu 'n y tir;
Ein Llywydd galluog, ein T'wysog a'n Tâd,—
Gogoniant ei enw fo 'n loyw 'n y wlad.

Pob calon, pob tafod, pob aelod, pob un,
Pob angel goruchel, yn dawel pob dyn,—
Llu 'r ddaear a'r nefoedd yn gyhoedd i gyd,
Clodforant Gynnaliwr a Barnwr y byd.

I Dduw b'o 'r gogoniant am lwyddiant y wlad,
A'r enwog wirionedd sy 'n sylwedd llesâd,
A'r fath Lywodraethwr sy 'n noddwr i ni;—
Mae Brydain yn uchel (heb ryfel) ei bri.

Am ymborth a gwisgoedd boed cyhoedd ein cân,
Trigfanau heddychol heb hollol wahân,
Ac am ein coronog enneiniog yn awr,
Sy'n bleidiol i'r anwyl efengyl mor fawr.

———

POB PETH YN EIDDO DUW.

TI 'r Brenin tragwyddol, anfeidrol o fawr,
Cynnaliwr llu 'r nefoedd a lluoedd y llawr,
Tydi o'th haelioni sy 'n porthi pob un,
A'th drysor rhagorol, da, hollol dy hun.

Ni feddwn ni damaid, na llymaid, na lle,
I'w fwyta, na 'i yfed, na nodded ís ne' ;
Tydi biau 'r oyfan dy hunan, a hawl
I'r clod a'r gogoniant, a meddiant o'r mawl.

Tydi biau 'r ddaear fawr, hawddgar, a'r hâd,
Sef defnydd ein bara, sy 'n gwledda pob gwlad ;
Yr holl anifeiliaid, a'r 'hediaid, pob rhyw,
Sy'n eiddo 'n Crëawdwr, ein Deddfwr, a'n Duw.

Nid oes un crëadur dan awyr ond ni,
Nad ŷnt yn ymostwng, Un teilwng, i ti,
Mewn hollol ufudd-dod, yn barod bob un,
Yn llawer mwy parod bob diwrnod na dyn.

———

DUW YN HOFF O DRUGARHAU.

O FLWYDDYN i flwyddyn mae dychryn yn d'od,
A'r haf a'r cynauaf yn benaf mae 'n bod,
Fod Duw am geryddu a'n gwasgu mewn gwir,
Trwy ddifa 'n cynnaliaeth, sef toraeth ein tir.

Ond er ein gwrthryfel, mor dawel mae Duw
Yn galw 'n feunyddiol ar ol dynolryw ;
Nid caru 'n tylodi, na chosbi mae chwaith,
Fe faddeu 'n wirfoddol, rinweddol ei waith.

Gogoniaht i'w enw boed heddyw 'n mhob tŷ,
Nid arwydd o brinder, iselder y sy ;
Ond dirfawr helaethrwydd yn rhwydd a mawrhâd,
A digon i borthi neu lenwi 'r holl wlad.

Pob calon, pob tafod, pob aelod, pob un,
Hosanna cydseiniant, ei haeddiant ei hun,
I Arglwydd y lluoedd yn gyhoedd i gyd,—
Ei enw daionus fo'n barchus trwy 'r byd.

Hoff iawn gan yr Arglwydd yw 'r swydd o nesâu,
Sef nesu at ddyn ysig, a chynnyg iachâu
Y clwyfus o galon, mor foddlon mae 'Fe,
I wella 'i archollion yn llon ymhob lle.

DUW YN LLAWN DAIONI.

HEBLAW dedwyddwch heddwch hir,
　Mae 'n llenwi 'n tir â lluniaeth ;
Gan attal y tymhestloedd rhag
　Mawr guro ein magwraeth.

Mae 'n trefnu brasder gwenith da
　I weinion a newynog,
Lle gwelo eisieu, diau daw,
　Agorai 'i law drugarog.

Os haeddai fawl dragwyddawl gân,
　Gan luoedd glân goleuni,
Faint 'chwaneg genym ni 'n ddinam,
　Sy 'n ddynion, am ddaioni ?

———

HAELIONI DUW.

YR Arglwydd Dduw a wnaeth i ni
　Eleni yn haelionus ;
Rhoi cnwd y ddaear, ac i'w drin
　Amserol hin gysurus.

Da iawn i ni yw Duw y nef,
　Rhaid addef ;—moliant iddo !
Hwn oll i ni sy 'n well na neb,
　Hawdd ateb heddyw eto.

O ! caned pawb i'w enw pur ;
　Ar bwys ein llafur llefwn ;
Trugaredd fawr i ni a wnaeth ;
　Am luniaeth, O ! moliannwn.

I'r Duw sy 'n rhoddi i ni 'n rhad,
　O uniawn fwriad, fara,
Rhoed pawb i'n Porthwr mawr a'n Pen
　Hir lawen Haleluia.

Efe a all droi 'r dryc-hin draw,
Neu ŵgu trwy wlawogydd,
Neu ddanfon arnom wed'yn wynt,
Yn gorwynt blin o gerydd.

Cydnabod ei awdurdod Ef,
Ac addef nad dygwyddiad,
Y byddom ni, a boddio 'n Naf
Yn uchaf ein chwennychiad.

Clodfori Duw yn fawr, heb dwyll,
Trwy nefol bwyll yn ufudd,
Y byddom oll o'n bodd, Amen,
Yn llawen ein Pen-llywydd.

Hardd wên trugaredd ryfedd rad,
Sŵn cariad sydd yn curo
Eleni 'n rhyfedd yn yr hin,
Yn hynod i'n dihuno.

Crëawdwr a Chynnaliwr byd,
Yr ŷd, a phob rhyw radau,
Sy 'n haeddu 'r mawl, dragwyddawl gân,
Gan bawb â glân galonau.

Moliannu Duw am lawn a da
Yd bara ydyw 'n bwriad,
A gwel'd eleni i ni ôl
Ei hen ragorol gariad.

Nid sŵn ein t'rawo am ein drwg,
Na sên o'i ŵg sy 'n agos ;
Ond trugareddau nos a dydd,
Aneirif, sydd yn aros.

Mae ffrwythau 'n maesydd ymhob man,
Yn d'weyd, mewn rhan, mai rhinwedd
Daioni Duw a'u ffrwythodd hwy,
I'n lloni 'n fwy na 'r llynedd.

Mae 'n un â natur ein Duw ni
I roddi trugareddau,
Hyfrydwch mawr, i ddynolryw,
Yn meddwl Duw yw maddeu.

DIGONEDD YN NUW.

O ARGLWYDD! tyred i dy dŷ,
 I ranu o dy rinwedd ;
Pan f'o dylotaf gyda ni,
 Mae genyt ti ddigonedd.

Cael profi blas dy deyrnas di
 Yn 'chwaneg wyf fi 'n chwennych,
Llawenydd, cariad, hyd fy medd,
 O fewn, a hedd yn fynych.

———

DAIONI DUW YN EI RAGLUNIAETH.

TEILYNGU mawl, ragorawl gân,
 Mae Awdwr glân rhagluniaeth,
Fu 'n gwneyd i'r ddaear gnydio 'n dda,
 I'n lloni gyda lluniaeth.

Ein pur Achubydd, Llywydd llawn,
 Duw uniawn a daionus,
A roddodd i ni ffrwyth ein tir
 Eleni 'n wir haelionus.

Fe roddodd ar ein maesydd gnwd,
 A thywydd brwd a thawel,
I'w gasglu 'n ddefnydd bara da,
 Modd digoll a diogel.

Ein cynnysgaeddu i'w drefnu a'i drin,
 A'n dewis hin neu dywydd ;
A'i gasglu 'n ddefnydd bara 'nghyd,
 Yn lanwaith, i'n hŷdlenydd.

Haeddasom deimlo, Iesu da,
 Do, 'r niwed pla o newyn ;
Er hyny, trugareddau heb ri'
 Yn wastad wyt ti 'n estyn.

Dysg ni aberthu i ti fawl,
 Byth am dy rasawl drysor ;
Gwynt, daear, dwfr, a'r haul a ro'ist,
 I'n bachub troi'st o'n hochr.

Haeddasom deimlo 'r newyn du,
 I'n gwasgu dan ein gwisgoedd,
Am gamddefnyddio d' eiddo da,
 Mewn gloddest gyda gwleddoedd.

Pa beth a dalwn i ti 'n Tâd,
 Am gariad mor rhagorol,
Wrth gael ein bara 'n ffon ddidòr,
 Dda, genyt, mor ddigonol ?

Dysg i ni fwyta er dy fawl,
 Yn hollawl o hyn allan ;
Gan droi yn ol ryglyddol glod,
 Duw hynod, iddo 'i hunan.

TOSTURI RHAGLUNIAETHOL DUW.

SAIN clodforedd am drugaredd,
 Ac amynedd y Duw mawr,
A'i ddaioni anwyl i mi,
 Fyddo 'n llenwi nef a llawr ;
  Cynnal bywyd
  Gwych, ac iechyd,
  Ymborth hefyd,
 I ni 'n hyfryd i'w mwynhâu.

O ! mor uchel y mae 'r achos
 I ni ddangos parch i Dduw,
Llenwi 'n caeau gydag ydau,
 Anghenrheidiau o bob rhyw,
  Pur ddarpariaeth
  Glân ragluniaeth,
  Llenwi lluniaeth,
 I ni 'n helaeth i'w mwynhâu.

Un trugarog a thosturiol
 Ydyw 'n Duw, anfeidrol fawr,
Hynod iawn o'i lawn haelioni,
 Mae 'Fe 'n llenwi nef a llawr ;

Cynnal bywyd
Gwych, ac iechyd,
Ymborth hefyd,
O! mae 'n hyfryd eu mwynhâu.

Gwynt a gwlaw o'r Llaw alluog
Ni chânt ysgog o un tu,
Ddim i wlychu, 'chwaith na chwythu,
Lladd neu fraenu, oddi frŷ,
Ond i'r graddau
A'r amserau,
Dyddiau, oriau,
A'r mynydau y myn Ef.

Rhaid i'r gwyntoedd a'r gwlawogydd
Fod yn llonydd yn eu lle,
Nes eu danfon a'u gorchymyn
O frŷ 'n un gan Frenin ne';
Yna'n unol,
Naill ai 'n farnol
Neu 'n fendithiol,
Wrth ei reol Ef yr ânt.

———

DUW YN DEILWNG O'I FOLIANNU.

I'R Arglwydd rho'wn foliant—ei haeddiant ei hun—
Cynnaliwr ein hiechyd, a'n bywyd, bob un ;
Efe sy 'n teilyngu ei barchu trwy 'r byd,
Mewn daear a nefoedd yn gyhoedd i gyd.

Clodforwn ei fawredd, mae 'n weddaidd yn wir,
Am nawdd a llonyddwch, mawr heddwch mor hir ;
A theulu breninol mor lesol i'r wlad,
Sy 'n blaid i'r efengyl, a'i syml lesâd.

Yr Arglwydd ardderchog, yn serchog ein swydd,
Ei enw clodforwn, anrhegwn yn rhwydd,
Am ymborth naturiol, mor rheidiol i'n rhan,
Sy 'n dwyn o'r dyfnderoedd ryw luoedd i'r lân.

Efe sy 'n rhoi bara i'w fwyta 'n ddifeth,
Efe yw Crëawdwr, Darparwr, pob peth ;

A dyfroedd i'w hyfed, rhag syched, i'r safn,
Efe biau 'r moroedd a'r dyfroedd bob dafn.

Efe biau 'r maesydd, a'u cynnydd bob cae,
Er hyny 'n eu rhoddi i'n maethu ni mae ;
Ni feddwn ni ronyn, neu hedyn, o hawl,—
Duw biau 'r holl ffrwythydd, y maesydd, a'r mawl.

O ! deuwn, bendithiwn, a dodwn i'n Duw
Ogoniant ei enw pur heddyw bob rhyw ;
Dangosodd drugaredd dra rhyfedd drwy 'r hin,
Rhoi i ni ŷd lawnder heb drymder i'w drin.

Mae 'n medru cau 'r dyfroedd a'r gwyntoedd mewn
Ac attal ystormydd i'r maesydd i'n mysg ;   [gwisg,
A danfon hir degwch, hyfrydwch, o fry,
In' hel ein cynnaliaeth, da doraeth, i dŷ.

Gogoniant tragywydd i'n Harglwydd o'r ne',
Nid taro 'n ddisymwth, heb fwgwth, mae 'Fe ;
Rhybuddio cyn taro, i'n deffro, mae Duw,
I ofyn maddeuant, yn bendant, a byw.

Fe lanwodd y ddaear yn gynnar âg ŷd,
I'n lloni â lluniaeth pur helaeth o hyd ;
Rhown ninnau 'r anrhydedd i'w fawredd yn fwy,—
Pwy ŵyr na chawn degwch, a'n heddwch yn hŵy.

———

MOLIANT I AWDWR BYWYD.

Teilyngu 'n taro, 'n fwy na neb,
　Yr ydym, heb waredydd ;
Am in' ddibrisio d' eiriau di,
　I'n gweled mor ddig'wilydd.

O ! Arglwydd, plana 'n mhawb o'n gwlad,
　Wir fwriad edifeirwch ;
Er cael o bawb o fewn ein tir
　Gyrhaeddyd y gwir heddwch.

Er bwgwth barn wnai arnom ni,
　I'n poeni â gwlybaniaeth,

Cyn taro 'n ddwys am bwys ein bai,
 Hi 'n ol a alwai eilwaith.

O ! ddynion, cenwch ymhob cŵr
 I Awdwr ein bywydau,
Sy 'n rhoddi 'n hael y flwyddyn hon
 I ddynion o'i feddiannau.

Ein Duw a biau bob rhyw beth,
 Yn ddifeth, ni addefwn ;
I gynnal dyn, er hyn, yn rhodd,
 Mae 'n rhoi o'i fodd—rhyfeddwn !

Ei eiddo Ef yw'r nef yn wir,
 Y môr, a'r tir, a'u mawredd ;
Cânt oll gyd-daro yn gyttun,
 I gael o ddyn ymgeledd.

———

CYDNABOD DAIONI DUW.

I'a bendigedig unig Iôr,
Cydseiniwn gân â'i nefol gôr,
I'r Hwn ei hun mae rhan a hawl
Pob genau 'n fyw i ganu 'i fawl.

Mor hawdd yw d'weyd mai eiddo Duw
I gyd un fodd a'n ceidw 'n fyw !
Ei ddaear Ef yn ddiau 'roes
Ein bara i gyd o hyd ein hoes.

Duw, eto 'n awr da wyt i ni,
Dyrchafwn heddyw d' enw di ;
Nid galw am newyn yma 'n wir
A ddarfu 'n Tâd—i ddifa 'n tir.

———

TRUGAREDD A THOSTURI.

Un trugarog a thosturiol
 Ydyw 'r Duw anfeidrol fawr,

Bwgwth cosbi—wed'yn oedi,
  Heb ein tori eleni i lawr ;
      Diolch iddo, &c.,
Byth am beidio 'n t'rawo 'n drwm.

Bwgwth barn i gadarn gydio,
  Yma i'n dryllio am ein drwg,
Weithiau t'ranu, dan felltenu,
  Fel i'n hysu yn ei ŵg ;
      Bwgwth t'rawo, &c.,
Yma i'n deffro y mae Duw.

T'rawo peth o'n hodiaeth ydau,
  Mewn rhai manau yn ein mysg,
Eto rhoi i'n ymborth ddigon,—
  O ! na chym'rai dynion ddysg ;
      Diolch iddo, &c.,
Nid am daro y mae 'n Duw.

Bwgwth stormydd, garw gerydd,
  Ar ein bronydd, er ein braw,
Weithiau 'n bwgwth drwy dymhestloedd
  Ddifa 'n glynoedd efo gwlaw ;
      Arbed wed'yn, &c.,
'R ol ein dychryn a wnai Duw.

DYN YN CAEL YN WELL NA'I HAEDDIANT.

HAEDDASOM wel'd ein ffrwythydd
  Yn braenu ar ein bronydd,
Yr ŷd a'r gweiriau goreu i gyd
  Yn dail ar hyd ein dolydd ;
Gan wlaw ac eira i'w guro,
A chaddug i'w orchuddio,
Neu gwedi 'i grino gyda gwres,
  Heb hanes dim o hono.

Yn ngwyneb annheilyngdod,
  A beichiau mawr o bechod,
Rhoed ffrwyth y ddaear ger ein bron
  Y flwyddyn hon yn hynod ;

Heb roddı gwlaw i'w lygru,
  Na 'r hin yn fwll i'w fallu ;
Addfedu 'n llafur er ein lles,
  A gwres neu dês i'w dasu.

'R ol gwneyd i'r ddaear gnydio,
  Dyffrynoedd, ffrithoedd, ffrwytho,
Rhoi hin yn dêg am lawer dydd,
  Drwy'r gwledydd, adre' i'w gludo :
  Mae'n bryd i ninnau bellach,
  'R ol cael ein barâ 'n bur-iach
Wneyd defnydd da o fara i fyw,
  Dan garu Duw 'n gywirach.

———

LLAWNDER A THANGNEFEDD.

Yn awr garedigion, O ! dygwch,
  I'r Arglwydd cymhwyswch y mawl,
Mynegwch, cydgenwch ogoniant,
  Efe biau 'r meddiant o'r mawl ;
Mae'n deilwng o'r enw da 'i rinwedd,
  Y clod a'r anrhydedd, trwy 'r hin,
Am ddefnydd da fara difyrus,
  Ac adeg mor drefnus i'w drin.

Fe lwythodd y ddaear, yn ddiau,
  A chnydau o ydau da ıawn ;
Fe drefnodd, ordeiniodd, hin dyner,
  Mewn amser, er cryfder i'r grawn ;
A hyfryd dêg ennyd i'w gynnull,
  I'w gael at ein pebyll heb ball,
Yn ymborth da, moethus, ammheuthyn
  I filoedd, heb fymryn yn fall.

Gallasai roi mwlldod, a mallder,
  I'n llenwi gan brudd-der a braw,
Neu 'ı guro gan wyntoedd tymhestlog,
  A'r ddaear yn wlybog gan wlaw ;
Neu anfon rhyw lawnder o lindys
  Arswydus i'n hynys yn haid,
A'u gadael i guro 'n magwraeth,
  A gwneuthur ein lluniaeth yn llaid.

Ond nid hyny, felly, fu 'w'llys,
  Na bwriad daionus, ein Duw,—
Nid bwriad troi 'r wlad i dylodi,
  Ond bwriad am borthi rhai byw ;
Fe ffrwynodd, attaliodd, y tylwyth,
  Rhag gwneuthur un adwyth i ni ;
Yn awr y mae genym ddigonedd
  O ffrwythau pur ryfedd heb ri'.

Heblaw rhoi cynnaliaeth yn haeledd,
  Rhoes hefyd dangnefedd i ni ;
Cael beunydd hir dywydd mor dawel,
  Heb alwad i'r rhyfel yn rhi' ;
Cael hau a chael medi 'n gymmodol,
  Heb ofni estronol lais drwg,
Na neb i'n niweidio ni wed'yn,
  Na gelyn i'n dychryn, a'i dŵg.

Pa dafod all osod mor llesol,
  Fendithiol, ddefnyddiol, i ni
Yn ymborth i'n cnawd yw y cnydau,
  Sef ffrwythau pur ydau heb ri' ?
Cynnaliaeth, sef toraeth naturiol
  O ymborth daearol, i'r dyn,
Mae'r Arglwydd mor rhwydd yn eu rhoddi
  Eleni i borthi pob un.

———

DUW YN ARBED ER BWGWTH.

Ein Crëwr a'n Cynnaliwr ni,
  O'i fawr haelioni a lanwodd
Ein tir âg ŷd, a hyfryd hin,
  Yn rhwydd, i'w drin a roddodd.

Mae cnwd ein daear gwedi d'od
  Yn barod i'n 'sguboriau,
Yn ddefnydd bara 'n gwala, gwir,
  Ddigonedd i'n ceginau.

Gallasai Duw roi gwres yr ha ',
  A difa pob rhyw dyfiant,
Na f'asai gobaith bara i'w gael,
  Ond moddion gwael i'n meddiant.

Bygythiodd ddifa defnydd da
　Ein bara â hin wlybyrog ;
Ond arbed eto, hyd yn awr,
　Wnai 'n Llywydd mawr galluog.

Moliaunwn enw 'n Harglwydd da,
　Am gael ein bara 'n bur-iach ;
O ! down yn unfryd, dan y ne',
　I'w garu E 'n rhagorach.

Dysg in' ddefnyddio 'n hymborth iach,
　Mwy bellach, yma 'n bwyllig,
I garu 'n Duw, ein cywir Dâd,
　A'n Ceidwad bendigedig.

Mae 'n hynod deilwng yn ei dŷ
　In' ganu i'w ogoniant ;
Mawl i ei enw mawr ei hun
　Sy'n perthyn am ein porthiant.

———

DUW YN BWGWTH BARN.

BYGYTHIODD Duw â drygfarn drom
　Eleni atom eto,
Gan daro 'r ddaear yn ei ddig,
　A chaddug i'w gorchuddio.

Ofnasom fod ei ŵg yn dal,
　Er dial ar ein daear,
A'i bod yn agos gyda ni
　I waeddi 'n rhy ddiweddar.

Bygythiodd fraenu ffrwyth ein tir,
　Ei ŵg fu 'n hir yn aros ;
Bod ein pechodau, blin eu bloedd,
　Mor uchel, oedd yr achos !

Rhoi hin ddryc-hinog, wlawog, wleb,
　Am bechu 'n wyneb uchel,
Ac wedi hyny, am ryw hyd,
　Rhoi tywydd hyfryd tawel.

Fe fu 'n ein bwgwth efo barn,
  Dros aml ddarn o ddiwrnod,
I wel'd, trwy droi y wlad yn wleb,
  A ddeuai neb i'w 'nabod ;

A galw Naf i gilio 'n ol,
  Rhag rhoi 'n daearol doraeth,
Sef pydru ffrwyth ein maesydd mwy,
  Yn benaf trwy wlybaniaeth.

Er iddo godi eleni ei law
  'N bur uchel i'n brawychu,
'R oedd yn ei galon, dirion Dâd,
  Ryw fwriad edifaru.

'R ol t'rawo 'n ysgafn, troi yn ol,
  Gwneyd peth o ôl ei wialen,
Ond nid ein llwyr ddyfetha fu ;—
  Eangu at ein hanghen.

Danfonai o'i gymylau mawr
  O wlaw i lawr laweroedd,
Fel i droi 'n dom ein cnydau da,
  A'u difa gyda dyfroedd.

Ond buan gwed'yn rhoddi 'r hin
  Gynnefin i'w gynafa,
Rhag rhoddi gormod in' o gur,
  Cyn cael yn bur ein bara.

Ond wele eleni i ni lwydd,
  Sef Iesu 'n rhwydd yn rhoddi,
Yd heb ei fraenu gan yr hin
  Sydd genym i'n digoni.

Boed tyner swn o dan y sêr,
  Gan lawer, Haleluia ;
Mawl enw 'n Tad a lanwo 'n tir,
  A seinio 'n hir, Hosanna.

Pob perchen enaid, parchu 'r Naf
  Yn uchaf f'o 'n chwennychiad,
A boddio 'n Iôr y byddom ni,
  Heb oeri yn ein bwriad.

Duw yw Efe, da iawn ei fod
    Heb roddi dyrnod arnom,
Gan roddi barn i'r gradd neu 'r pwys
    Mor ddwys ag yr haeddasom.

Pob enaid byw, i'n Duw, O! doed,
    I'w enw rhoed anrhydedd;
Na chym'rwn ffrwyth ein maesydd mwy
    I'w wario trwy anwiredd.

Clodforwch Dduw, angylion nef,
    Moliennwch ef, uwchafion;
Mawl llon i'n Tâd fo 'n llenwi 'n tir,
    'R un sylwedd i'r isolion.

———

DUW YN GALW Y FARN YN OL.

Agorwr dôrau 'r nef yw Duw,
    Anfeidrol ydyw Ef;
Efe sy 'n agor, ac yn cau
    Yn ol, gostrelau 'r nef.

O'i nefol law daw 'r gwlaw a'r gwlith,
    I ni sy 'n fendith fawr;
O'i law daw dyfroedd mawr, neu dês,
    Er barn, neu les, i lawr.

Nid hoff yw Silo o nesâu
    I'n rhoi dan blaau blin,
Cyn treio llwyddo i'n gwellhâu,
    Trwy droi rheolau 'r hin.

Pa beth yw dyn, abwydyn balch,
    Ni fedd un astalch fyw,
I gadw 'i fywyd hyd ei fedd,
    Ond da amynedd Duw!

I'r bendigedig, unig Iôr,
    Am radd o'i drysor drud,
Y b'o 'r gogoniant, mwyniant mawl,
    Mewn annherfynawl fyd.

Duw sy 'n agor ac yn cau
  Y tew gymylau mawr,
I ollwng dyfroedd mawr, neu dês,
  Er barn, neu les, i lawr.

Gall ddanfon allan dân a dŵr,
  Mae 'n Benrheolwr byd,
A difa cnwd y maes fel cnu,
  Trwy wres, neu wlychu 'r ŷd.

Arwydd o farn i raddau fu
  Yn ein brawychu ni ;
Ond daeth ein Brenin mewn iawn bryd,
  Ein Tâd, i'w symud hi.

Mae 'r Arglwydd wedi galw 'n ol
  Y farn dymmorol fu,
Er dechreu 'n trin â dryc-hin dro,
  Nid sŵn ein dryllio sy.

O! dysg i ni addoli 'n dda,
  Ar ol cynaua' 'n hir ;
Nid chwaith tra y parhäo 'r ŷd,
  Ond wedi,—o hyd yn wir.

Trugarog yw ein Duw, a da,
  Nid ein dyfetha fu,
Er dechreu 'n trin â dryc-hin dro,
  Nid sŵn ein dryllio sy ;

Ond sŵn trugaredd, ryfedd ras,
  Sy 'n awr o'n cwmpas ni ;
Ar hyd ein maesydd rhodio mae
  Ei hardd rinweddau hi.

———

AMCAN DUW YN BWGWTH DYN.

Ein Duw a'n cadwai 'n dawel,
  Rhag rhyfel yn barhâus,
Rhag newyn a phob niwed,
  Drueiniaid mor drahâus :

Er maint ein hannheilyngdod,
    Ein Cysgod yw, a'n Cefn ;
Os tery 'n ysgafn weithiau,
    Mae yn iachâu drachefn.

Mae weithiau 'n bwgwth taro,
    Er cyffro, deffro, dyn,
I weled yn fwy amlwg
    Ei haeddiant drwg ei hun,
Er chwilio a gochelyd
    O ffordd y drygfyd draw,
Rhag ofn yr ergyd marwol
    O'i ddialeddol law.

———

TYNU Y WIALEN YN OL.

MAE 'r wialen wedi 'i thynu 'n ol,
    Ein Duw anfeidrol da
Sydd wrth y llyw, cawn fyw, cawn faeth,
    Pur helaeth, a barhâ.

Mae 'r Arglwydd wedi galw 'n ol
    Y farn dymmorol fu
Yn bwgwth difa 'n hymborth da,
    Er lladd plant Adda 'n llu.

I'n bendigedig bwysig Borth,
    Ein Cymhorth, boed ein cân,
Am union droion Un yn Dri,
    Tâd y goleuni glân.

———

MAWL AM FENDITHION TYMMOROL.

I Dduw b'o 'r gogoniant am gynnydd
    Yr hâd yn y maesydd, a'r hin
I'w lesol ddefodol addfedu,
    A'i gasglu, ei drefnu, a'i drin ;
Hin wresog, dêg, enwog, i'w gynnull,
    A llenwi 'n holl bebyll â bwyd,
Na byddo 'r un teulu drwy 'n talaeth,
    O ddiffyg cael lluniaeth, yn llwyd.

I'r Arglwydd yn rhwydd am ein rhyddid,
  Ein bywyd, a'n hiechyd, yn awr,
Dadseiniwn, cyd-ganwn ogoniant,
  Dyrchafwn ei foliant yn fawr ;
Bendithion daearol yn dyrau,
  I ni gael tameidiau 'n mhob man,
Diodydd a bwydydd bob adeg,
  Sydd beunydd yn rhedeg i'n rhan.

Y moliant aberthwn i'n Porthwr,
  A'r parch i Gynnaliwr ein hedd,
Yn awr efo 'n gilydd, un galon,
  Aberthwn yn foddlon hyd fedd :
Ein hymborth bob tamaid drwy 'r tymmor,
  Defnyddiwn hwy 'n rhagor, yn rhwydd,
I ganmol ein Llywydd galluog,
  Yn fywiog a serchog ein swydd.

DIOLCHGARWCH AM EIN CYNNAL.

O ! Arglwydd bendigedig,
  Ti ydyw 'r Meddyg mawr,
Ti fu 'n rhoi bôd i'r bydoedd,
  A lluoedd nef a llawr ;
Tydi sy 'n cynnal iechyd
  A bywyd ymhob un ;
I ti boed y gogoniant,—
  Dy haeddiant it' dy hun.

DIOLCHGARWCH AM DRUGAREDDAU TYMMOROL.

Y clod, yr anrhydedd, a'r moliant
  I Dduw, a'r gogoniant i gyd,
Am gynnal drwy 'n teyrnas lonyddwch,
  Tawelwch, a heddwch, o hyd ;
A chynnal ein rhyddid crefyddol,
  A'n bara beunyddiol i ni ;
O ! Arglwydd, dysg i ni ymostwng—
  Mae hyny 'n beth teilwng—i ti.

MAWL I DDUW AM GYNAUAF DA.

I'R Arglwydd boed gogoniant,
  Y parch, a'r moliant mawr,
Am ddarpar hâd i'r hauwr,
  A bara i'r bwytâwr ;
A rhoddi 'r fath dymmorau
  I gasglu 'n hydau 'n iach ;
Mae 'n ddyled ei addoli,
  Heb oedi, ar fawr a bach.

Ti roddaist drugareddau
  I dori 'n heisiau ni ;
Na 'd i ni dy anghofio
  Wrth dreulio d' eiddo di ;
Dod Ysbryd o'r uchelder,
  A'n dysg i'w harfer hwy,
Rhag i ni mewn ysgafnder
  Byth eu camarfer mwy.

Yr Arglwydd o'i ddaioni
  Wnaeth lawer i ni o les ;
D'wêd, f' enaid,—Diolch iddo,
  Fy arbed ganddo ge's ;
Fy nhroi mewn trugareddau
  Ar hŷd fy nyddiau wnaeth,
Yn lle fy rhoi 'n garcharwr
  Mewn cyflwr chwerw caeth.

DIOLCHGARWCH AM GYNAUAF.

GALLESIT dalu i ni 'r pwyth,
  Drwy dduo ffrwyth y ddaear ;
A'n cau dan arwydd o dy ŵg,
  Mewn golwg trist a galar.

Ti roddaist i ni dywydd da,
  I gasglu 'n bara 'n bur-iach ;
Dod galon newydd ynom ni
  I'th garu di 'n gywirach.

Er i ti 'n bwgwth, Arglwydd da,
 A niwed pla o newyn ;
Er hyny 'n harbed wne'st bob tro,
 Cyn ein niweidio, wed'yn.

Bygythiaist sychder fel yn farn,
 Troi 'n gwlad i haiarn g'ledwch ;
Ac eto 'n harbed cyn pen hir,
 Troi 'n tir yn wir dynerwch.

Er bwgwth braenu, ambell bryd,
 Holl buraf ŷd ein bara ;
Ei roi drachefn fu 'th drefn, faith draul,
 O ! gwelwn, gael ein gwala.

Er haeddu newyn dygn, du,
 Am bechu 'n wyneb uchel ;
Ond danfon bara i ni gael byw
 Mae 'n Duw, yn hynod dawel.

MAWL AM GYNAUAF LLAWN.

CLODFORED pawb ein Harglwydd ni
 Am lenwi ein hŷdlanoedd
O ddefnydd bara da dan dô,
 I lawer o deuluoedd.

Duw sydd yn deilwng i'w fawrhâu
 Am adeg hau a medi,
A rhoi hin ddâ i gasglu 'r cnwd
 Yn frwd, yn lle'i ddifrodi.

Moliannwn Ef am dywydd da,
 In' gael ein bara 'n bur-iach ;
O ! na fai 'n pleser ymhob plwy'
 I'w garu mwy 'n rhagorach.

O ! na fai 'n henaid mewn llawn hwyl
 Yn canu ar ŵyl y cynnull,
Ac nid yn foddlon mwy i fyw
 I ganu i'n Duw yn dywyll.

O ! dysged Duw in' fyw i'w fawl
  Yn hollawl o hyn allan ;
Mae ffon ein bara gwedi ei chael
  I'n gafael eto 'n gyfan.

Gan i ni gael cynauaf llawn,
  Haelionus iawn, eleni,
O ! Arglwydd, cadw ni rhag blys
  Afradus i'w ddifrodi.

Rhoi 'n hunain yn aberthau byw
  I Dduw, y mae E 'n ddewis,
Myn'd ar ei ol trwy ddwyfol ddysg,
  Heb ddwyn i'n mysg ddim esgus.

Duw sydd yn rhoi i'r hauwr hâd,
  Yn rhad, fo 'n anghenrheidiol,
Ac yn rhoi bara i'r bwytâwr,
  I'w wneyd yn awr yn wrol.

O ! na fa'i 'n pleser, yn ddi-nag,
  I ddilyn ac addoli
Y Duw sy'n deilwng i'w fawrhâu,
  Am adeg hau a medi.

————

GWAHODDIAD Y PERLLANAU.

Dowch, ddynion, medd llawnion berllanau,
  Mae'n ffrwythau yn chwareu i chwi ;
I chwi 'n dyrau pêr eu darparwyd,
  Yn faich fe 'u cynnyddwyd i ni ;
Ymborthwch, a chofiwch ddyrchafu
  Y Duw sy 'n anrhegu yn rhodd,
Mor beraidd, mor iraidd yr aeron,
  I ddynion yn faethlon, o'i fodd.

————

BARNAU DUW.

ACHLYSURWYD GAN Y CHOLERA MORBUS, 1832.

MAE sŵn dy feirch drwy 'r Ynys hon
  Mor lymion yn carlamu ;

D

A llawer dan eu traed bob dydd,
  Trwy angeu sydd yn trengu.

Duw, galw 'n ol dy farnol feirch,
  O! deled eirch dy deulu
Oll ger dy fron, O! dirion Dâd,
  Yn ol dewisiad Iesu.

Mae dychryn barnau 'n dechreu bod
  I'w 'nabod mewn wynebau,
Wrth sŵn pistylloedd dyfroedd Duw,
  O fewn i amryw fanau.

Wrth glywed sŵn dy feirch gerbron
  Mor eirwon yn gweryru,
Mae 'r cryf a'r gwan, yr iach a'r claf,
  A'r uchaf yn brawychu.

———

ARSWYD YR HAINT.

MAE arswyd trwy 'r gwledydd o herwydd yr haint,
Wrth glywed y cyffro, arswydo mae'r saint,
Fod Duw i'n cyfarfod yn dyfod mewn dig,
Pwy 'n ngwyneb ei fawredd, gan drosedd, a drig?

———

GWERTH Y GAIR.

MAE gair Iachawdwr mawr y byd
  Yn dda i gyd yn ddiau,
I gynnal f' enaid wrth ei borth,
  Mewn dyrus orthrymderau.

———

Y GAIR YN RYMUS.

NA 'd i mi daflu d' air o'm hol,
  Fel peth aflesol, bythoedd;
Mŷn iddo drigfan yn ddi-drai,
  Drwy f' 'wyllys, a'i 'stafelloedd.

Rho i mi brofi d' air mewn grym,
   Fel cleddyf llym, a llymach,
Yn rhoi i'm calon galed glwy',
   'Rwy 'n deisyf, yn fwy dwysach.

Pâr fod dy air yn f' enaid i,
   O Dduw, yn gèni 'n gynnes,
Yn fwy na chyfoeth pena' 'r byd,
   Bob mynyd, yn fy mynwes.

Hwyrfrydig wyf i ffoi 'r un cam
   I fyny am fy einioes,
Er gweled arwydd barn yn bod,
   Drom, wedi ei gosod eisoes.

Llais Duw o hyd sy 'n d'wedyd, Dôs,
   Nac aros yn y goror—
Fel diluw tân—lle daw fy llid,
   Môr gofid mawr dygyfor.

Hyn wyf yn ofyn cyn fy medd,
   O Dduw, na omedd i mi,—
Iawn gredu 'th fod heb un o'th fath,
   Dy ddilyn, a'th addoli.

O! dyro 'r ffydd y sydd a'i sail
   Yn Adda 'r Ail, a'i nodded,—
Pe deuai cystudd o bob cŵr,
   Mai Crist yw 'r Gŵr a'm gwared.

Rho 'r ffydd a fyddo 'n gweithio 'n gall
   Trwy gariad diball geirwir;
Byth yn dy dŷ caf felly fod
   Yn aelod—fe 'm cynnelir.

———

GELYNIAETH CALON DYN.

Ooh! faint o niwed i mi wnaeth
   Fy hen elyniaeth lym!
Yn nhrigfan cariad ennyn câs,
   Gwanychu 'ngras a 'ngrym;

Fy ngwneyd yn oer at Frenin nef
Ac at ei deulu anwyl Ef,
Gan fagu grym cenfigen gref,
  Peth câs i'w oddef yw.

Fy hen elyniaeth drwg yw pen
  A thâd cenfigen faith ;
Mi gefais deimlo hwnw, do,
  Yn gwingo lawer gwaith :
O ! tòr y gwreiddyn trwy rym gras,
'N awr fel y cwympo 'r brigau câs,
A dwg hen elyn i ti 'n was,
  O fewn dy deyrnas fawr.

'R wyf wedi deall o b'le daeth
  Gelyniaeth drwg ei lun ;
Fe ddaeth yn Eden gynt yn ol
  O ddiafol câs i ddyn ;
Hen wenwyn marwol ysol yw,
Ddaeth yn yr ardd i ddynol-ryw,
Ysgarodd rhyngddynt hwy a Duw ;
  Mae heddyw effaith hyn.

O ! lladd yr hen elyniaeth fyw,
  O'm mewn, fy Nuw, yn awr ;
O ! dyro ras i dori ei rym,
  Fel cleddyf llym, i'r llawr ;
A phlana gariad fel fflam gref,
Yn anian loyw yn ei le,—
Yn f' enaid llwm, hyn yw fy llef,
  Y b'o ei chartref byth.

Duw, lladd yr hen elyniaeth lawn,
  Anfoddlawn, sy ynof fi ;
Yn ymgynhyrfu ddydd a nos
  Yn erbyn d' achos di ;
Rhag im' o'r diwedd gyrhaedd gwin
Yn llestri 'r deml at fy min,
Wrth garu blas fy rhagfarn blin,
  Cynnefin chwantau 'r cnawd.

Lladd yr elyniaeth wnaeth i ni
  Gasâu daioni Duw ;
Ni chaiff anwylaf blant y ne'
  O'i fodd yn un lle fyw ;

Ei ergyd beunydd, ymhob oes,
Sy 'n erbyn Iesu Grist a'i groes,
A llawer codwm, llawer loes,
   A roes i'r duwiol rai.

O! difa 'm hen elyniaeth câs,
   Sy 'n erbyn gras fy Nuw;
Y mae ef beunydd ynwy' 'n bod,
   Mi wn, yn bechod byw;
Rho brofi arfau 'r nef yn awr,
Heb golli eu mîn a'u gallu mawr,
Yn tori pen Golia' i lawr
   Sy 'n nychdod mawr i mi.

Helaetha di, ein nefol Dâd,
   Derfynau cariad fyth;
A thro elyniaeth calon dyn,
   'Rwy 'n erfyn, dros ei nyth;
Na âd i hwnw fod yn hir
Mewn dull fel tân yn ennill tir,
Ac onidê dy blant yn wir
   A lygrir dan ei law.

Duw, attal dân gelyniaeth du
   Rhag mygu yn ein mysg;
Neu os ennyna ynom ni,
   D' allorau di fe 'u llysg;
Mae yn ei amcan aflan ef
Ddiddymu gras, sydd anian gref,
A llwyr ddifodi Brenin nef—
   Ni ddyoddef ddim sydd dda.

———

Y GALON DDRWG.

O! tŷn y galon ddrwg ddi-ras,
   Un hynod gâs, o honof;
A dyro galon newydd gig
   I'th garu 'n unig ynof.

Y galon lawn meddyliau drwg,
   Dymunaf, dŵg o'm mynwes;
Na âd i'r gyfryw galon ddu
   O'm mewn gael llechu a lloches.

PERYGLON YR ANNYCHWELEDIG.

Ti ddyn, fel gwelltyn gwyw,
   I wyddfod Duw sydd dân,
Pa fodd y deui di
   Heb gael dy losgı 'n lân,
Nes i ti dd'od i gysgod Iawn,
Sydd wedi croesi 'r llyfrau 'n llawn ?

Bechadur anmhur ryw,
   Hen elyn Duw y nef,
Cyttuna yn ddi-nag,
   Yn fuan gydag Ef ;
Rhag ei gyffroi i'th droi byth draw
O dan ei ddialeddol law.

Y CYFAMMOD GRAS.

Cyfammod hedd, cyfammod cadarn Duw,
Ni syfl o'i le, nid ʼe a nagê yw ;
Cyfammod gwir, ni chyfnewidir chwaith ;
Er maint eu pla, daw tyrfa i ben eu taith.

Cyfammod rhad, o drefniad Un yn Dri,—
Hen air y llŵ, a droes yn elw i ni ;
Mae'n ddigon cry' i'n codi i fyny 'n fyw ;
Ei rym o hyd yw holl gadernid Duw.

Cyfammod pur, ni n'widir yn y ne',
I ddamnio 'r plant, os llithrant hwy o'u lle ;
Fe saif ei dir, ni syflir byth mo 'i sail ;
Mae 'n ammod hedd, ar rinwedd Adda 'r Ail.

'D oes bwlch yn hwn, fel modrwy 'n grwn y mae,
A'i g'lwm mor glos, heb os, nac oni bae ;
Nid all y plant ddim gwerthu eu meddiant mwy ;
Mae gan Dduw gylch, a'u deil, o'u hamgylch hwy.

Cyfammod llawn, da, uniawn, ydyw oll,
Ei *seinio* wnaed, a'i selio â gwaed di-goll ;
Fe saif ei sêl byth yn ddiogel dda ;
'D oes dim mewn bod, mae'n hynod, a'i gwanhâ.

Fe syrthiodd pen cyfammod Eden, do,
Ni safai 'n syth, bydd tristwch byth o'r tro ;
Ond saif yr Ail, a'i gadarn sail ni syrth,
Gwnaed uffern gâs ei phwrpas gyda'i phyrth.

Tra safo 'n siwr y Pen-ammodwr mawr,
Y plant nid änt, ni lithrant byth i lawr ;
Er myn'd i'r bedd, a'u gwedd yn ddigon gwael,
D'wêd wrth eu llwch, Dowch, codwch, rhaid eich cael.

Cyfammod cry', pwy ato a ddyry ddim ?
'D eill byd na bedd chwaith dori ei ryfedd rym ;
Diysgog yw hen Arfaeth Duw o hyd ;
Nid siglo mae, fel gweinion bethau 'r byd.

Er llithro i'r llaid, a llygru defaid Duw,
Cyfammod sy i'w codi i fyny 'n fyw,
A golchi i gyd eu holl aflendid hwy,
A'u dwyn o'r bedd, heb ddim anmhuredd mwy.

———

Y CYFAMMOD HEDD.

Y MAE cyfammod hynod hedd,
A ddeil trwy 'r byd, trwy angeu, a'r bedd,
Heb gyfnewidiad yn ei wedd
   Nes myn'd i'r wledd yn lân :
Rhwng Tri yn Un draw 'n mhell fe 'i gwnaed,
Ar seiliau gwych, a'i selio â gwaed,
I godi 'r truain ar eu traed,—
   O ! cyfod, f' enaid, cân.

Cyfammod bendigedig yw,
Un hollol rad i ddynolryw,—
Cael mewn addewid i ni 'n Dduw
   Yr Arglwydd, heddyw, 'i hun,
Yr hwn a wnaeth y tir a'r môr,
Ei enw Ef yw Arglwydd Iôr ;
Ei 'wyllys da, a'i holl ystôr,
   Yn d'od yn eiddo 'r dyn.

Y CYFAMMOD.

O ! 'r môr anghymharol, anfeidrol ei faint,
O ddefnydd cysuron i Sïon a'r saint,
Sydd yn y cyfammod yn bod i bob un,—
Holl gyfoeth y Duwdod yn dyfod i'r dyn.

Os rhaid dringo 'r creigydd draw sydd yn dra serth,
Ond myn'd i'r cyfammod, mewn nychdod, cawn nerth ;
Mae 'n mru yr addewid, mewn gwendid i'r gwael,
Wir nerth ac ymgeledd ddigonedd i'w gael.

———

Y CYFAMMOD NEWYDD.

DYMA 'nghyfammod newydd i,
  Medd Duw, wnâf â thi, Isr'el,—
Fy neddf o'th fewn a roddaf oll,
  Un ddigoll, yn ddiogel.

———

"MAWR YW DIRGELWCH DUWIOLDEB."

HYN yw 'r dirgelwch mwyaf gaw'd,—
Duw ymddangosodd yn y cnawd,
Yr Hollgyfoethog ddaeth yn dlawd,
  I'n cyfoethogi ni :
O dan ei ddeddf ei hun fe ddaeth,
I ddyoddef iddi ei gosbi 'n gaeth,
A'n rhoddi ni yn rhydd a wnaeth
  O'i gafael helaeth hi.

Y ddeddf a roddodd Ef i ddyn,
A ddaliai 'i Hawdwr mawr ei hun ;
Pan wisgodd gnawd, yn dlawd ei lun,
  Aeth deddf i ofyn Duw ;
Ac nis gollyngodd nes cael llawn
Lwyr daledigaeth helaeth iawn :
'N awr yn ei gysgod ninnau gawn
  Yn foddlawn ganddi fyw.

Pe gall'sai 'r gyfraith ein bywhâu,
Ni b'asai ffydd werth ei choffâu,
Na Christ yn rhodio i'w mawrhâu
   'N sail llawenhâu i ni ;
Ond drych yn dangos harddwch Duw,
A pha mor aflan dynolryw,
A rheol fanol i ni fyw,
   Hyd heddyw, ydyw hi.

Er nad yw 'r gyfraith yn bywhâu,
Nac o'n harchollion yn iachâu,
'D oes achos i ni ei chasâu,
   Am nodi 'n beiau 'n awr ;
Y ddeddf yw 'r ganwyll ddidwyll, dda,
'Roed yn ein plith in' wel'd ein pla ;
Ond Crist yw 'r meddyg a'n hiachâ
   O'n clwyfau mwya' mawr.

———

GOGONEDDUS ENW CRIST.

GWAREDWR yw ei enw Ef,
   Daeth un o'r nef i'w enwi ;
Ac mae 'n mhob lle, hawdd gwneuthur llŵ,
   Yn llon'd ei enw i ni.

Ei enw sydd i'w anwyl saint
   Fel enaint tywalltedig ;
Daw 'r caeth yn rhydd o dan ei bwn,
   Yn enw Hwn yn unig.

Crist oedd y tân gynt yn y berth—
   Mae 'n werth adgoffa 'i wyrthiau—
Yn llosgi 'n llym, heb wneyd ei ôl,
   Yn nghanol ei changenau.

Ni roed, ac ni roir, enw byth
   In' daenu ymhlith dynion,
Ond enw Iesu, da i ni,
   A all ein rhoddi 'n rhyddion.

'D oes iechydwriaeth ı uu dyn
I'w gaffael mewn un enw
Ond enw Crist, hyn yw ein cred—
Adwaened pawb ei enw.

Haul (mawr) a Tharian, glân ei glod,
Pur, yw ei hynod enw ;
Fe rydd in' oleu yn ddi-nag,
A 'mwared, rhag ein meirw.

Iachawdwr wrth ei enw yw,
A Brawd i rai briwedıg ;
Ni fethodd wella neb yn wir,
Na 'u dodi ar dir cadwedig.

———

CRIST YN SYLWEDD YR ARCH A'R DRUGAREDDFA.

Pur galon y Messia
    Yw 'r Drugareddfa a'r Arch,
Lle ca'dd pob iod o'r gyfraith
    I'r eithaf berffaith barch ;
Pan oedd ein Brawd caredig
    Dan ei hoeliedıg loes,
Y gyfraith bur oedd ynddo
    Yn gryno ar y groes.

Paham yr ofnaf Sına,
    Mae hòno 'n gyfa' i gyd
Yn nghalon eın Hiachawdwr,
    Sef Barnwr mawr y byd ;
Ac yno mae 'n preswylio,
    Heb ei llychwino chwaith,
Yn foddlon iawn i'r Iesu
    Ein tynu i ben ein taith.

Yr arch a luniodd Moses
    Oedd weddus iddi 'n wir,
A'r Drugareddfa i'w chuddıo,
    Hi fu dan hòno 'n hir ;

Ond gwell oedd calon Iesu
　I'w diogelu heb goll,
A'i chadw 'n fwy parchedig
　Na 'r llechau ceryg oll.

Mewn arch a luniodd Moses
　Bu 'r ddeddf yn drefnus dro,
Ond collwyd hon 'r ol hyny
　Ymysg rhyw deulu, do ;
Ond byth ni chyll ond hyny,
　Tra byddo Iesu byw,
Ni ddygir, mae 'n ddiogel
　Tu mewn i deml Duw.

———

Y MEDDYG DA.

ZECH. IX. 12.

TRA byddwyf yn nghlyw
　Efengyl gras Duw,
A'r drefn ddigyffelyb, mae 'n bosib' cael byw ;
　Er cymaint fy nghlwy',
　Mae 'r Meddyg fyrdd mwy ;
Tu yma i'r gagendor yw 'r ochr yr wy'.

Mae gobaith iachâd
　Tra b'wyf yn y wlad
Lle mae 'r addewidion a'u rhoddion yn rhad ;
　Er cymaint fy nghlwy',
　Mae 'r Meddyg fyrdd mwy ;
Tu yma i'r gagendor yw 'r ochr yr wy'.

Cyn myned trwy 'r glyn,
　Os f' Arglwydd a fyn,
Mae modd i gael cymmod,—peth hynod yw hyn !
　Er cymaint fy nghlwy',
　Mae 'r Meddyg fyrdd mwy ;
Tu yma i'r gagendor yw 'r ochr yr wy'.

'R wyf eto mewn gwlad
　Mae lle i gael gwellhâd,
A phur iechydwriaeth mewn helaeth fwynhâd ;

Er cymaint fy nghlwy',
Mae 'r Meddyg fyrdd mwy ;
Tu yma i'r gagendor yw 'r ochr yr wy'.

Tra b'wy' 'n nghyrhaedd llef
Ein Harglwydd o'r nef,
Mae gobaith cael dyfod i gymmod âg Ef ;
Er cymaint fy nghlwy',
Mae 'r Meddyg fyrdd mwy ;
Tu yma i'r gagendor yw 'r ochr yr wy'.

Tra byddwyf yn nghlyw
Hen alwad fy Nuw,
Mae gobaith am danaf y byddaf fi byw ;
Er cymaint fy nghlwy',
Mae 'r Meddyg fyrdd mwy,
Tu yma i'r gagendor yw 'r ochr yr wy'.

F' archollion sy 'n fawr
Aneirif yn awr ;
Och ! fel yr anafais pan lithrais i lawr !
Ond er maint fy nghlwy',
Mae 'r Meddyg fyrdd mwy ;
Tu yma i'r gagendor yw 'r ochr yr wy'.

Y BUGAIL DA.

PSALM XXIII.

Yr Arglwydd yw fy Mugail da,
Fe a'm diwalla 'n hollol ;
Mi a gâf bobpeth gan fy Nhâd,
Yn rhad, f'o 'n anghenrheidiol.

Fe 'm dŵg i orwedd gyda 'i braidd,
I'r borfa iraidd oreu ;
A cherllaw 'r dyfroedd tawel, Duw
A'm harwain i'w dymmorau.

Fe ddychwel f' enaid o bob man
I'w gorlan, enwog arlwy ;
Yn ffyrdd cyfiawnder fe rydd im'
Ryw hynod rym i dramwy.

Nid ofnaf niwed byth am hyn,
　　Ar waelod glyn marwolaeth;
Ond äf a phwysaf ar y ffon
　　O dirion Iechydwriaeth.

Ti hili 'mwrdd, yn hael, er maint
　　Digofaint uffern gyfan;
Ac wele, dodaist olew da
　　I 'nghopa—llon'd fy nghwpan.

Daioni a chariad Duw bob cam,
　　Yn lanwaith a'm canlynant;
Ac felly 'm delir yn ei dŷ,
　　I ganu ei ogoniant.

———

GWAED CRIST.

Mae gwaed a all ein golchi,
　　Mawr yw ein braint, o'n brynti,
Na wêl y ddeddf, a'i llygad llym,
　　Oll drwyddom ddim budreddi;
　　I wneyd yr enaid euog
　　Yn lân, ac yn galonog,
Fe dŷn euogrwydd oedd o'r blaen
　　Yn bwgwth fel draen pigog.

Clod am y gwaed sy 'n symud
　　Halogrwydd cnawd ac ysbryd;
Cawn fyn'd i'r nef a'n llef yn llon,
　　A chalon ddifrycheulyd:
　　Daw Eglwys Dduw o'i gofid,
　　Yn ngherbyd yr addewid,
I'w chartref sydd uwchlaw y ser
　　Heb flinder nac aflendid.

Deddf a chyfiawnder dwyfol
　　A ddichon fyw 'n heddychol,
A'r pechaduriaid gwaethaf gaed,
　　Trwy waed, yn ddiniweidiol;

Y maent yn bloeddio, Digon,
Y gwaed a'n gwnaeth yn foddlon,
Dowch at Fab Duw, rai gwael eu drych,
Mae 'n llyfrau gwych yn gochion.

———

Y FFYNNON A AGORWYD.

MAE 'r ffynnon yn loyw, bur, heddyw 'n parhâu,
Er cymaint o bechod, mae 'n hynod lanhâu ;
'N ol golchi 'n glaerwynion rai bryntion heb ri',
Er hyny mae 'r ffynnon 'r un moddion i mi.

Hi olchodd Manasse o feiau, do, fyrdd ;
A Magdalen galed, er ffoled ei ffyrdd ;
A thyrfa lïosog drwmlwythog yn lân,
Am dani 'n oes oesoedd yn gyhoedd a gân.

O'r fferau i'r lwynau, mwyhâu y mae hi ;
O'r diwedd try 'r ffynnon yn afon i ni ;
Gall rhyw lefiathan du, aflan, a dwys
Fel fi, ar y dyfroedd, roi bythoedd ei bwys.

Os daw Gadareniad dideimlad i'r dŵr,
I nofio tua 'r bywyd—fe gyfyd y Gŵr,
A golcha 'i aflendid i gyd yn ddi-goll,
A'r Ethiop brwnt dua' newidia 'n wyn oll.

Mae rhinwedd yr afon i ddynion mor dda,
'D oes ofid na thrwbl na chwbl iachâ :
Y duaf, aflanaf, y bryntaf, ryw bryd,
A gyll yn yr afon bla 'i galon i gyd.

———

Y GAIR GORPHENWYD.

GORPHENODD cyfiawnder y Tâd
  Ar Iesu wneyd drylliad yn drwm,
Gorphenodd y ddeddf waeddi, Gâd
  Im' gael, trwy 'th groeshoeliad, fy swm ;

Gorphenodd y ddaear ei ddwyn
  I'r lladdfa, trwy gynllwyn i gyd;
Gorphenodd yr Iesu ro'i tâl
  Tros rai o bob ardal o'r byd.

BUDDUGOLIAETH Y GROES.

BYDD cofio 'r hen ymladdfa
  Draw ar Galfaria fu,
Pan y gorchfygwyd diafol
  A'i holl elynol lu,
A chofio 'r oruchafiaeth—
  Y fuddugoliaeth fawr—
A gafwyd ar y croesbren,
  A rhwygo 'r llen i'r llawr.

Bydd canu am y goncwest
  Yn onest yn y nef,
Gan dyrfa lân heb flino,
  Gan floeddio, Iddo Ef
A'n carodd, ac a'n golchodd,
  A'n prynodd ni bob rhyw,—
Daeth isod i'n haddasu,
  Heb fethu, 'n deulu Duw.

Tyr'd, Arglwydd Dduw y lluoedd,
  O'r nefoedd yma 'n awr,
I'n hargyhoeddi heddyw,
  Er mwyn dy enw mawr;
Cyflawna dy addewid,
  Dra hyfryd, y tro hwn,
Gan beri i'n heneidiau
  Gael teimlo 'n beichiau 'n bwn.

Yr Arglwydd sy 'n teyrnasu,
  Sail gofoleddu sydd;
Er maint a'i gwrthwynebo,
  Y peth a fyno fydd;
Mae ganddo hen freniniaeth
  Bur helaeth o barhâd;
Fe biau ben-llywodraeth—
  Arglwyddiaeth ar bob gwlad.

Gwell i ni 'n fuan blygu ;
  Rhaid addef gallu Duw ;
Mae ganddo Ef lywodraeth
  Mor helaeth ar bob rhyw ;
Gall wneyd i'r peth a fyno,
  Oll i gydweithio 'n llawn,
Er lles i bawb o'i bobl,
  Yn nerthol, unol, iawn.

Rhyw luoedd o angylion,
  Cantorion glân cyttun,
O wir barch i'w fawrhydi,
  A ddaw i weini i ddyn ;
Hwy gauant safnau llewod,
  Pan fyddo 'n bod ryw bwys,
Agorant eu carcharau,
  A'u holl gadwynau dwys.

I'r deillion, gweinion geni,
  Y daeth goleuni i lawr ;
I'r cleifion archolledig,
  Y ganwyd Meddyg mawr ;
I'r tlodion, heb ei dysgwyl,
  Y daeth efengyl Duw ;
Y llef sydd yn dyrchafu
  Rhai eto i fyny 'n fyw.

Yr emyn ddiweddaf a ganwyd gan E. Jones, Ieuaf.

Y BUDDUGOLIAETHWR.

ESAIA LXIII

Pwy welaf yn dyfod o'r frwydr,
  Mor gadarn, mor bybyr yn bod ?
'R ol hollol orchfygu 'r gelynion,
  Rhyfeddol mor dirion mae'n d'od ;
Mae gwaed oddiallan i'w ddillad,
  'R ol bod mewn ymdrechiad mor drwm ;
Gofynion Cyfiawnder a dalodd,
  Cyflawnodd, fe seliodd y swm.

Fe roes ei elynion mileinig,
  Ei hunan, mewn dirmyg mor dost,—
Er maint eu dichellion, a'u cryfder,
  Eu nifer, eu balchder, a'u bost,—
Yn gaethion dan dynion gadwynau,
  Mewn poenau a gwaeau mor gaeth,
Caethiwodd gaethiwyr ei briod
  Ei hun oddi uchod pan ddaeth.

ABERTH CRIST A'I FFRWYTHAU.

Wele 'n chwysu 'r dafnau gwaedlyd,
  Ar noswaith rewllyd, yn yr ardd,
Yr Iesu, siriol Rhosyn Saron !
  O hwn bendithion pawb a dardd ;
Ein bara byw, a'n haberth yw,
Dyoddefodd dân digofaint Duw.

O ! dod gyfiawnder y Messia,
  I dd'od am danaf i'th ŵydd di ;
A dod gyfiawnder egwyddorol,
  Anian fywiol, ynof fi ;
O ! na bawn yn llestr llawn
O bob rhinweddol ddwyfol ddawn.

BODDLONI GOFYNION Y DDEDDF.

Nis gall'sai 'r ddeddf ddim gofyn mwy
  I Iesu nag a roes ;
Hi ga'dd y cwbl ganddo, do,
  Yn gryno ar y groes.

CRIST OLL YN OLL.

Mi alwaf Iesu ymhob man,
  Fy Mrawd, fy Rhan, fy Mhrynwr,
Fy Nuw, fy Nerth, fy oll yn oll,
  Yn ddigoll, fy Meddygwr.

E

Dros fy mhechodau, llyfrau llawn,
　　Efe yw 'r Iawn daionus ;
Byw wrth ei fodd, a thraethu 'i fawl,
　　Yn hollawl yw fy 'wyllys.

———

COFIO ING IESU.

Wrth gofio Iesu 'n dyoddef
　　O dan ddoluriau 'r loes,
A'i gefn yn gwysau hirion,
　　Yn cario 'r greulon groes,
I gael ei hoelio arni,
　　A'i brofi ar y bryn,
O! gwnaed i'm calon agor
　　Yn sobr ac yn syn.

Wrth gofio Iesu 'n marw,
　　A'i dywydd garw gynt,
Achosion i'w hystyrio,
　　A'm cadw 'n effro ŷnt ;
Wrth wel'd y cledd yn deffro,
　　Sef i'w darawo Ef,
A'r ddeddf a'i holl felldithion,
　　Yn llymion, yr un llef.

———

TANGNEFEDD TRWY Y GWAED.

'R wy' 'n dysgwyl tangnefedd trwy rinwedd yr Oen,
A gadael fy nhrallod, fy mhechod, a 'mhoen ;
Ei fywyd, a'r pridwerth, a'r aberth a roes,
Pan oedd dan y loesion mor greulon ar groes.

———

ADGYFODIAD CRIST.

Yr Arglwydd gyfododd yn wir,
　　A dyna sail gywir y gân ;
Pob ardal o'r ddaear cyn hir
　　A'i foliant a lenwir yn lân ;

Dattododd holl gloion y glŷn,
   Y dyffryn sy 'n dychryn plant Duw;
Yn nghanol ei wely deffrodd,
   Ac yna cyfododd yn fyw.

Fe gododd ein Bugail o'r bedd,
   Ar ol bod yn gorwedd yn gaeth;
I'w briod gwnaeth lwybr i'r wledd,
   A rhyfedd dangnefedd a wnaeth;
Nid Iesu mewn bedd sydd yn bod,
   Ond yn y nef uchod yn awr;
Cyfododd, eglurodd ei glod,
   Ca'dd gyflawn ollyngdod o'r llawr.

Y PRYNWR YN FYW.

CYDGANWN yn llafar o'r ddaear i Dduw,
Mae 'n Prynwr anfeidrol, rhyfeddol, yn fyw;
Angylion a dynion sy 'n dystion o'i du,
Nad yw Ef yn gorwedd mewn bedd fel y bu.

Er myned i orwedd i geufedd yn gaeth,
O'i fedd yn wirfoddol, fuddugol, fe ddaeth;
A'i Dâd wedi danfon cenadon mewn hedd
O'r nef i'w groesawu i fyny o'i fedd.

MAWL AM GEIDWAD.

Pob seraph, pob sant,
   Henafgwŷr a phlant,
Gogoniant a ddodant i Dduw,
   Fel tyrfa gyttun,
   Yn beraidd bob un,
Am Geidwad o Forwyn yn fyw.

Fe 'i hun yw fy hedd,
   Fy aberth, a'm gwledd,
A'm sail am drugaredd i gyd;
   Ein cysgod a'n cân
   Mewn dwfr ac mewn tân,—
Gwnaed uffern ei hamcan o hyd.

Mae 'i oriau mor iach
I borthi rhai bach,
Gwnai 'n holliach rai afiach erioed ;
Rhai meirw mewn pla,
Fe 'u hollol fywhâ
A'i eiriau—fe bura bob oed.

Mae 'i drysor mor llawn
Ar ol talu 'r Iawn,
A boddio 'r ddeddf uniawn ddi-fai,—
Ei gyfoeth ar g'oedd,
A'i rym fel yr oedd,
Heb un o'i alluoedd yn llai.

'D oedd neb o uwch radd
Na 'r Person a ga'dd
Ar groesbren ei ladd am ddyléd ;
Daw myrdd yn y man,
O'r dyfnder i'r lân,
I'w gysgod dan ruddfan a rêd.

Yn babell y bydd
Rhag poethder y dydd,
A chedyrn lifogydd y fall ;
Mewn cysgod mor dda,
Holl uffern a'i phla,
Er chwennych, ein difa nid all.

Ei gyfraith ei hun,
Pan ddeuodd E 'n ddyn,
Am ddyled i'w ofyn a aeth ;
Nes cael hollol Iawn,
A'i thaliad yn llawn,
Hi ddaliodd y Cyfiawn yn gaeth.

———

Y CYFRYNGWR.

Y Gwr sydd rhwng Duw a phechadur,
  Yn gwisgo 'r un natur a ni,
Yw sylfaen ein gobaith a'n cysur,
  Fe wrendy grëadur, a'i gri ;

Fe all gydymdeimlo â'n gwendidau,
 A maddeu ein beiau bob un,
A'n derbyn i ganol gogoniant,
 Trwy rinwedd ei haeddiant ei hun.

———

GALLU GRIST I ACHUB.

MAE genyt ti foddion i faddeu,
 Er fod fy mhechodau mor chwith,
Ac hefyd a'u rhif mor llïosog
 A'r borfa f'o 'n wlybog gan wlith ;
Ti elli dd'weyd wrthyf ryw ddiwrnod,
 Maddeuwyd dy bechod bob un,
A'm symud i ganol gogoniant
 Yn lân drwy dy haeddiant dy hun.

Ti wnaethost y Gyfraith yn ddiddig,
 Er dwyn y colledig o'i llaw,
Ac felly Cyfiawnder yn dawel
 I'n hachub, heb ryfel na braw ;
A'r Tâd bendigedig yn foddlon
 I weled plant dynion yn d'od
Yn lluoedd i'r nefoedd, fawr nifer,
 I ganfod eglurder dy glod.

Y ddeddf âg un aberth gwynebaist,
 Diffoddaist, atteliaist y tân,
A thwrf ei tharanau ostegaist,
 A'i melldith ddilëaist yn lân ;
Cawn ganddi ddeheulaw cymdeithas
 I fyned i deyrnas dy Dâd,
Ond i ni gael gwisgo 'th gyfiawnder,
 Cawn weled holl lawnder y wlad.

———

CRAIG YR OESOEDD.

YN nghysgod Craig yr oesoedd,
 'R wyf bythoedd am gael byw,
A gwrthwynebu 'r diafol,
 Trwy nerthol ras fy Nuw ;

A bod o hyd a'm hyder
   Yn nghryfder mawr fy Nghraig,
Am fodd i ladd fy llygredd
   Trwy rinwedd Hâd y wraig.

———

RHAGOROLDEB IESU.

GWRANDEWCH y nefoedd, gyhoedd, gu,
   Mae'r Iesu a ddewisaf
Yn Dduw, a Meichiau, ymhob man,
   Rhagoraf rhan a garaf.

Mi ro'f fy hun yn un dan nôd
   Praidd isod puraidd Iesu,
At ei wasanaeth helaeth, hawdd,
   A'i nawdd, i'w ogoneddu.

———

EDRYCH AR IESU.

O! dyro ffydd im' edrych
   Yn fynych arno Fe,
Sef Duw mewn natur ddynol,
   Sy 'n eiriol yn y ne';
Cael ffydd i edrych arno,
   Ac i'w ddefnyddio 'n Iawn
Digonol dros fy mhechod,
   Im' gael gollyngdod llawn.

———

IESU YN BOBPETH I BECHADUR.

Os câf Iesu, mi gâf bobpeth
   Yma 'n helaeth i'w mwynhâu;
Edifeirwch a maddeuant,
   O'i hir haeddiant, i barhâu;
Gwisg i'm cuddio rhag fy rhwygo,
   Na fy ngwawdio am fy ngwarth;
Noddfa gadarn, dda, gauedig,
   Rhag y peryg' o bob parth.

CYFLAWNDER CRIST.

Y GWR fu farw ar y pren,
A'r goron bigog ar ei ben,
   A ddichon dori 'n hanghen ni ;
Mae pob cyflawnder ynddo 'n stôr
O ras, fel annherfynol fôr,—
   Anfeidrol drysor Un yn Dri.

———

CYFIAWNDER CRIST I BECHADUR.

ER cymaint fy meiau, 'r wisg oreu os câf,
I blith y llu nefol mor wrol yr âf !
Ac yno mi ganaf, cyhoeddaf o hyd
Ogoniant fy Mhrynwr, sef Barnwr y byd.

Cyfiawnder dilwgr fy Marnwr i mi,
I ateb i'r gyfraith, a'i haraith lem hi ;
Nid ofnaf ei phurdeb, ei gwyneb, na 'i gŵg,
Nac uffern arswydus, druenus, a drwg.

Cyfiawnder digonol a hollol yw hwn,
Fe guddia hen anmhur grëadur yn grwn,
Na wêl annuwiolion—hen feibion y fall—
Un achos i'w erlid am wendid neu wall.

Cyfiawnder Messia a'm pura 'n mhob peth,
Na chyfr'a 'r gorchymyn im' fymryn o feth ;
Fe 'm gwisg i Baradwys yn gymhwys i gyd,
A gweddus dragwyddol a hollol o hyd.

Cyfiawnder fy Mhrynwr, da weithiwr di-wall,
Sy 'n ateb i'r gyfraith yn berffaith heb ball ;
Ei gael wedi 'i gyfri' i mi ymhob man,
A ddaw a thangnefedd yn rhyfedd i'm rhan.

Nid wy' 'n gofyn 'chwaneg yn anrheg o'r nef,
Gan Dâd tragwyddoldeb, nag undeb âg Ef,
A gwisgo 'i gyfiawnder yn dyner bob dydd,
A byw yn ei gariad, a'm rhodiad yn rhydd.

Am fantell cyfiawnder bydd mwynder y mawl,
Pob un a f'o ynddi, caiff rhei'ny hir hawl
I wir orfoleddu am Iesu 'n ein mysg,
Yn gymhwys i'r nefoedd a weithiodd y wisg.

Er dued, er tloted, er noethed ŷm ni,
Fe weithiwyd cyfiawnder, Grist tyner, gen't ti,
Ond i ni gael hôno i'n gwisgo rhag gwarth,
Diflana 'n pechodau o'n teiau fel tarth.

———

Y DDYLED WEDI EI·THALU.

MAE 'r Iesu wedi marw,
  Ac wedi ei fwrw i fedd,
Mae wedi adgyfodi,—
  Mae hyn yn gloewi 'n gwledd,—
Ac wedi ei dderbyn adre'
  I'w hen drigfanau i fyw,—
'D oes eto ddim i'w dalu
  Ar neb o deulu Duw.

———

BOD YN NGHRIST IESU.

Y RHAI sy 'n Nghrist Ièsu sy 'n ffynu 'n ddiffael ;
Trwy hyn, yn Mharadwys mae gorphwys i'w gael ;
Trwy hyn, yn dra hynod, cawn ddyfod at Dduw
A theyrnas gogoniant yn feddiant i fyw.

Y neb sydd yn Iesu, caiff lettŷ hoff, llawn,
A'r nef yn agored, a'i nodded mewn Iawn ;
Caiff fyw gyda 'r gyfraith yn berffaith heb ŵg
I'w fynwes Cyfiawnder yn dyner a'i dŵg.

———

IACHAWDWRIAETH YN NGHRIST.

NI feddwn destun canu
  Ond Iesu yn ddiau ;
Efe yw ein tangnefedd
  Sy 'n rhyfedd yn parhâu ;

Agorodd i ni lwybr,
   I ddysgwyl cysur dd'od,
On'dê ni b'asai ond gwaeo
   Ac anobeithio 'n bod.

Daeth Iesu mawr mor isel
   I'n codi 'n uchel iawn,
O dan lywodraeth pechod
   Ca'dd myrdd ollyngdod llawn,
A dianc uwchlaw daear
   A'i thegwch—siomgar sail—
I fyw ger bron ei orsedd,
   Ar rinwedd Adda 'r Ail.

Mae myrdd oedd yn golledig
   Yn ymyl peryg' noeth,
Yn nesu i uffern isod
   Dan lid y Duwdod doeth,
Yn awr yn dechreu cilio
   Oddiyno yn ddiau,
At Silo a'i ddewisolion,
   I Sïon yn nesâu.

Bydd tyrfa hardd ryw ddiwrnod
   Yn dyfod at ei dŷ,
Ar anifeiliaid buain,
   Ag adsain hynod gu ;
Daw rhai ar feirch, yn fywiog,
   Heb ysgog oll bob un ;
Rhai ar elorau a mulod,
   Rif tywod, yn gyttun.

Pan elo 'r dyrfa adre'
   I'r un lle i gadw 'r ŵyl,
A minnau 'n un o honyn',
   A'm telyn mewn llawn hwyl,
Chwareuaf ar yr anthem
   I'r Gŵr fu 'n Methle'm gynt,
Hosanna, bendigedig,
   Hoff gân, heb ddiffyg gwynt.

Os clyw fy nghlustiau priddlyd
   Fath hawddfyd fyth a hyn,
Rhy ryfedd im' ei ddysgwyl,
   Mi fydda 'n symyl syn,—

Rhifedi gwellt y ddaear
    Yn canu 'r hawddgar hym',
Angylion glân a ninnau
    A'n lleisiau oll yn llym.

———

TREFN YR IACHAWDWRIAETH.

TRA b'wyf yn llawn gwahanglwy',
    Rhaid i mi dramwy 'n drist,
Nes cael fy nhebygoli
    Mewn gradd i Iesu Grist,
Ac yna fe 'm digonir,
    Pan gleddir fy hen glwy',
Gorphwysaf mewn tangnefedd,
    Heb ddim anmhuredd mwy.

O rhyfedd drefn yr arfaeth!
    Trefn iachawdwriaeth Duw;
Trefn wych i ladd fy mhechod,
    A minnau i fod yn fyw;
Trefn achub y pechadur
    Ar lwybr hynod lân,
A threfn i ddifa 'i bechod,—
    O! f' enaid, cyfod, cân.

Trefn ryfedd ydoedd rhifo
    Ein dyled arno Ef,
A rhifo 'i eiddo yntau
    I ninnau dan y nef;
Y Glân yn lle yr aflan
    Yn gruddfan ar y groes,
I'r aflan gael trugaredd,—
    Ond rhyfedd fel y troes!

Yn nhŷ fy Nhâd, yn ddiau,
    Mae pur drigfanau i fyw;
Trigfanau pur, diofid,
    Tir gwynfyd, hyfryd yw;
Dring, f' enaid, i'r trigfanau,
    Mewn myfyrdodau dwys,
Ar Iesu Grist dy Lywydd
    Dod beunydd dy holl bwys.

Trigfanau goreu cariad,
  O barotöad Duw,
Preswylfa bur, ddiberyg',
  Lle bendigedig yw,
Lle cai di wel'd yn eglur
  Fab Duw mewn natur dyn,
A gweled plant y deyrnas
  O'i gwmpas bob yr un.

Cyfiawnder Crist yn unig
  Yn gyfrifedig im',
A guddia 'm noethni gwarthus,
  Fel nad ymddengys ddim ;
Os câf gyfiawnder Iesu
  Am danaf felly i fyw,
Pan äf i dragwyddoldeb,
  Nid ofnaf wyneb Duw.

TREFN ACHUB PECHADUR.

MAE trefn ogoneddus i'r beius gael byw,
A'r enw 'n ddiogel a ddychwel at Dduw ;
Trefn golchi pechadur yn bur, heb un bai,
A'r clod yn ddiddarfod i'r Drindod heb drai.

Y DYFROEDD BYWIOL.

RHO i ni brofi 'r dyfroedd byw,
  O Arglwydd Dduw 'r addewid,
A f'o fel ffynnon yn parhâu
  I olchi beiau 'n bywyd.

Y SYLFAEN SAFADWY.

O ! F' enaid, beth a wnai ?
Digofaint Duw a gai,
  Heb Adda 'r Ail
Yn sail, i'r farn os äi ;

Dy dŷ a ddaw i lawr ryw ddydd,
Os tywod iddo 'n sail y sydd,
   Ac yna ti gai weled
  Pa faint dy golled fydd.

   Adeilad ar y graig,
  Hen rymus Hâd y wraig,
    A ddeil yn dda
  Dan ddryc-hin mwya' 'r ddraig ;
Er holl dymhestloedd uffern ddu,
Yn curo ar y sail y sy,
   Mae 'r diafol a'i holl allu
  Yn methu taflu 'r tŷ.

   Fe saif i fyny fur
  Tŷ pob credadyn pur,
    Er gwaetha grym
  Pob corwynt llym a'i cur ;
Y gareg sylfaen dano sy
Yw 'r maen profedig gynt a fu
    Yn ngwyneb deddf ofynol,
  A llid y diafol du.

   Syrth pob adeilad dyn,
  A'i sail sydd arno 'i hun,
    Ac nid ar Grist,
  I lawr yn drist ei lun ;
Saif tŷ y Cristion, union ŵr,
Yn loew dêg uwchlaw y dŵr,
   Am fod ar graig ddiogel,
  Hen sylfaen uchel siwr.

   Yr enaid gwana' 'i ffydd
  A'i sail ar Grist y sydd,
    Er gwynt a gwlaw,
  I'r lân a ddaw ryw ddydd ;
Mae 'r graig sydd dano 'n un mor fawr,
Rhy uchel yw i'w chael i lawr ;
   Pwy ddichon mwy orchfygu
  Y rhai sy 'n Iesu 'n awr ?

   Crist ydyw 'r sylfaen byw,
  A ddeil holl eglwys Dduw,

I lawr nad êl,
Mewn rhyfel o un rhyw ;
Caiff yn ei gysgod hynod Ef,
Fel iachus Graig, fyw loches gref ;
A'i symud i'w gymdeithas,
Mewn urddas, yn y nef.

PWY RYDD DDIM YN ERBYN ETHOLEDIGION DUW?

RHUF. VIII. 33.

Pwy sydd yn uffern ddu,
Yn awr a ddyry ddim
Yn erbyn Sion sy
Yn crynu dan ei grym ?
'N awr deuwch, a dangoswch in'
Pa ran o'r pryniant fu 'n rhy brin.

Pwy edliw 'r ddyled ddu
I neb o deulu Duw,
Sydd wedi eu hethol fry,
A'u prynu 'n ddrud bob rhyw ?
P' le mae dylêd trwy 'r byd na 'r nef,
Ar deulu Duw, nas talwyd ef ?

Pa le mae 'r ddeddf a ddaw,
Dan godi llaw yn gaeth,
A d'weyd nas talwyd hi
Ar Galfari lle 'r aeth,
A chael glanhâu ei llyfrau 'n llawn,
Dros rai dyledog, euog iawn ?

Pa le mae neb trwy 'r byd
All dd'wedyd, yn ddiau,
Na chaiff plant Duw ryw bryd,
Radd hyfryd, eu rhyddhâu ?
Aeth Iesu dan eu dyled hwy,
Gall Ef eu maddeu 'n hollol mwy.

Pwy yn y nef yn awr
A feiddia ddirfawr ddwyn
Yn erbyn aberth Crist
Un gwael ac athrist gwyn,

Gan dd'weyd nad ydyw 'r Iawn a ro'dd
Yn gwneyd neb yno wrth eu bodd ?

A oes trwy 'r nefoedd fawr
    A feiddia 'n ddirfawr dd'weyd,
Fod rhywbeth dan yr haul
    Yn eisieu ei ail wneyd,
Cyn gallu o'r etholedig rai
Gael moddion byw, a maddeu 'r bai ?

———

PWY YW YR HWN SYDD YN DAMNIO?

RHUF VIII. 34.

Pwy ddamnia bobl Dduw,
    Sydd ynddo 'n byw bob awr ?
Mae bywyd pawb o'i blant,
    Yn meddiant Iesu mawr ;
Crist a fu farw drostynt hwy ;
'D oes dim, na modd, a'u damnia mwy.

'N ol marw dros eu bai,
    Fe adgyfodai 'n fyw ;
Mae 'n eiriol drostynt draw,
    Ar dêg ddeheulaw Duw ;
Ac yno mae eu Meichiau mwy ;
'D oes neb a hawl i'w damnio hwy.

Nid uchder pŵer pell,
    Na dyfnder dichell dwys,
A dýr hen rwymyn da
    Y cariad pura' pwys,
Sef cariad nefol, dwyfol dân,
Wnaeth Duw â hwynt,—mae'n ddiwahân.

———

TYWALLTIAD YR YSBRYD.

O ! Iesu bendigedig,
    Ti ydyw 'r Meddyg mawr ;
Rho brofi 'th air yn fywiol,
    A nerthol yma 'n awr,

Fel cleddyf llym i'r galon,
  Trwy d' Ysbryd, danfon di,
I farnu ein meddyliau,
  A'n holl fwriadau ni.

Er i ni gael dy weision,
  Nid digon ydynt hwy,
Heb i ni gael o'r nefoedd
  Ryw nerthoedd miloedd mwy;
Ni wna dy eiriau purion,
  A llymion, in' ddim lles,
Heb brofi 'r hen wirionedd,
  A'l rinwedd, yn ei wres.

Er clywed efo 'n clustiau
  Bregethu d' eiriau di,
Ni phrofir mo 'u heffeithiau
  Yn ein calonau ni,
Heb i ti ddanfon d' Ysbryd
  Da, hyfryd, pur, dy hun,
Er cymaint a bregethir,
  Nid argyhoeddir un.

———

BEDYDD YR YSBRYD.

Pur fedydd tân yr Ysbryd Glân,
  O! plana 'n anian ynof;
Er myn'd trwy g'ledi mawr a'r glyn,
  Na thyner hyn o honof.

———

TYWALLTIAD YR YSBRYD AR DY DAFYDD.

Zechariah XII. 10—14.

Pa bryd y daw 'r wlad i alaru?
  Pan fyddo pob teulu 'n gyttun,
A theulu ty Dafydd yn dyfod,—
  Pob teulu 'n dra hynod ei hun,—

A theulu tŷ Lefi 'n wylofain,
 A'r gwragedd eu hunain yn hardd,
A'u dagrau yn ffrydiau cyffredin,
 Fel gwlith ar yr egin yn 'r ardd.

Wrth edrych ar Hwnw wânasant,
 Pryd hyny galarant dan glwy',
Fel un am ei uniganedig,
 Neu 'r afiach am feddyg, neu 'n fwy ;
Ac yno try 'n wylo pan welant,
 Galarant, edrychant yn drist
Pan gofiant ei chwys, a'r achosion
 O loesion mor greulon ar Grist.

Pan dywallt yr Arglwydd fendithion
 Ei hen addewidion, fe ddaw
O lygaid oedd beunydd yn sychion,
 Wir ddagrau, rai gloywon, fel gwlaw ;
Pan ddêl Ysbryd gras a gweddïau,
 I fwydo 'r calonau, fe fydd
Y gruddiau i raddau 'n ireiddiach,
 Ac hefyd yn decach bob dydd.

Os felly, am hyny dymunwn,
 Ymbiliwn, gweddïwn yn ddwys
Ar Dduw am dywalltiad o'i Ysbryd,
 Mae mater ein bywyd o bwys ;
Ceir clywed a gweled y galar,
 Pan dröir y gallestr yn llyn ;
I'r crasdir fe bènir gwlybaniaeth
 A rêd yn dra helaeth drwy hyn.

O ! deued a brysied y breision,
 A'r llawn addewidion di-wall,
I esgor hen drysor rhad-rasol,
 Rhyfeddol, da, buddiol, heb ball ;
Nes delo 'r anialwch yn ddoldir,
 A'r doldir yn goed-dir i gyd ;
Puredig rasusau paradwys,
 Yn rhoddi gwedd burlwys i'r byd.

Wrth edrych ar Berson anfeidrol
 Yn dyoddef i'w bobl gael byw ;

A chanfod ei drallod, a'r dryllio
  Fu arno 'r ol deffro cledd Duw ;
A hwnw 'n trywanu trwy 'i enaid
  Diniwaid, heb arbed y boen ;—
Ni ddrylliwyd un gelyn mor galed
  A chorff a phur enaid yr Oen !

———

TYWALLT YR YSBRYD AR YR HILIOGAETH.

O ! TYWALLT d' Ysbryd ar ein hâd,
'N ol d' addewidion, dirion Dâd,
  A byth na ymâd oddiwrthynt mwy ;
A'th fendith ar ein heppil ni,
I'w dal yn d' eglwys anwyl di,—
  Ei Brenin hi fo 'u Brenin hwy.

O ! cofia 'n hil i'w cyfiawnhâu,
Eu golchi 'n hollol a'u glanhâu
  Yn llwyr o'u beiau oll bob un ,
Gwna yn golofnau 'n heppil ni,
O fewn dy deml dawel di—
  Yn blant i'w henwi it' dy hun.

———

Y GYFRAITH.

PSALM XIX.

UN berffaith yw 'r gyfraith i gyd,
  Troi 'r enaid yn odiaeth a wna ;
Tystiolaeth yr Arglwydd sydd wir,
  A sicr, addefir mae 'n dda ;
Mae 'n gwneuthur y gwirion yn ddoeth,
  Gwybodaeth i'r annoeth a rydd ;
'D oes gyfraith mor hynod a hi,—
  Diolchwn am dani bob dydd.

Holl ddeddfau Duw 'n ddiau sy 'n dda,
  Ac uniawn, i bara 'n mhob oes ;
Gwir lawenhâu 'r galon a wna ;
  Gwell drych gan hâd Adda, nid oes ;

F

Gorchymyn yr Arglwydd sydd bur,
  Fe ddengys ei lwybr i ddyn;
Deddf berffaith, ddiweniaith, yn wir,—
  Y llygaid, fe 'u hegyr ei hun.

Ofn 'r Arglwydd, a lwydd, sydd yn lân,
  Peth perffaith o anian yw ef;
Mae 'n para 'n dragywydd yn bur,
  Am lendid mae 'i lafur a'i lef;
Gwirionedd yw barnau bob un,
  Yr Arglwydd, i ddyn a ro'dd Ef;
Maent hefyd yn gyfiawn i gyd,
  Llefarwyd yn Ysbryd y nef.

Mwy llesol, dymunol, y mae
  Dy ddeddfau glân, diau, a dwys,
Na 'r aur mwyaf dysglaer a da,
  I enaid roi 'n bena' 'i holl bwys;
Melusach na 'r mêl ymhob modd,
  I'r dynion a'u profodd, bob rhai;
O'u cadw mae gwobr yn wir;
  Yn rhai 'n fe 'n rhybuddir o'n bai.

————

CYFRAITH YR ARGLWYDD.

HOLL gyfraith yr Arglwydd sydd berffaith,
  Troi 'r enaid yn odiaeth a wna;
Tystiolaeth yr Arglwydd sydd sicr,
  Mae 'n gywir, mae 'n ddifyr, mae 'n dda;
Hi ddyry wybodaeth i'r anghall,
  Gwna 'r gwirion, a'i ddeall, yn ddoeth;
A dengys fod dyn yn ei bechod,
  Heb gysgod, yn hynod o noeth.

————

RHODIO LLWYBRAU Y GORCHYMYNION.

CYDWYBOD sydd yn gysglyd,
  Yn pallu d'wedyd dim,
Pan ddylai roi ceryddon
  Yn llymion, ëon, im';

Gan hyny, Arglwydd, brysia,
  A llwyr adfera fi
I gredu 'th gyfraith anwyl,
  A dy efengyl di.

Sefydla di fy meddwl
  Yn gwbl yn y gair,
A dysg fi i wneyd yn ddinag
  Beth bynag byth a bair ;
Os pair im' edifaru,
  A'i gredu gyda grym,
Mi lefaf finnau fwyfwy,
  Duw, dod gynnorthwy im'.

Ti roddaist i ni gyfraith
  Yn etifeddiaeth fyw,
Gwych reol union wastad
  I rodiad dynolryw ;
Ond buan iawn y troisom,
  Ciliasom bawb o'i le,
Gan dori 'r gyfraith lanaf,
  Unionaf, dan y ne'.

Ni chymer cyfraith gyfiawn
  Ddim iawn o'n heiddo ni,
Am fod pob peth sy 'n aflan
  Yn groes i'w hanian hi ;
Os câf gyfiawnder Iesu,
  O ! 'r llawenychu wnâf !
I wyneb cyfraith union
  Dan ganu 'n son âf.

Fel cerddwyf ffordd d' orch'mynion
  Yn union at y nôd,
Dy Ysbryd, Arglwydd Iesu,
  O'm mewn i'm dysgu dod ;
Pan gollwyf ffordd dy ddeddfau,
  Mynega 'meiau i mi,
A dywed fel y clywyf
  Ac y deallwyf di.

Nefola fy meddyliau,
  A'm geiriau oll i gyd,
F 2

A chyfod fy serchiadau
 Ar bethau uwch y byd;
Fel byddo fy meddyliau,
 A'm geiriau, 'n fwy digoll,
'Sgrifena yn fy nghalon
 Dy gyfraith union oll.

Mi gym'ra d' air yn rheol,
 Wirfoddol, yma i fyw,
Mi gerdda' 'r llwybr prydferth,
 Os câf fwy nerth, fy Nuw,
I dd'weyd, a gwneyd, a meddwl
 Yn gwbl wrth y gair,
Fel byddo 'r holl ogoniant,
 A'r moliant, i Fab Mair.

GORCHYMYN CRIST.

Er fod Lazarus farw
 Yn wael a salw 'i wedd,
Gorchymyn Crist, er hyny,
 A'i dug i fyny o'i fedd;
Fe all orchymyn eto
 I minnau ddeffro i dd'od
I ganu am drugaredd,
 A'i rhinwedd dan y rhod.

O! danfon dy orchymyn
 I droi y gelyn draw,
Sydd beunydd yn cyhuddo,
 I'n briwo gyda braw;
A bwrw 'n hollol allan
 Y colyn aflan, câs,
Sy' n attal im' dangnefedd
 O rinwedd mawr ei ras.

Y diafol sydd yn ymladd
 Rhag myn'd o'n neuadd ni,
Er hyn rhaid iddo gychwyn
 Os daw d' orchymyn di;
Mawr allu dy orchymyn
 A'i denfyn byth o'i dŷ,

Na chaffo mwy lywodraeth
  Yn benaeth fel y bu.

Mae yn d' orchymyn rinwedd
  I godi o'i fedd yn fyw
Un marw yn ei gamwedd,
  A'i ddwyn at orsedd Duw,
I dderbyn hedd, a'i arbed,
  Trwy nodded Tri yn Un,
A'i ddwyn i gydfeddiannuj
  A'r teulu fry 'n gyttun.

PREGETH CRIST AR Y MYNYDD.

PREGETH Iesu ar y mynydd
  A f'o 'n llonydd yn cael lle
Yn fy meddwl a fy nghalon—
  Ei orch'mynion union E';
    Fy myfyrdod, &c.,
  Foddion hynod, fyddo hi.

Pregeth Iesu ar y mynydd
  F'o o newydd efo ni
Yn cael parch, a'i chyfarch hefyd,
  Sef ei rheol hyfryd hi ;
    Addysg heddwch, &c.,
  Ydyw, a dedwyddwch dyn.

Pregeth Iesu ar y mynydd
  Sydd yn llusern ddedwydd, dda ;
Dyma 'r ganwyll ddifai, ddwyfol,
  Goleu llesol a'n gwellâ ;
    Boed i'w goleu, &c.,
  Ein dwyn ninnau hyd y nef.

Pregeth Iesu ar y mynydd
  Fyddo beunydd i ni 'n bod
Megys canwyll ddidwyll, ddedwydd,
  Ac fel arwydd newydd nôd ;
    Wrth ei goleu, &c.,
  Tynwn ninnau tua 'r nef.

Yn y bregeth ar y mynydd,
  Gwelaf ddedwydd grefydd gron ;
O ! na byddwn o'r un ysbryd
  Ag oedd Awdwr hyfryd hon,
    Fe ga'i genyf, &c.,
  Fwy gogoniant nag a ga'dd.

Ar y mynydd y bu 'r Iesu
  Gynt yn hy' bregethu 'r gair,
Ac fe lanwodd, â'i wir eiriau,
  O bennodau, diau, dair ;
    O ! na lanwai, &c.,
  Fy meddyliau innau oll.

O ! na byddai pregeth Iesu
  Gwiw yn glynu, er ei glod,
Yn fy meddwl a fy nghalon,
  I'm dwyn yn union dan ei nôd ;
    Fe ga'i 'r enw, &c.,
  Iddo heddyw oll ei hun.

Y DDEDDF A'R EFENGYL.

Y GALON na f'o i'r ddeddf yn drigfod,
Sy 'n deml lawn o bob eilunod ;
Ond lle b'o 'r gyfraith yn cartrefu,
I hòno 'n D'wysog y daw Iesu.

Lle nad yw cyfraith Duw 'n gartrefol,
Nid ydyw 'r Iesu 'n ŵr dewisol ;
Ond lle b'o 'r gyfraith bur yn trigo,
Yno y preswylia Silo.

Er cael myrddiynau o ebyrth glandeg,
Ni pheidiai 'r ddeddf a chwennych 'chwaneg,
Ac ni thawsai byth a'n gofyn
Oni bae farw Mab y Forwyn.

Mwy, f' enaid, byth nac anobeithia,
Pan glywi sŵn gofynion Sina' ;
Ond d'wêd yn hyf, Ni adawodd Iesu
Ddim o'm dyled heb ei dalu.

Cael grym i gredu am Grëawdwr,
Heb ammheu, a chydio mewn Iachawdwr,
Ac ysbryd i'w addoli a'i ddilyn,
O dan y nefoedd wyf yn ofyn.

Nid myn'd i'r nefoedd wyf yn ofyn,
Ond ymddifyru yn Mab y Forwyn,—
Cael gorphwys gydag Ef lle byddo,
A bod ar g'oedd yn debyg iddo.

Nid rhaid i'r Lefiaid mwyach lafur
I ladd yr ebyrth dan yr wybr,
Na hyrddod, teirw, na durturod—
Mae 'r Aberth difai wedi dyfod.

Yn awr mae genym Wr digonol
Yn Archoffeiriad mawr, corfforol,
Ar dŷ Dduw oll, heb goll, na gwallau,—
Mae 'n dirion, enwog, Dŵr i ninnau.

Yn Nghrist dystawa 'r t'ranau uchel,—
Try cyfraith Duw yn berffaith dawel;
Yn Nghrist y daw 'r pechadur dua'
I garu sôn am gyfraith Sina.

Er gollwng gwaed ŵyn bach dros bechod,
Lladd lloiau hardd, a llu o hyrddod,
Ni cha'dd y gyfraith mo 'i boddloni
Nes hoelio Mab y Forwyn Fari.

O Arglwydd, gosod yn fy nghalon
Dy gyfraith anwyl, berffaith, union;
Ac ysgrifena yn fy meddwl
Dy gyfraith fwyn yn berffaith fanwl.

UNIONDEB Y GYFRAITH A'I GOFYNION, A CHYF-
LAWNDER CRIST YN EI GWYNEB.

Yn Sïon mae cyfraith ragorol,
  Gan Dduw yno 'n rheol fe 'i rhoed;
Un weddus, ddaionus, i ddynion;
  Ni bu deddf mor union erioed;

Dim mwy, na dim llai, na chyfiawnder
  Ni ofyn, ni chymer ychwaith ;
Heb fod gyda 'r Iesu mewn undeb,
  Ni dderbyn ein gwyneb na 'n gwaith.

Pe byddai fy ngolwg yn berffaith,
  Mi welwn y gyfraith bob gair,
Mor eglur y gallwn bob mynyd
  Ei darllen yn mywyd Mab Mair ;
Ac hefyd wrth ddarllen y gyfraith
  Mi welwn Dduw perffaith heb ball ;
Os Iesu, neu 'r gyfraith, a welwn,
  Y naill a ddarllenwn drwy 'r llall.

Gwel'd cleddyf cyfiawnder yn deffro,
  Oedd ryfedd, i daro Mab Duw !
Gwneyd T'wysog y nef yn anafus,
  Er mwyn i rai beius gael byw !
Dysgleirdeb gogoniant ac union
  Wir lun Person tirion y Tâd,
Yn ngafael deddf fanwl ofynion,
  I ni dd'od yn rhyddion yn rhad !

Cyflawnwyd y gyfraith i gyd,
  Fe ddofwyd ei llid heb fy lladd ;
Cyfiawnder, wrth hir ofyn iawn,
  Ei daliad yn gyflawn a ga'dd ;
Cyfiawnder a'r gyfraith sy 'n awr
  Yn edrych i lawr yn ddi-lid ;
Mae 'r Priodoliaethau mewn hedd
  Yn gwaeddi "Trugaredd" i gyd.

Ein hymborth, ein cymhorth, a'n cân,
  Yn ngwyneb deddf burlân, a'r bedd ;
Ein trysor, ein hallor, a'n nerth,
  Oen pridwerth, ein haberth, a'n hedd ;
Ein T'wysog galluog a llawn ;
  Ein Hiawn i'r ddeddf gyfiawn ddi-goll ;
Ein Brenin, a'n Prophwyd, mewn bri ;
  Mae 'n babell i ni oll yn oll.

Mae 'n rhad Arohoffeiriaid di-ffael,
  Un byw, hawdd ei gael i bob gŵr,

I'w dwyn drwy 'r Iorddonen, ar g 'oedd,
  Fe ŵyr am ddyfnderoedd y dŵr ;
Nid ydoedd y nefoedd a wnaeth,
  Na'r ddaear, er mor helaeth hwy,
Yn ddigon i gynnwys y Gair,—
  Gwnaeth babell o Mair yn lle mwy.

Ar fanna 'n yr anial yr oedd
  Rhyw luoedd o bobloedd yn byw ;
Nid llafur, na dyfais un dyn—
  Bwyd rhad—ond ei dderbyn gan Dduw ;
Ac felly mae 'r Iesu mor rhad,
  Trwy 'wyllys ei Dâd, i bob dyn ;
Yn ymborth i'r tlota' 'n y wlad,
  Yn ol ei gyhoeddiad ei hun.

Rhyfeddod gwel'd Hanfod pob hanfod,
  Lle rhoddodd, mae 'n syndod, ei serch !
Yn nghrôth ei greadur ei hunan,
  A'i eni E 'n faban o'i ferch !
Un nas gallai 'r nefoedd ei gynnwys,
  Yn llechu dan wregys y wraig !
Ei eni a'i fagu i ni 'n fugail,
  Cyn myned i ryfel â'r ddraig.

Pan ydoedd y frwydr yn galed,
  Fe 'm cadwyd yn nodded fy Nuw ;
Ei gysgod ar gawod a gefais ;
  Pan syrthiais, cyfodais yn fyw ;
Fe 'm dygwyd o fîn damnedigaeth
  Trwy rym iachawdwriaeth yr Oen ;
Os gwneir fi ymhob pair yn fwy purach,
  Boddloni wnâf bellach i'r boen.

Mi fum wrth borth uffern yn curo,
  Yn ceisio cael myned i mewn,
Ond dywedodd y Gŵr a'r agoriad
  Ei bod wedi ei chauad, na chawn ;
Ac felly, er maint fy nhaerineb,
  'R oedd Iesu 'n fy ateb mor fwyn,—
Ni chai le mor gâs, er ei geisio,
  'D oes neb all oddiyno dy ddwyn.

Wel, dyma 'r concwerwr a'n carodd,
  Porth uffern a fâriodd Efe ;

Ein pen goruwch Fugail orchfygodd,
   Agorodd, ennillodd y ne ';
Yn awr, mae drws uffern yn gauad,
   'D aiff enaid, heb genad y Gŵr,
Gan ddiafol mwy trwodd, er treio,
   Mae 'r lle wedi 'i selio 'n rhy siwr.

Ar fynydd Golgotha oilgwthiwyd,
   Cadwynwyd, fe ddrylliwyd y ddraig ;
Rhy weiniaid oedd uffern, a'i hoffer,
   I ateb i gryfder y Graig :
Ca'dd pechod ei osod yn isaf,
   Condemniwyd yn gaethaf i gyd ;
Mae 'r amser bob mynyd yn nesu
   I'w hollol ddybenu o'r byd.

GWLEDD YR EFENGYL.

Esaiah xxv. 6.

Ac Arglwydd y lluoedd wna i bobloedd y byd
Wledd o basgedigion, rai breision, ryw bryd ;
Gwin gloew puredig, nid 'chydig ychwaith ;
Llawenydd, tangnefedd, fydd diwedd y daith.

Gwledd ar fynydd Sïon, bydd hon i'w boddhâu,
Sef gwledd na ddiweddir, bur hir i barhâu ;
Gwledd cariad digymysg, diderfysg, eu Duw,—
O ! awn gyda 'n gilydd i'w fynydd i fyw.

Fe ddifa 'n ei fynydd y gorchudd i gyd,
A'r llèn sydd drwy 'r oesoedd ar bobloedd y byd ;
Ni âd ein heneidiau mewn maglau 'n hir mwy,
Yn ngharchar tywyllwch, na ch'ledwch, na chlwy'.

Ni welir dim dagrau, wylofau, 'n y wledd,
Ond pawb yn bur siriol a gwrol eu gwedd ;
Ni ddaw achos cystudd, na gwarthrudd, na gŵg
I'w plith, na thywyllwch, na d'ryswch, na drwg.

Daw'r dydd y dywedir, addefir, am Dduw,
Mai ynddo bu 'n gobaith am berffaith gael byw ;
Y Duw hwn a'n ceidw rhag meirw byth mwy,
Na welwn anialwch, na ch'ledwch, na chlwy'.

DYDD YR EFENGYL.

MAE rhyw lewyrch gwawr yn awr yn ymddangos,
Fel arwydd mynegol fod dydd mawr yn agos ;
Mae llawer pechadur, oedd o fewn ychydig
Fel bleiddiaid tra chwerwon, yn flinion, fileinig,
Nad allai praidd Duw â'r unrhyw ymgysylltu,—
'Nawr hwy a gyd-drigant heb ofn cael eu drygu.

——

DYDD YR IACHAWDWRIAETH.

MAE 'r haf heb fyn'd drosodd, nid anodd cael Duw,—
Cynauaf heb ddarfod,—rhyfeddod ! 'rwy' 'n fyw !
A sain yr efengyl yn f' ymyl mor fwyn,
Yn d'wedyd am Feddyg o'm dirmyg i'm dwyn.

Er maint fy afiechyd, fy ngh'ledfyd, a 'nghlwyf,
Tu yma i'r gagendor yw 'r ochr yr wyf ;
Mae gobaith am danaf tra byddaf fi byw
Yn nghyrhaedd efengyl fwyn, anwyl, fy Nuw.

Er cymaint fy nh'w'llwch, fy ngh'ledwch, a 'nghlwyf,
Mewn chwith d'w'llwch eitha' hyd yma nid wyf ;
Ond lle mae modd dyfod i wybod am wawr,
A'r c'ledwch ei symud o f' ysbryd, sy 'n fawr.

Gwell dyoddef ychydig i Feddyg mor fawr,
Na marw cyn dyfod i wybod am wawr ;
Gall attal o'r diwedd, trwy rinwedd ei ras,
Holl ffrwd fy niferlif, sy 'n genllif mor gâs.

Wrth glywed sŵn Sina mae 'r grynfa mewn grym,
Y mellt a'r taranau a'u lleisiau mor llym,
Nes clywed am Iesu yn llyncu 'r holl lid,
Pan yfodd ei hunan y cwpan i gyd.

Mae 'r gyfraith yn tewi a gwaeddi am ein gwaed,—
Gwaed Iesu rhinweddol, digonol, a gaed ;
Mae 'r ddeddf yn awr beunydd yn llonydd ei llid,
A'i hen lyfrau duon yn gochion i gyd.

Bydd rhyfedd fy ngweled mor wyned a'r wawr,
Pan gaffwyf fy nghorffyn, bob llwchyn, o'r llawr,
A'm henaid ail ddyfod i gydfod âg ef,
A hedfan i burdeb, mewn undeb, i'r nef.

———

GALWAD, LLWYDDIANT, A CHYMHWYSDER YR EFENGYL.

O Basan bell mae 'n cyrchu ambell un
Yn ol i'w dŷ, i'r teulu hardd cyttun;
O ddyfnder môr, daw rhagor eto 'n rhydd;
Y Meichiai mwyn a'u dwyn i oleu 'r dydd.

Yn chwythu 'n chwyrn mae wrth yr udgyrn rai;
Y caerau 'n hir, mae 'n sicr, mwy ni sai';
Cwymp Babel gre' o'i huchel le i lawr
Mewn rhuthr blin, fel trwst maen melin mawr.

Y ddelw fawr a ddaw i lawr yn ddim,
A'r gareg fach i'w gwel 'd o gryfach grym;
Hen Anghrist hy' a'i lu a ddaw i lawr,
A'r Iesu fydd fel mynydd uchel mawr.

Tŷ Saul ni sai', daw lai-lai hyd i lawr;
Tŷ Dafydd wan, sydd fychan, a ddaw 'n fawr;
Gwneir un yn fil; a'r eiddil oedd ddirym
Yn genedl gref—eu nerth a'u llef yn llym.

Tŷ Saul a syrth ar fyr i byrth y bedd,
Er iddo drin a gloewi mîn ei gledd
At Dduw a'i blant, ni lwyddant yn ei law;
Ant yn llaw Iôr drwy 'r drws i'r ochr diaw.

Tŷ Dafydd wan a ddaw i'r làn yn lew,
Trwy Dduw eu rhan, o dan y cwmwl tew;
Ac yna try eu nos yn hirddydd haf;
O ddedwydd ddull! yn dywyll mwy nid â.

Duw, cariad oedd, cyn nefoedd, ac yn awr;
Duw, cariad yw, i ninnau 'n byw bob awr;
Duw, cariad fydd, Penllywydd mawr pob lle;
Mewn gras, mewn grym, 'd oes dim a'i newid E'.

Ysbryd yw Duw, anfeidrol, byw, diball ;
Mewn gras, mewn grym, ei wneyd 'd oes dim nad all ;
Gall wneuthur dyn sydd iddo 'n elyn oll,
Yn blentyn byw, i garu Duw 'n ddigoll.

Crist yw ein gwledd, ein hedd, a'n cyfiawnhâd—
Ffordd fywiol rwydd i'n dwyn i ŵydd ei Dâd ;
Ei arogl Ef sy 'n llenwi 'r nef yn llawn—
Pereiddio mae weddïau ffiaidd iawn.

Trwy gamwedd un daeth barn ar bob dyn byw ;
Rhoes Adda 'i hâd oll dan gondemniad Duw ;
Felly yr un modd, trwy Grist y deuodd dawn
I gyfiawnhâd—caiff llu adferiad llawn.

Yn Mispa* 'r wyf am aros nos a dydd,
Yn gaeth tra b'wyf, nes d'od o'm rhwymau 'n rhydd ;
Os dof yn rhydd, mi wnâf gôfarwydd fyw,
A'i henwi wnâf, "Tystiolaeth dda am Dduw."†

———

LLEDANIAD TEYRNAS CRIST.

MAE llafur enaid y Messia
  Yn ngwlad Caffraria yn cyffröi,
Trigolion gwylltion y mynyddoedd
  A'r dyffrynoedd yn deffröi ;
Efengyl Duw, amlwg yw,
Sy 'n codi 'r meirw i fyny 'n fyw.

Mae 'r nos yn ffoi, a'r dydd yn nesu,
  A'r wawr yn dechreu ymledu 'mlaen ;
Mae 'n mysg paganiaid meirw ymorol
  Am Ben y gongl—fywiol faen ;
Rhyw lwyddiant mawr sy 'n nesu yn awr,
Ar ol cymylau wele wawr !

I dir tywyllwch fel y fagddu,
  Wele 'n ymdaenu oleu dydd !
Rhyw sŵn a chynhyrfiadau cryfion
  Ymysg yr esgyrn sychion sydd ;

* Dysgwylfa.   † Segar sa hadutha.

Hen orchudd ery' paganiaeth du
Yn awr yn cael ei symud sy.

Daw 'r Hottentots i ganmawl Iesu,
    A ninnau, Gymry, yn un gân ;
Cydseiniwn am ei iachawdwriaeth,
    Ei air, a'i benarglwyddiaeth glân ;
Daw pawb un llef, yn nheyrnas nef,
I uchel-floeddio, "IDDO EF."

Fe ddaw 'r Iuddewon a'r Cenedloedd
    Yn anwyl, gyhoedd, unol gôr ;
Yr hen farbariaid a'r Crist'nogion
    I garu troion union Iôr ;
'Fydd yn eu mysg, yn wael ei wisg,
Un heb ysbrydol ddwyfol ddysg.

Daw 'r plant mewn cyflawn oedran adre'
    I gyd i'r un lle 'n gadarn rai,—
Melynion, gwynion, duon, deuant
    I Dduw a'i foliant yn ddi-fai ;—
I'w cartref clyd, heb goll i gyd,
Yn rhydd o bedwar cwr y byd.

———

YR EFENGYL YN LLWYDDO.

CHWI weinidogion dwysion Duw,
    Ewch heddyw, a chyhoeddwch,
Fod swn carcharau dros y môr
    Yn agor,—hyn mynegwch.

Mae rhai fu 'n hir mewn carchar blin,
    O lin i lin, heb 'leuni,
Yn dechreu gweled tòriad dydd ;
    Daeth boreu 'n rhydd i'w rhoddi.

Mae 'n mysg yr Indiaid duon dwrf,
    A chynhwrf mawr a chanu,
Sef canu am rinwedd Crist a'i ras,
    Sy 'n addas—yn cynnyddu.

Mae addewidion union Iôr,
　Ar dir a môr, mewn mawredd,
Gan ddechreu esgor yma a thraw,—
　Yn ddydd y daw o'r diwedd.

Yr amser rhwymo Satan sydd
　Bob nos a dydd yn nesu;
Wrth weled hyny 'n d'od i ben,
　Mae 'n achos llawenychu.

—

ARWYDDION DYDD YR EFENGYL.

Yr ŷm yn dysgwyl yn y man
　Ryw foreu anarferol;
Mae yn ymddangos i ni 'n awr
　Hardd lewyrch gwawr rhagorol.

Pa beth yw 'r dysgu sydd drwy 'r wlad,
　Ond gwych ddarpariad boreu?
Fe g'wyd yr Haul, cawn wel'd yn rhydd,
　A'i ganlyn hirddydd goleu.

Pa beth sy 'n peri fod plant bach,
　Yn ddoethach na henafgwyr?
Dydd sydd i dd'od ar Eglwys Dduw,
　A Sïon wiw i wewyr.

A phan glafycho hòno 'n iawn,
　Bydd ynddi yn uniawn eni;
Torf o hen bobl, gyda 'r plant,
　A gyd-dueddant iddi.

Yn fynych ar ei gliniau 'n gla'
　Bydd gwraig dan wasgfa esgor;
Pan ddelo Sïon felly i fod,
　Caiff wybod beth yw 'r wobr.

Yr Hottentots ŷnt ar eu taith,
　Rai oedd o iaith ddyeithr;
Daw torf o rhai 'n yn gydsain gôr
　I foli 'r Iôr yn eirwir.

Paganiaeth a Phabyddiaeth hir,
 Fu 'n t'w'llu 'n tir yn hollol ;
I ninnau sain efengyl sydd,
 Ac arwydd dydd dedwyddol.

'Roedd ein hynafiaid dan y llen,
 Heb wel'd y seren siriol ;
Efengyl hedd yn ddysglaer sydd,
 Nyni gâ 'r dydd dedwyddol.

Ni cha'dd ein tadau ni 'r fath fraint,
 Na neb o saint y cynfyd ;
Efengyl wir, mor glir, a'i gwledd,
 A thywydd hafaidd hefyd.

Daw Sïon eto 'n llawen fam,
 Mae argoel am y borau
Caiff fagu plant â llaeth di-brin,
 I'w Brenin, ar ei bronau.

Mae 'r hen Iuddewon, yn ddiau,
 Yn agosâu i Sion ;
Nyni a hwythau, cyn b'o hir,
 Fe 'n gwelir o un galon.

———

ARWYDD O LWYDDIANT YR EFENGYL.

Mae 'r tir anghyfannedd o'r diwedd yn dwyn
Mamogiaid i'r eglwys, yn gymhwys, ac ŵyn ;
Tir Affrica ddiffrwyth sy 'n ystwyth yn awr,
I Dduw gael gogoniant, a'i foliant yn fawr.

Tir anial dirinwedd, o lygredd oedd lawn,
Sy 'n dechreu blodeuo i Dduw eto 'n dda iawn ;
I lawer sych leoedd, dros foroedd, ar fyr,
Bendithion o'r nefoedd fel dyfroedd a dŷr.

Gogoniant, gogoniant, fod llwyddiant i'r llef
Sy 'n dyfod â bywyd yn ysbryd y nef ;
Mae 'n gwneyd plant afradlon, oedd feirwon, yn fyw,
A thorf o'i elynion yn ddynion i Dduw.

Bydd canu tragwyddol, dedwyddol, heb daw,
Pan elo 'r duwiolion, da droion, tu draw
I'r llên sy 'n cysgodi daioni—Mab Duw
A ddug yn ddiogel o'r rhyfel bob rhyw.

Pan welir y Person mawr, union, ymroes
I ddyoddef dan loesion mor gryfion ar groes ;
Bydd hyny 'n eu hennyn yn gyttun i gyd
I garu 'r Iachawdwr, sef Barnwr y byd.

Pan welo 'r duwiolion Dri Pherson, drwy ffydd,
O ochr eu hachub, mae 'n bosib' y bydd
Cadwynau 'n ymddattod, a'u trallod yn troi
Yn felus orfoledd, a'u ffaeledd yn ffoi.

———

LLEDANIAD YR EFENGYL.

Ein Tâd darostynga deuluoedd y wlad
I gredu 'r Efengyl er syml lesâd ;
Fel byddo i bob enaid gael dewis gair Duw,
A'i gym'ryd yn rheol wirfoddol i fyw.

Mae 'r amser yn nesu bydd canu 'n mhob cell,
Pan ddelo 'r Iuddewon o Babilon bell ;
Fe ddaw yr Iuddewon yn rhyddion, bob rhyw,
I addef a chredu fod Iesu 'n Fab Duw.

O ! danfon bysgodwyr, a helwyr, o byd,
I ddwyn o'u llochesau dy berlau drwy 'r byd ;
Dŵg lawer i'r golwg yn amlwg i ni
O'r rhai sydd o roddiad y Tâd genyt ti.

O ! dyro drugaredd, mewn hedd, i'w mwynhâu,
I blant yr Iuddewon, i'w llwyrion wellhâu ;
A'u dwyn o'u tywyllwch, eu c'ledwch, a'u clwy',
Nas gallont anghredu am Iesu byth mwy.

O ! danfon dy weision yn dirion, O ! Dâd,
A gair y gwirionedd fel gwledd i bob gwlad ;
Fel caffo teuluoedd cenedloedd cyn hir,
Yn fuan, gael clywed a gweled y gwir.

LLWYDDIANT Y GWIRIONEDD.

AMLYGA di, O! Arglwydd Iôr,
  O fôr i fôr dy fawredd ;
A dangos i holl ddynolryw,
  Mor uniawn yw 'th wirionedd.

DYMUNIAD AM LEDAENIAD Y GAIR.

O! DANFON i'r meirw yn loew dy lef,
Efengyl tangnefedd, wych, ryfedd, a chref,
I godi 'r holl ddaear, sy 'n fyddar, yn fyw,
I weled a phrofi daioni Mab Duw.

Marchoga 'n llwyddiannus, y gweddus farch gwyn,
Pob enaid i'th deyrnas, wyt addas, O ! tŷn ;
Na âd mewn caethiwed un enaid yn ol,
I fyw yn anraslawn, anffyddlawn, a ffol.

Dôs allan â'th fwa, annela dy nôd ;
Dôd saeth ymhob calon, gelynion dy glôd ;
A glyned dy saethau, fel bachau 'n mhob un,
I ddwyn gwir ddychweliad i deimlad pob dyn.

O ! cofia 'r trigolion sy 'n eigion y nos ;
Dy air a'th genadon, O ! danfon, a dôs
Dy hun gyda hyny, i'w dysgu 'n mhob dim
Sy 'n perthyn i'th deyrnas, drwy ras, yn dy rym.

O ! danfon d' air sanctaidd, da, gweddaidd, a gwir,
Sef Biblau i'r holl bobloedd, cenhedloedd, cyn hir,
Sydd ymhob aflendid, heb ofid, yn byw,
Na gweled na phrofi daioni Mab Duw.

Darostwng bob rhwystr i'n brodyr gael braint,
A'r meirw i gael bywyd, a'u symud yn saint,
O deyrnas y diafol, yn fythol i fyw,
Yn fyddin gyfaddas, i deyrnas Mab Duw.

O danfon dy weision f'o 'n gryfion mewn gras
I ddangos i ddynion eu ceimion ffyrdd câs ;
Ac hefyd i ddangos dy achos, a'u dwyn
Dan iau 'r Person hwnw fu farw er eu mwyn.

Prysura ddyfodiad dy fwriad di-fai,
I ddwyn yr Iuddewon yn rhyddion bob rhai,
O dan anghrediniaeth, a'i driniaeth ddi-drefn,
I gredu 'r efengyl, drych anwyl, drachefn.

O! danfon, a llwydda, hysbysa drwy'r byd
Efengyl y deyrnas, o'i gwmpas i gyd;
Aed teyrnas yr Iesu i fyny 'n un fawr,
A theyrnas y diafol gelynol i lawr.

O! bydded i'r angel mawr, uchel, ymroi,
I rwymo 'r hen ddiafol gelynol, a'i gloi
Mewn pydew diwaelod, man hynod yn hir,
Yn ol dy addewid ddiwendid sydd wir.

Na fydded i Satan gael man yma mwy,
I rwymo plant dynion dan gloion, neu glwy';
O! brysied y mynyd i'w symud o'i swydd;
Mae 'n attal bob amser in' lawer o lwydd.

Gobeithio mai arwydd y sydd yn nesâu,
Y teflir y diafol uffernol i'w ffau,
Yw danfon cenadon a Biblau mor bell,
A miloedd yn dyfod i'w wybod yn well.

———

PALMANTU FFORDD YR ARGLWYDD.

Esaiah lxii. 10.

Y bwystfil a orchfygwyd,
O'i swydd fe'i diorseddwyd;
Mae teyrnas anghrist yn gwanhâu,
O'i seiliau fe 'i hiselwyd;
Braich Duw sydd wrth y gorchwyl,
Yn symud rhwystrau 'n symyl,
Ni chaiff un anghrist dan y ne'
Gyfyngu lle 'r efengyl.

Mae 'r ffordd yn cael ei hagor,
Wrth 'wyllys Duw a'i gynghor,
I gael y tlodion eto 'n ol
Drwy 'r drws i'r nefol drysor;

G 2

Rhai bryniau a ostyngwyd,
'R hyn bethau a obeithiwyd,
Rhag attal yr efengyl fawr,
  I lawr fe a'u maluriwyd.

Mae rhai breninoedd enwog,
  Sydd fel mynyddoedd cribog,
Yn llawn o fleiddiaid creulawn, câs,
  Anaddas a danneddog,
  Na cha'i praidd Duw fyw 'n dawel,
  O'u bodd, mewn tŷ na theml ;
Rhyw ddaear-gryn a'u mŷn i'r môr,
  Fe 'u nesa Ior hwy 'n isel.

Y bryniau a ostyngir,
  A'r pantiau a gyfodir,
A'r gŵyr, cyn myn'd yn hwyr brydnawn,
  Yn fuan iawn unionir ;
  Ffordd hawdd i'r eglwys gerdded,
  O'i thywydd a'i chaethiwed,
Y blaidd a'r oen cyn hir a fydd
  O newydd yn ddiniwed.

Ar fyr, bydd ffordd mor union,
  Is awyr, i Ferch Sion,
A'r llwybrau gorau wrth eu bodd,
  A welodd y duwiolion ;
  Nyni, genedloedd duon,
  A ddaw, a'r hen Iuddewon,
Ar fyr i rodio hon ynghyd,
  Gan ddal yn gydfforddolion.

Mae 'r ffordd i briod Iesu
  Yn cael ei digaregu,
Fel na chaiff cerbyd hyfryd hon,
  A'i hardd olwynion, lynu ;
  Fe lama 'r cloff methedig,
  A'i 'lodau fu 'n ffaeledig,
Ar hon fel hydd,—ac ufudd gân
  Y mudan, fu 'n glymedig.

Ar hyd y ffordd, yn fywiog,
  Daw 'r bychain, a'r rhai beichiog,
A'r hon f'o 'n esgor, ar un waith,
  Yn lanwaith a chalonog ;

Cânt gymaint o oleuni
Na chyfeiliornant arni,
A gwych arweinydd ufudd iawn
A'i drysor llawn i'w lloni.

Gall eu harweinydd tirion
Wneyd ffordd i'r gwaredigion
O afael Pharaoh flin, a'i floedd,
Trwy ganol moroedd mawrion ;
A'u dwyn fel ar adenydd
Eryrod, dyner arwydd,
I'r wlad ddiberyg', ddiddig, dda,
Y lân breswylfa lonydd.

Er bod ffordd Sïon weithiau
Trwy 'r wlad lle trig y dreigiau—
Gwlad seirph, gwiberod, llewod llwyr,
Mawr beryg', hwyr a borau—
Daw adre' yn ddiogel,
Er maint eu rhif, o'r rhyfel ;
Mae 'r sarph ar drostan, ddydd a nos,
Yn achos canu 'n uchel.

Ni lwydda un offeryn
A lunier yn ei herbyn,
Ei phriod anwyl fry a'i dŵg
O olwg pob rhyw elyn ;
Caiff golofn dân o'i deutu,
I'w g'leuo a'i chynhesu ;
Caiff gwmwl niwl rhag gwres yr haul,
I gael ei diogelu.

Dymunwn, cyn myn'd adre',
Gael gweled ar dir golau,
Yr eglwys wedi d'od i'r lân
Yn fwy o dan y tònau,
Dan floeddio, Buddugoliaeth,
Ar uffern a'i gelyniaeth,
A'i holl elynion ymhob man,
A chyfan oruchafiaeth.

Tŷn fi, medd Sïon ofnus,
Ni a redwn yn gariadus,

Yn ol dy siamplau, deddfau, da,
  Yn hollawl, dyna 'n h'wyllys;
Darparodd Brenin Sïon
  'Stafellau i'w gyfeillion;
I'r rhai 'n, rhag peryg', dirmyg dwys,
  Ffy 'r eglwys o'i pheryglon.

———

SION YN FAM PLANT.

ESAIAH LXVI. 9.

MAE eto 'n nghroth yr Arfaeth,
  Bron yn yr enedigaeth,
Ryw dorf a welir cyn b'o hir
  Ar dir yr iachawdwriaeth;
  Yn moddion gras yn bena'
  Mae drysau 'r esgoreddfa;
Caiff Duw, pan ddygo hyn i ben,
  Ryw lawen haleluia.

At ddrysau 'r addewidion,
  Bob dydd, nesâu mae Sïon;
Gobeithio gweled y mae hi
  Bur-eni 'r pererinion;
  Er llesged yw 'r ddyweddi,
  Hi gân yn amser geni;
Mae addewidion Duw a'i ddawn
  Yn ddigon llawn i'w lloni.

Mae Sïon Duw am dderbyn
  Plant Arfaeth yn ddiderfyn;
Ni chaiff bod teulu 'r Arfaeth bur
  Yn segur, heb gael sugn;
  Wrth borthi ei babanod,
  Caiff wledda 'i hun yn hynod,
Ar fanna iach, heb afiach ûs,
  Gwledd iachus oddiuchod.

Pan fyddo eglwys Iesu,
  Un weddus, yn cynnyddu,
Bydd rhyfedd ganmawl ar ei Gŵr,
  Mewn cynhwr', a llais canu;

Bydd canu maith am ethol,
A galw yn effeithiol,
Ac am barhâd mewn gras o hyd,
Er dyfais a llid diafol.

Daw 'r Arfaeth nefol, hawddgar,
A'r eglwys ar y ddaear,
I esgor ar ei phlant yn llu,
Ond nid mewn gwely galar;
Hi a drosglwydda 'i meibion
Yn siŵr i ofal Sïon;
I gynnal rhai 'n âg ymborth da
Hi ddoda 'r addewidion.

Nid rhyfedd bod yr eglwys
Yn cwyno mor ddiorphwys,
Am glywed mwy o ddynolryw
Yn canmawl Duw 'n fwy cymhwys;
Mae blas ei iachawdwriaeth
Fel gwledd o'i benarglwyddiaeth;
Ar flas y wledd, â llawen floedd,
Rhydd miloedd ei ganmoliaeth.

Yr eglwys yw 'r ysgoldŷ,
Lle caiff babanod Iesu
Yn iaith a threfn y nefol lŷs
Eu llwyr ddiesgus ddysgu;
Mae yno reol wastad,
Bur, ddidwyll, i'w cerddediad;
Cânt ddysgu rhodio, ar bob tir,
Yn llwybrau geirwir gariad.

Pan ddysgo 'r plant lefaru,
A throedio, a gweithredu,
Daw cerbyd Israel fry i'w dwyn
I'r ardal fwyn i fyny,
Lle mae breninol deulu
Yn addas gyfanneddu,
Byth yr un iaith, eu gwaith, a'u gwedd,
Ddoeth agwedd, heb waethygu.

Daw 'r Ysgolfeistr nefol
I'r eglwys filwriaethol,
I ddysgu'r plant breswylio 'nghyd,
I gyd, un fryd, yn frawdol,

A'u dwyn yn dorf ddiderfysg
I'r wledd, mewn hedd, yn hyddysg;
Nid ydyw 'r nefoedd dawel fry
'N lle camwedd, na llu cymysg.

Tra byddo 'r plant yn ysgol
Yr eglwys filwriaethol,
Rhaid dysgu trin y cleddyf llym
Er difa grym y diafol;
Gan ddysgu, yn ddiesgus,
Orchfygu 'r byd enbydus,
A diffodd pob picellau tân,
Trwy darian ffydd hyderus.

Awn adre' yn hyderus,
Heb ofni cyfraith Moses,
Ond cael adnabod Iesu 'n rhan—
Y Dyddiwr anrhydeddus;
Ni thery deddf ddilwgr
Mo 'r Meichiai a'r dyledwr;
Hi ga'dd ei thâl, ni chais ddim mwy—
Ni thramwy fel gorthrymwr.

——

CWYMP Y BWYSTFIL.

PENLINIED pawb i lawr,
Sy 'n caru gweled gwawr,
  Mae'r dydd yn d'od
Cewch wel'd rhyfeddod fawr;
Pan roir y Bwystfil yn y bedd,
Sy 'n mynu ei glod â min ei gledd,
  Cewch brofi 'r diwrnod hwnw
Ryw ran o'r loew wledd.

Pan syrth i byrth y bedd
Fe ymnewidia 'i wedd,
  Fe drydd y rhod,
Fe gyll ei glod a'i gledd;
Pan wêl y bedd, a'i wely 'n boeth,
Ac yntau a'i ddull yn hyll a noeth,
  Yn ddiau gwêl o'r geulan
Ei ddichell hunan ddoeth.

Y BIBL GYMDEITHAS.

Daeth llawer hen bagan, dybygid,
　I wel'd ei aflendid yn flin,
Ac hefyd i brofi pur ryfedd
　Effeithiau 'r gwirionedd, a'i rin,
Ac hefyd ëangfyd ddihangfa
　O'i garchar,—wel, dyna liw dydd !
Dymuno llwydd Bibl Gymdeithas
　Pob teyrnas cyfaddas a fydd.

Americ ac Affric a gyffry,
　Ac Asia a ddeffry 'n ddiau,
Ac Ewrop lawn glodwych a'i gwledydd,
　Boreuddydd y sydd yn nesâu ;
Trwy lafur cyd-frodyr o Frydain,
　A'r rhei'ny dan aden y nef,
I lawer gwawr dyner ymdaenodd,
　Dros foroedd cyrhaeddodd yn gref.

————

LLWYDDIANT Y WEINIDOGAETH.

Duw, llwydda 'r weinidogaeth,
　Athrawiaeth wych ei threfn,
Sy 'n ol duwioldeb berffaith,
　A chyfraith wrth ei chefn—
Athrawiaeth fawr y cymmod,
　Heb gyfrif pechod câs,
Sef cyfiawnhâu 'r annuwiol
　Trwy rydd effeithiol ras.

O ! cofia 'r rhai sy 'n gorwedd
　Mewn gwaeledd yn eu gwaed,
Heb godi o'u cyflwr gwarthus,
　Truenus, ar eu traed ;
A danfon air y bywyd
　I ddeffro 'u hysbryd hwy,
Na chaffont felly orwedd
　Mewn cyflwr marwaidd mwy.

CYNNORTHWY I WEINIDOGION Y GAIR.

DAL weinidogion yr efengyl
Yn hardd, syml, yr un sain ;
Na 'd i ddiafol gael goddefiad
I ennyn rhwygiad rhwng y rhai 'n ;
Dal hwy 'n syml, &c.,
Gyda 'r Bibl cadarn byth.

Cadw 'th weinion weinidogion
'N dêg, a gloewon, a diglwy';
Traed rhag llithro, dal, a'u dwylo,
Fel eu hathro nefol hwy ;
Cenadwri, &c.,
F'o 'n oleuni nefol oll.

Satan gyfrwys sy 'n ddiorphwys
Am attal llwydd dy eglwys di—
Rhoi archollion i'w hathrawon,
Ei swyddogion hyfion hi ;
Duw, dy hunan, &c.,
Bydd yn darian iddynt hwy.

Llestri pridd yw 'n gweinidogion,
Hynod weinion yn dy waith ;
Angen cynnorthwyon beunydd
Yn eu tywydd ar eu taith ;
Dal hwy eto, &c.,
Byth i lwyddo yn dy law.

Gwisg dy weision union enw,
Bawb, â delw Mab y dyn,
I draddodi 'r hyn a dd'wedodd
Ac a gyhoeddodd Ef ei hun,
Er gogoniant, &c.,
Byth a moliant iddo mwy.

Dal dy addas wyliedyddion,
Iesu, 'n loewon yn dy law,
Rhag i'w traed o'th lwybrau llithro
Mwy, na thripio yma a thraw,
Fel b'o 'r enw, &c.,
Eto heddyw it' dy hun.

NAWDD I WEINIDOGION YR EFENGYL.

Fel peraroglau 'n mhob peryglon,
  Duw, cadw 'th weision gyda 'th waith,
A'u hathrawiaeth hwy wrth reol
  Dy air dwyfol, unol iaith,
    Fel b'o 'r enw, &c.,
  Eto heddyw it' dy hun.

'D yw dy weision, ar y gorau,
  Ond fel blodau yn ein plith ;
Awel fechan a'u diflana,
  Ac a'u chwala 'n ddigon chwith,
    Oni fyddi, &c.,
  'N dal dy lestri yn dy law.

Duw, gwna 'r rhai sy 'n chwythu 'r udgyrn,
  Megys rhei'ny 'n gedyrn gynt,
Gwympai gaerau, muriau mawrion,
  Moddion gwaelion, fel â'u gwynt ;
    Ti gai 'r enw, &c.,
  Eto heddyw it' dy hun.

Cofia 'r rhai sydd yn llafurio,
  Gan ymdreulio yma 'n drist,
'N ceisio denu dyn a'i dynu
  'N ddwys i gredu 'n Iesu Grist ;
    Rho dy Ysbryd, &c.,
  Eiddo hyfryd, iddynt hwy.

I'r rhai sy 'n sefyll ar y muriau
  Yn ngwyneb tost bicellau tân,
Bydd yn darian iachawdwriaeth,
  Byw, a helaeth, heb wahân,
    Rhag eu drygu, &c.,
  Clwyfo, na 'u gwanychu hwy.

Iesu, dyro gymhwysderau,
  Gallu, doniau, drwy 'n holl dir,
I dy weision, rai dewisol,
  A'u gwna 'n llesol hollol, hir,
    Fel b'o 'r moliant, &c.,
  A'r gogoniant it' i gyd.

GALAR AM WEINIDOGION Y GAIR.

O ! Sion, yn ddiau d' ofidiau sy 'n fawr,
Wrth gludo d' athrawon mor llymion i'r llawr ;
Ond na ddigalona, na chwyna mwy 'chwaith,
Cai 'r meibion mor ddawnus a gweddus i'r gwaith.

———

DILYN YR IESU.

A AI DI GYDA'R GWR HWN? A HI A DDYWEDODD, AF. GEN. XVI. 58.

Mae 'r Tâd yn anfon gweision gwych
  Yn fynych ataf fi,
Gan gynnyg im' Iachawdwr rhad
  O drefniad Un yn Dri ;
Mae holl drysorau pur y nef
Yn cydbreswylio ynddo Ef ;
Fe lifa gras fel afon gref,
  Rhaid addef, o Fab Duw.

Clyw, f' enaid llwythog euog i,
  Beth meddi di am un
Sy 'n hollalluog enwog Wr,
  A'i enw 'n Dŵr i'r dyn ?
A äi di, enaid, ar ei ol ?
Mae 'n annherfynol nerthol Naf ;
O ! cyfod bellach, ynddo cred,
  Nac oeda, dywed, Af.

Ei eiddo Ef yw 'r nef yn awr,
  Mae 'n Frenin mawr ei fri,
A phan briodir ni âg Ef
  Rhoir hawl i'r nef i ni :
A äi di, enaid, ar ei ol ?
Mae yn anfeidrol nerthol Naf ;
O ! cyfod bellach, ynddo cred,
  Nac ofna, dywed, Af.

Mae Crist yn berson union oll,
  Pur, hawddgar, digoll, da ;
Ac byth ni chyfnewidia 'i wedd ;
  Mor rhyfedd fe barhâ :

A äi di, enaid, ar ei ol?
Mae yn rhyfeddol, nerthol Naf;
Nac ofna mwyach, ynddo cred,
  A brysia, dywed, Af.

Mae 'n wyn a gwridog, enwog Wr,
  A doeth Iachawdwr da;
Y rhai sy 'n ffin gan bwys eu llwyth,
  Ei hun fe 'u hesmwythâ:
A äi di, enaid, ar ei ol?
Mae 'n hollddigonol nerthol Naf;
Mae 'n ddigon cryf; O! brysia, cred,
  Nac oeda, dywed, Af.

Mae Ef yn Dduw mawr, byw, mewn bôd
  Yn undod Trindod, draw
Er tragwyddoldeb, cyn bod neb,
  I dragwyddoldeb ddaw:
A äi di, enaid, ar ei ol?
Mae 'n annechreuol nerthol Naf;
Fe bery heb ddiwedd iddo, cred;
  Ymnertha, dywed, Af.

Crist ydyw 'r Bugail mawr diball,
  Arweinia 'r dall i dŷ;
Dyddanu 'r gwan eu meddwl mae,
  A'u llawenhâu yn llu:
A äi di, enaid, ar ei ol?
Mae yn rhinweddol nerthol Naf;
Fe 'th dderbyn fel yr ydwyt, cred;
  I'w ganlyn, dywed, Af.

Pan elych di drwy 'r dyfroedd dwys,
  Fe gynnal bwys dy ben;
Pan rodiech di drwy 'r tân ni 'th lysg,
  Ai adre' â'th wisg yn wen;
Gwell i ti fyned ar ei ol,
Mae 'n hollbresennol nerthol Naf;
Gwych Haul cyfiawnder, ynddo cred;
  I'w ganlyn, dywed, Af.

Pan elych drwy 'r Iorddonen ddu,
  Cai lechu yn ei law;

Fe 'th ddŵg di, enaid llesg, i'r lân,
    I'w nefol drigfan draw ;
Cai ganu 'n llafar gyda 'r llu
    Sy 'n llawenychu yn eu Naf ·
A äi di i'w ganlyn doed a ddêl ?
    O ! d'wêd yn uchel, Af.

GALWAD I BECHADUR

MAE galwad heddyw yn parhâu
    I mi a'r beiau mawr,
A chroesaw eto i godi 'm llef
    Fry tua 'r nef yn awr,
Trwy 'r Archoffeiriad gwych diffael,
Sydd wedi 'i gael yn un digoll ;
Difai i Dduw yw yn ddiau,
    Difai i ninnau oll.

Trowch ataf fi, medd Duw o hyd,
    Holl gyrau 'r byd sy 'n gaeth,
Fel y'ch achuber rhag fy llid,
    A phrofi gofid gwaeth ;
Pe byddai eich pechodau chwi
Fel porphor wedi cochi, cewch
Eich gwneyd mor lân a'r eira gwyn—
    Yn sydyn cydnesewch.

Mae 'r Arglwydd heddyw 'n galw ar g'oedd
    O ! dewch i'r dyfroedd, dewch,
Bawb sy 'n sychedu am ddyfroedd byw,
    Digonedd Duw a gewch ;
Cewch yfed ffrwyth gwinwydden bur,
A gwleddoedd cariad heb ddim cur ;
Gadewch holl gibau, seigiau sur,
    Y moch, a'u sawyr mwy.

EDIFEIRWCH.

PECHADUR edifeiriol,
    Gan Dduw sy 'n hollol hardd,
Mae megys pêr flodeuyn,
    A gwyn eginyn gardd ;

Lle byddo duwiol dristwch,
 Gwir edifeirwch fydd
Yn dilyn y meddyliau
 Fel gwir effeithiau ffydd.

Lle delo edifeirwch,
 Mae 'n arwydd heddwch hir,
Maddeuant sy 'n cydredeg
 Yn wendeg yno 'n wir;
Ac yno cydbreswyliant
 Tra byddant yma 'n byw,
Nes dwyn y dyn i fyny
 At siriol deulu Duw.

* * *

CYFFES PECHADUR.

Mi gefais amser da,
 A hwnw 'n para 'n hir,
Yn hwn ni wnês ddaioni ddim,
 Mae 'n gweddu im' dd'weyd y gwir;
'R wy' 'rwan yn llesgâu,
 Ac yn gwanhâu o hyd,
Oddiyma ar fyr i ryw le 'r âf,
 Ni byddaf yn y byd.

Os edrych wnâf yn ol,
 Och! mor anfuddiol f' oes,
A chwilio am ryw gysuron im',
 I'w ganfod dim nid oes;
Oddiwrth yr hyn a wnês,
 Er dilyn proffes dêg,
Mwy fyrdd o weithiau ydyw pla
 Fy nghalon na fy ngheg.

Ni feddaf ddim yn awr
 Ond syrthio i lawr yn syn,
Os rhaid myn'd dan ddigofaint Duw,
 Fy haeddiant ydyw hyn;
A d'weyd yn dda am Dduw,
 Mai cyfiawn ydyw Ef,
Er dwyn digofaint ar fy mhen,
 Dros byth yn absen nef.

'D wy 'n dysgwyl yn y byd
  Fawr hawddfyd yn fy rhan,
Mi golla 'r pethau goreu i gyd
  A 'mywyd yn y man;
Os daw maddeuant im',
  Nid er mwyn dim y daw,
Ond o drugaredd Duw i gyd
  Y troir y drygfyd draw.

Mi glywais mai trwy ffydd—
  O! dyna newydd da—
Y gall pechadur dd'od yn rhydd,
  Er blined fydd ei bla;
A chael ei gyfiawnhâu,
  Er fod ei feiau 'n fawr,
Trwy gael cyfiawnder Iesu pur
  I'w wisgo 'n dêg ei wawr.

Cyfiawnder cyfrifedig
  Mab Duw yw 'r unig rodd
A wna fy enaid aflan
  Yn fuan wrth ei fodd;
Y wisg a guddia 'm noethder
  Yw ei gyfiawnder fyth,
Pan ddelo dydd y cyfri'
  Mi safaf ynddi 'n syth.

CYFADDEFIAD PECHADUR GWRTHGILIEDIG.

Mi dro'is, fel Esau flysig,
  Yn halogedig un,
Gan werthu 'ngenedigaeth,
  Fy helaeth fraint fy hun;
Ni che's, yn lle cysuron,
  Ond gwaeau 'n ddigon gwir,—
Euogrwydd, poen, a thristwch,
  A cholli heddwch hir.

Mi gollais, wrth hir gellwair,
  Do, lawer iawn o les,
Sef cellwair âg eilunod
  Yn ormod, mi wn, a wnês;

Mi gollais galon dyner—
  Difater wyf am fyw
Yn ol yr Ysgrythyrau,
  A pharchu deddfau Duw.

Am gellwair âg eilunod
  Yn ormod yma 'n awr,
'Rwy' 'n rhodio mewn caethiwed,
  Yn methu gweled gwawr;
Ni che's, yn lle fy nghoron,
  Ond blodau chwerwon bla,
'N ol colli 'm hurdd a'm harddwch,
  A phob dedwyddwch da.

Dirmygais ddeddf yr Arglwydd,
  Hyn yw fy aflwydd i;
'R wy' 'n haeddu profi effaith
  A phwys ei hartaith hi;
Mi oerais at ei eiriau,
  Y pethau mwyaf pur;
'R wy' 'n awr yn profi 'r dincod,
  'N ol seigiau pechod sur.

Yn awr mae fy nghydwybod
  Yn dannod im' bob dydd,
I mi dristâu 'r Glân Berson
  Yn arwain Sïon sydd;
Gan hyny, nid heb achos
  Y daeth fy nos yn awr;
Ac mwy, ar bwy y beiwn
  Pe byth na welwn wawr.

Cydwybod sy 'n fy mhigo,
  Er nad yw 'n effro iawn;
Ond beth pan lwyr ddihuno,
  A dechreu lleisio 'n llawn,
A bod o fewn y fynwes
  Fel c'nawes flin yn cnoi,
Heb obaith cael dihangfa,
  Nac un orphwysfa i ffoi!

Rhy gyndyn yw fy 'wyllys
  Yn ffyrdd daionus Duw,
A'm serch at bethau sanctaidd,
  Yn wir rhy oeraidd yw;

H

Fy neall sydd yn dywyll,
  Oblegid erchyll bla ;
Fy nghof sydd yn llygredig,
  Ni ddeil ond 'chydig dda.

'R wyf yma yn yr anial,
  Mewn llawer treial trwm,
Wrth edrych maint fy mhechod,
  Mae 'n syndod gwel'd ei swm ;
Os cleddir y fath nifer
  Yn nyfnder môr fy Nuw,
Ni thawaf a'i foliannu
  A'i barchu tra b'wyf byw.

Yn dysgwyl am y ddedfryd
  Bum lawer mynyd maith ;
Nid wyf yn dy gondemnio,
  Hyd yma eto yw 'r iaith ;
Ond dos, na phecha mwyach,
  Byth, bellach, i mi boed
Yn air effeithiol blasus,
  Mwy grymus nag erioed.

———

GADAWED Y DRYGIONUS EI FFORDD.

GADAWED y drygionus
  Ei hen ffuantus ffyrdd,
A'r anwir ei feddyliau,
  Mae ynddynt feiau fyrdd ;
Dychweled at yr Arglwydd,
  Sy 'n rhwydd yn trugarhâu,
Caiff ganddo iachawdwriaeth
  Yn helaeth i'w mwynhâu.

———

FFYDD.

FFYDD, ffydd,
Fy llef am dani f'o bob dydd,
A Duw ŷn rhad i mi a'i rhydd ;
A hon a drydd bob gelyn draw,
Gorchfyga 'r byd a'i bleser blin,
Ac ofnau angeu brenin braw.

ERFYNIAD AM FFYDD.

O caniatâ i mi gael ffydd
  F'o beunydd a'i dybenion
Am roi 'r gogoniant i'n Duw da,
  Trwy gariad,—dyna 'i goron.

Rho ffydd i ddyfod at dy borth
  I ofyn cymhorth ufudd,—
Y ffydd a'm dalio megys Job,
  Modd tawel, ymhob tywydd.

LLAIS ANGHREDINIAETH, A LLAIS FFYDD.

Hen lais fy anghrediniaeth
  Yw taeru, o naturiaeth,
Na châf ar bechod goncwest byth,
  Na chyfan oruchafiaeth ;
  Ond ffydd sy 'n ateb weithiau
  Er miloedd o gymylau,
Fod i mi eto obaith byw—
  Mai meddwl Duw yw maddau.

Iaith anghrediniaeth hefyd,
  'R' un modd a'i dâd, yw d'wedyd,
Nad rhai anghyfiawn y mae Duw
  Pur heddyw yn gyrhaeddyd ;
  Ond ffydd sy 'n d'weyd yn groew,
  Yn groes i'r anwir hwnw,
Mai 'r pechaduriaid gwaetha 'n fyw
  Yn ol mae Duw yn alw.

Fe daera anghrediniaeth,
  Nad oes dim meddyginiaeth
I'r fath anafus, ddyrys, ddyn,
  Ond dygn golledigaeth ;
  Ond ffydd a dd'wêd yn bwyllig,—
  Nid rhaid i'r iach wrth feddyg,
Mae 'r iachawdwriaeth fawr ar g'oedd
  I gannoedd yn ymgynnyg.

Pe ba'it, medd anghrediniaeth,
  Yn lân, heb ddim gelyniaeth

H 2

At Dduw, fe allai y ca'it ryw bryd
 Ei dirion iachawdwriaeth;
Ond ffydd a dd'wêd yn ŝon,—
 Mae Duw yn gwneyd gelynion,
Drwy y Cyfryngwr mawr sydd fry,
 Gwêl felly, yn gyfeillion.

 Ai gwir, medd anghrediniaeth,
 Y gweli fuddugoliaeth
Ar bechod cryf, a'th ffydd mor wan,
 A chyfan oruchafiaeth?
 Ond ffydd sy 'n d'weyd, Nid oedaf,
 Yn Iesu cadarn cydiaf,
Daw buddugoliaeth—dyma 'nghred—
 Nes gweled, mi ddysgwyliaf.

 Arswydus yw dy ryfyg,
 Medd anghrediniaeth ffyrnig,
Os cydi yn un addewid bur,
 Grëadur mor llygredig;
 I'r cyfryw ffiaidd ddynion,
 Medd ffydd, agorwyd ffynnon—
Mae myrdd o'r fath ar ben eu taith,
 Wnaeth hon yn berffaith wynion.

 Trŷ anghrediniaeth weithiau
 I dd'weyd nad oes ond eisiau
Fy ngwneyd ryw fymryn mwy di-fêth,
 A gwella *peth* o'm gwallau;
 Ond ffydd a dd'wêd, Wyt anmhur,
 Dan ddu-lwyth tŷn o ddolur;
Rhed, f' enaid, at yr Oen di-goll
 I geisio dy *holl* gysur.

AILENEDIGAETH.

Ioan III. 3.

Clyw, enaid tlawd, ni feddi hawl
 I Dduw a'i nefawl deyrnas,
Nes cael dy newid ganddo 'n wir,
 A'th eni i'r berthynas.

Ti ddoist i'r byd yn adyn tlawd,
    Do, 'n ol y cnawd a'i duedd,
Heb genyt hawl i eiddo Duw,—
    Pe gwelit, mawr yw 'r gwaeledd.

Ac oni enir di drachefn,
    Nid eto 'n ol trefn natur,
Ni weli 'n wir mo 'r deyrnas fry,
    Nac Iesu, er dy gysur.

Ein geni i flinder—geni 'n gaeth—
    Yw 'n genedigaeth gyntaf;
Ond geni o Dduw, ar sicr sail,
    I'r nef, yw 'r ail a'r olaf.

I Dduw b'o 'r mawl byth am y modd
    A luniodd i aileni;
Heb hyn, byth ni chodasid un
    Dwl adyn o'i dylodi.

Llw Iesu tirion, union ŵr,
    Rhaid geni o ddŵr a'r Ysbryd,
Neu golli teyrnas Dduw 'n ddiau,—
    Y plant a biau 'r bywyd.

Cyfodi dyn o farw 'n fyw,
    Ar ddelw Duw yn ddilai,
A raid yn wir, neu fod yn ol,
    Heb anian ddwyfol ddifai.

O! tyred atom, Ysbryd Glân,
    Dod newydd anian i ni;
Rho i ni brofi blâs dy waith,
    Yn lanwaith i'n haileni.

PURO Y GYDWYBOD.

Cyn fy nwyn o'r byd enbydus,
    Llawn o anwireddus rai,
Arglwydd pura fy nghydwybod
    Oddiwrth bechod a phob bai;
        Mi ro 'r moliant, &c.,
    A'r gogoniant it' i gyd.

GWEDDI AM FADDEUANT.

OFEREDD fy meddwl, O! maddau,
　A'm hanghof o d' eiriau bob dydd;
A maddau 'ngweithredoedd anghywir,
　A'm holl eiriau segur y sydd;
Mae genyt ti foddion i faddau,
　Heb gyfrif fy meiau i mi;
Dadguddia dy drefn yn fwy amlwg,
　'R wyf yma 'n attolwg i ti.

——

MADDEUANT DRWY YR IAWN.

ARGLWYDD grasol, enwog, uniawn,
　Maddeu er mwyn yr Iawn i mi;
Iawn daionus, anrhydeddus,
　Cyfiawn, wrth d' ewyllys di;—
　　Dyro 'i nabod, &c.,
　Heddyw 'n gymmod hawdd ei gael.

Drych yw 'r Bibl i ni ganfod
　Crist, a'i 'nabod îs y nef,
Noddfa pawb fo 'n ewyllysio,
　Ac a ddelo ato ef;—
　　Dysg ni chwilio, &c.,
　'N fwy am dano Ef bob dydd.

——

DUW YW YR HWN SYDD YN CYFIAWNHAU.

RHUF. VIII. 33.

Duw sydd yn cyfiawnhâu;
　Fe all ryddhâu ei hun,
Yr hwn a fyno 'n rhad,
　Heb ganiatâd un dyn;
Gall faddeu 'n hy', a hyny heb
Orchymyn un, na cham â neb.

Yr Arglwydd yn y byd,
　Sy 'n hyfryd gyfiawnhâu;

Pwy ddamnia 'r cyfryw ddyn
 Wna Duw ei hun ryddhâu ?
Nid oes a fedr, nac a fŷn,
I'w niwed hwy, na newid hyn.

PWY A'N GWAHANA NI ODDIWRTH GARIAD GRIST?

RHUF. VIII. 35.

Nid oes yn uffern dân,
 Er maint ei hamcan hi,
Un gelyn a wahân
 Dy deulu egwan di
Oddiwrth y cariad, rhediad rhydd,
O fewn dy sanctaidd fynwes sydd.

Mae Satan â'i holl swyn
 Yn methu dwyn i'w dir
Y rhai a geraist di,
 Sef dy ddyweddi 'n wir ;
Nis gall gorthrymder chwer'der chwith
Mo ŷru 'r Pleidiwr mawr o'u plith.

Nid ing, neu gyfyng gur,
 Nac ymlid sûr neu gâs,
A dŷr gyfammod hedd
 Eu Tâd, a'i ryfedd ras ;
Nid newyn hir, yn wir a wna,
Na neb, i dòri 'r undeb da.

Nid noethni mawr ei nerth,
 All attal gwerth y gwaed,
Neu fawr enbydrwydd byw,
 Y peth yn Nuw a wnaed ;
Nid cleddyf pigog, miniog, main,
A dŷr ar yrfa rhedfa rhai 'n.

Nid byd tra enbyd drwg,
 Ei wên na 'i ŵg yn wir,
A attal Sïon wan
 Ar daith i'r Ganaan dir ;
Mwy na choncwerwyr—eglur ŷnt,
Trwy 'r Duw, o'i fodd, a'u carodd gynt.

Nid arswyd angeu du
All eu gwahanu hwy ;
Nid bywyd hyfryd hedd,
Na gobaith mawredd mwy ;
Ac nid angylion caethion câs,
A dŷr hen rwymyn tirion ras.

Nid t'wysogaethau 1 gyd,
Y byd, nac uffern boeth,
Na 'u holl alluoedd hwy,
Na 'u llid ofnadwy, noeth,
A all wahanu teulu 'r Tâd ;
Oddiwrthynt mwy byth ni ymâd..

———

DUW A'I BOBL YN ANWAHANOL.

MAE 'r etholedig ryw
Yn rhwymyn Duw bob rhai,
Sef rhwymyn cariad gwastad, gwir,
Yn gywir, sicr, sai' ;
Nid ing, neu gyfyng gur,
Nac angeu, eglur yw,
Nac unrhyw dywydd, cystudd caeth,
All dori Arfaeth Duw.

Nid beiau 'r plant ychwaith,
Na 'u holl ammheuaeth hwy,
Oddiwrth eu Llywydd a'u pellâ,
Nac a'u symuda mwy ;
Fe fethodd uffern gynt,
A'i chorwynt blin, a'i châs,
Ddiffoddi cariad Iesu cu,
Na 'chwaith ddirymu ei ras.

Ca'dd Satan sigo 'i siol,
A'i glol sydd dan ei glwy,
Heb obaith meddyg a'i iachâ,
Na modd i'w wella mwy ;
Ca'dd ei lywodraeth oll
Gyd-deimlo 'r archoll dwys
A roddodd Iesu, ar y pren,
I'w ben â dirfawr bwys.

BYW I DDUW.

O ! NA allwn wneyd dy 'wyllys,
 Byw 'n fwy gweddus efo 'r gwaith,
Sef byw 'n ufudd heb anafu
 'R un o'r teulu ar eu taith,
Heb roi anair i bur enw
 'R Gŵr fu marw er fy mwyn,
Y diniwed dros y caled—
 O ! fy nyled—er fy nwyn.

Anian dduwiol wyf yn ddewis
 Yma 'n hysbys i'w mwynhâu,
Anian groes i natur pechod,
 Ac un hynod i'm glanhâu ;
Cael tueddfryd i sancteiddrwydd,
 I'm tebygu i'r Arglwydd Iôr ;
Hedd hir ryfedd fel yr afon,
 Neu fel meithion dònau 'r môr.

———

CARU A DILYN CRIST.

O ! ARGLWYDD, clyw grëadur gwael
 Yn gwaeddi am gael egwyddor
I garu 'r Iesu 'n fwy na dim,
 Anrhega im' yn rhagor.

Dysg im' ymwadu â mi fy hun,
 A dilyn Crist a'i deulu,
Ac ufuddhâu i'w gyfraith Ef,
 Sef geiriau 'r nef, a'i garu.

———

YMDDIRIED YN YR ARGLWYDD.

YNOT, Arglwydd, 'r wy' 'n ymddiried,
 Am dy nodded im' yn awr,
Am fy nghynnal yn f' anghenion,
 Mewn peryglon, moddion mawr,
  Dod ddoethineb, &c.,
 A chywirdeb yn fy lle.

Moes yn dirion gymhwysderau
A mwy doniau im' bob dydd,
Doniau dynol, mawr, tymmorol,
Rheidiol yn bresennol sydd;
Gwna fi 'n fedrus, &c.,
A f'o gweddus efo 'r gwaith.

HUNANYMWADIAD.

YMWADU â mi fy hun,
A dilyn Iesu da,
Tra byddwyf yma 'n byw,
Trwy nerth fy Nuw a wna';
A chodi 'r groes trwy f' oes a fydd
Fy ngorchwyl beunydd yn y byd.

CYMHORTH GRAS.

TRWY gymhorth gras fy Nuw
Mi ro'f fy arfau i lawr,
Rhag gwrthryfela mwy
Yn erbyn f' Athraw mawr;
A hyn wy' 'n ofyn dan y nef,
Cael bod yn eiddo iddo Ef.

Trwy gymhorth gras fy Nuw,
'R wy' 'n chwennych byw heb ball,
Er gwaetha' 'r ddraig a'i phlant,
Na welant arnaf wall,
Wrth roi fy mhwys ar Dduw o hyd,
A rhoi 'r gogoniant iddo i gyd.

OFNI DUW.

PAHAM yr ofnaf ddyn
Sydd megys gwelltyn gwyw,
Na saif i fyny fawr,
Heb syrthio i lawr ei liw?

Mi ddylwn ofni Brenin nef,
Y goreu yw, a'i garu Ef.

———

DIDWYLLEDD YSBRYD.

Na 'd i mi fel Gehazi
  Dy anfoddloni di,
Drwy arfer unrhyw ddichell
  Fel mantell wael i mi,
I guddio neb rhyw bechod
  Rhag dyfod i dy ŵydd,
Mwy gweddus im' na chelu
  Gyfaddef rhei'ny 'n rhwydd.

Dysg i mi ddyodde' 'n ddiddig
  Bob dirmyg ar y daith,
Fel Job, heb dy felldithio,
  Na chwyno dim ychwaith ;
Neu dewi megys Aaron,
  Dan droion dwyfol drefn,
Rhag myn'd, wrth geisio ateb,
  I drychineb mwy drachefn.

Yn ddiwair megys Joseph
  Dymunwn fyw o hyd ;
Fel Job yn amyneddgar,
  Heb alar am y byd ;
Yn credu gair y bywyd
  O hyd fel Abraham,—
A'r eglwys wyf yn ddewis
  I'm meithrin megys mam.

———

CWYN AM OERI MEWN CARIAD.

Pa beth sy 'n peri yma i mi
  Fod eto 'n oeri at fy Nuw,
Yr hwn a roddodd bob arwyddion
  Ei fod yn foddlon i mi fyw ;
Yn lle 'nhori am f' anwiredd,
  O wlad ymgeledd,—rhyfedd ras—

Mae 'n gyru ataf ei air eto
  I gynnyg cuddio 'meiau câs.

O f' ynfydrwydd! pa'm na fedraf
  Garu 'r mwyaf ymhob man—
Ei wir ddeisyfu, a'i ddewis hefyd,
  Yn bena' gwynfyd f' enaid gwan—
A rhoi fy hunan efo hyny,
  I'w wasanaethu is y nef,
Nes myn'd i rodio yn Mharadwys,
  Gwedi gorphwys gydag Ef?

Arglwydd, dyro iachawdwriaeth
  Im' yn bur helaeth i barhâu,
Yn wresog danllyd yn yr ysbryd
  I'th garu 'n hyfryd, a'th fwynhâu;
A chadw gryndod drwy 'nghydwybod,
  Rhag i eilunod gael dy le,
A'm dwyn i d'w'llwch calon-g'ledwch,
  Sy 'n dyn anialwch dan y ne'.

'R wyf megys Issachar yn gorwedd,
  Ar fin y bedd, fel rhwng dau bwn;
O bwn i bwn 'r wyf yma beunydd,
  Heb ufuddhâu i'r tywydd hwn;
Gan fod yn rhaid, er mwyn d' anrhydedd,
  Im' wrth amynedd dan fy maich,
Dod i mi fwy cynnorthwy nerthol,
  Dy anorchfygol freiniol fraich.

———

PROFI CYSURON YR EFENGYL.

MAE'r diafol drwy f' oes
  Am daeru nad oes
Im' ran yn y Meddyg caredig a'i groes;
  Ond dysgwyl a wnâf,
  Os cymhorth a gâf,
At Dduw y gwirionedd a'i orsedd mi âf.

Hen Satan y sydd,
  Yn d'wedyd bob dydd
Nas gallaf byth ddyfod o 'nhrallod yn rhydd;

Ond eto 'r wy'n bod,
Lle mae Duw yn dod
I ollwng y caethion yn rhyddion dan 'r rhôd.

Er dued y'm gwnaed,
O'm pen hyd fy nhraed,   [gwaed ;
Mae modd golchi 'mhechod, 'r wy' 'n gwybod, drwy 'r
Ei rinwedd mor fawr,
A nerthol sy 'n awr,
Gall gânu fy enaid mor wŷned a'r wawr.

Rho brofi dy hedd
Cyn myned i 'medd,
Archwaethu rhyw damaid neu lymaid o'r wledd,
I'm dal ar fy nhaith
Yn gryf a di-graith,
Rhag bod yn un gofid na gwendid i'r gwaith.

O! dyro i mi ffydd
Yn f' enaid a fydd
Yn gweithio trwy gariad, a'i rhediad yn rhydd—
Sef ffydd o'r iawn ryw,
F'o 'n dewis Mab Duw
Yn rhan ac yn noddfa, tra b'wyf yma 'n byw.

O ganol y llu
Sydd ar y ffordd ddu
Yr Arglwydd a'm tynodd, fe'm dygodd i'w dŷ ;
Gall dd'weyd wrthyf fi,
Hyd yma 'r äi di,
Mi 'th wnâf yn was bellach cymhwysach i mi.

———

PRESWYLIO YN NHY DDUW

I'TH dawel dŷ y deuaf,
Ac yno byth gobeithiaf ;
Yn edrych ar dy hawddgar wedd
Nes myn'd i'm bedd y byddaf ;
Cael gwneyd fy nghartref ynddo,
A'm calon heb wrthgilio ;
Ond caru a pharchu Duw 'n ddi-baid,
A'm corff a'm henaid yno.

Na 'd i mi fyw 'n rhagrithiol
O fewn dy dŷ dymunol,
Yn forwyn ffol, annuwiol nôd,
Heb wybod i dy bobl;
Ond gâd i mi gael aros
O fewn dy babell ddiddos,
Heb chwant myn'd allan o dy dŷ,
Na 'chwaith fradychu ḏ' achos.

O! deffro fy nghydwybod
I wylio 'n erbyn pechod,
Rhag i mi fyn'd i'th dŷ mawr di
A'i lenwi âg eilunod;
Na 'd i mi roi achlysur
I neb enllibio 'm llwybr,
Na'th gablu di, na rhoi i'r un
Sydd yn dy ddilyn ddolur.

———

GWYLIO A GWEDDIO.

Na 'd im' gysgu f' amser heibio,
Y dylwn fod yn effro iawn;
Amser gwylio a gweddïo
Am i Dduw fy llwyddo 'n llawn.

———

YMROAD Y CRISTION.

Yn enw Duw byddinoedd Israel,
Am fyn'd yr wyf yn awr i ryfel,
Yn erbyn twyll y byd, a Satan,
Ynghyd a'm hynod gnawd fy hunan.

Trwy Iesu, t'wysog y filwriaeth,
Câf ar bob gelyn fuddugoliaeth;
Pan y'm hamgylchont megys gwenyn,
Mi a'u gorchfygaf—treiddiaf trwyddyn'.

Er mai fi yw 'r milwr gwanaf,
Trwy 'r goruwch Fugail y gorchfygaf
Y byd niweidiol a'i ddeniadau,
Aflan, dyrys, a'i flinderau.

Mae 'r byd, a'i fawredd, a'i ddifyrwch,
Ei ddull, a'i drawsder, a'i holl dristwch,
Yn garcharorion gan yr Iesu,—
I gyd, 'r wy' 'n meddwl, gwedi 'u maeddu.

Mae pechod aflan dan gondemniad,
O hyd yn nghadwyn gan fy Ngheidwad ;
Mae diafol câs, fy ngelyn ffyrnig,
Yn y gadwyn yn gauedig.

———

Y PORTH CYFYNG.

Y FFORDD sydd yn gul, yn faith, ac yn dywyll,
Anhawdd myn'd ymlaen, peryglus yw sefyll ;
Os edrych yn ol, mae gwraig Lot yn dangos
Fod ffrwd o dân ysol lifeiriol yn f' aros ;
Ar aswy, ar ddê, nid oes un lle diofal,
Ac oni châf beunydd arweinydd drwy 'r anial.

Rhy gyfyng yw 'r porth i neb fyned drwyddo,
Heb 'madael o'i fodd â chymaint a feddo ;
Y balch nid â drwodd mewn undeb â'i falchder,
Na 'r meddw, glwth, blysig, dan goledd ei bleser ;
Ymwadu â f'o 'i hun sy 'n erbyn ei 'wyllys,
A chodi 'r groes beunydd yn orchwyl rhy boenus.

Rhy gyfyng yw 'r porth, rhy gul yw 'r ffordd hefyd,
I'r rhai 'n un â'u beiau fyn'd trwodd i'r bywyd ;
Y cybydd brwnt, cyndyn, sydd eilunaddolwr,
Yn byw megys Nabal, na 'r câs odinebwr,
I'r nef mewn un modd, rhy anodd i'r rhei'ny,
Heb gael duwiol anian gan Dâd y goleuni.

———

Y BYD, CNAWD, A SATAN.

Yn ngwyneb byd, ei wên, a'i ŵg,
  A gweled drwg y galon,
Meddyliau mawr am Iesu pur,
  O dan fy nghur, yw 'nghoron.

Cael nesu at Dduw sy 'n llawer gwell,
  O dan y fflangell dỳnaf,
Na 'r byd, a'i barch, a'i gyfarch gwael,
  ·Na dim sy i'w gael, mi goeliaf.

Ymdrechu wnâf tra byddaf byw,
  Trwy ras fy Nuw, o newydd,
Yn erbyn Satan, cnawd, a byd,
  Sy 'n gwlwm gyda 'u gilydd.

Os câf gynnorthwy braich fy Nhâd,
  A phrofi 'i gariad rhyfedd,
Gorchfygaf Satan, cnawd, a byd,
  Yn dawel, hyd y diwedd.

Mae 'r cnawd yn elyn cryf di-nag
  I mi, beth bynag, beunydd,
Rhag im' gyflawni ei wyniau gwael,
  Mae 'n rheidiol cael Gwaredydd.

Mae 'r byd a'i wên, o hyd, neu 'i ŵg,
  Yn elyn drwg anaele ;
Rho help dy fraich i'm dwyn i'r làn
  Ar frys o dan ei dònau.

O ! dyro rym, er dim, i'r daith,
  Mae hon yn ddiffaith hynod ;
Peryglon mawrion ymhob man,
  Er difa 'r gwan, yn dyfod.

Y RHYFEL A DIAFOL.

TRWY gymhorth Duw Israel, i ryfel yr äf,
Ac ymladd â diafol yn wrol a wnâf ;
O'm ffyrdd pechadurus, truenus, y tro'f,
At Iesu a'i fyddin, i'w dilyn y dof.

CYMHORTH IESU YN Y FRWYDR.

O ! IESU, paid a'm gadael,
  Mae 'n para 'n rhyfel poeth,

Ond gwisga d' arfau cedyrn
    Yn addurn am y noeth ;
A dysg fi drin yr arfau,
    I gadw 'r dreigiau draw,—
Mi laddaf fyrdd o greulon
    Elynion yn dy law.

———

TRACHEFN DUW.

CLYW, enaid gwan sydd dan dy ofn,
    Yn Basan ddofn, mae 'n bosib' ;
Mae gan yr Arglwydd ei drachefn
    Ddoeth, uchel drefn, i'th achub.

Pa sawl drachefn sy 'n nhrefn rhad ras,
    I addas ddwyn ei eiddo
O Basan, ac o ddyfnder môr,—
    'D all neb ond Ior ei eirio.

Mae rhyw drachefn wrth gefn it' gael,
    Mewn gafael, o bob gofid ;
Yn iach i'th symud uwch y ser,
    O'th flinder a'th aflendid.

Am gael bod yma, Arglwydd da,
    Gogoniant a ddadganaf ;
Ac nad wyf yn rhy bell yn byw
    I eto Duw dd'od attaf.

———

GAU A GWIR GREFYDD.

NI saif fy nhŷ mewn trefn i fyny fawr,
Rhyw awel gre' a'i chwyth o'i le i lawr,
Heb Adda 'r Ail yn sail i f' adail fyth ;
Daw tymhestl fawr, o'm chwant, i lawr a'i chwyth.

O ffordd y ne', rhyw lygad dê neu law,
Heb sylfaen dda, neu droed, a'm huda draw ;
Ni ddaliaf ddim, heb rym anfeidrol ras,
I'm chwant yn slâf mi gwympaf eto 'n gâs.

Rhyw grefydd dlawd, a'i sail ar gnawd y sydd,
Un lom ddi-lês, nas deil yn ngwres y dydd ;
Yn ngwyneb tân, ni ddeil ond anian Duw
Fy enaid gwan i fyny i'r làn yn fyw.

Os pren heb wraidd, neu forwyn ffiaidd ffol,
Wyf yn dy dŷ, dïau mai nesu 'n ol
A wnaf cyn hir ; fe 'm chwythir gan ryw chwant,
Na ddeuaf byth drachefn i blith dy blant.

Am hyn, ar frys, doed cri a gweddi 'r gwael
I'th lys, am lwydd, fy Ior a'm Harglwydd hael ;
Rho i mi 'r gwir, rho hedd, o'th ryfedd ras,
I'm dal uwch drwg hyll gilwg fy holl gâs.

———

ERFYNIAD AM WIR GREFYDD.

PSALM I.

Na âd im' rodio mynyd mwy,
   Na sefyll, 'r wy' 'n deisyfu,
Nac eiste' 'n ffordd annuwiol fyd,
   Na dilyn ynfyd deulu.

Gogwydda f' 'wyllys, weddus waith,
   Duw at dy gyfraith eto ;
A dyro d' Ysbryd sanctaidd byw
   I f' arwain i'w myfyrio.

Fel pren a blanwyd ar làn dŵr,
   I roddi gwlybwr iddo,
Duw gwna fi felly yn d' eglwys di,
   Mae 'm henaid i 'n dymuno.

Fel cangen iraidd, weddaidd, wir,
   Un addas i'r winwydden,
Yn llawn o ffrwyth, yn hardd fy mrîg,
   A bendigedig goeden.

Na 'd i mi fod, er dim a fydd,
   'R un awydd â'r annuwiol,
A chwyth y corwynt yn y man
   Fel mân ûs annymunol.

CYFADDEFIADAU AC ERFYNION.

O! Dduw, amlyga 'n awr dy fôd,
  I bob cydwybod wan,
Sy 'n cael gan rym ammheuaeth cry'
  Eu maeddu ymhob man.

Mae yn y byd, o hyd eu hoes,
  Rai 'n ammheu a oes Duw ;
Yn awr eglura, er dy glod,
  I'r rhai 'n dy fod yn fyw.

Mae rhai, wrth rym eu llygredd cry',
  Yn ammheu d' allu di ;
Amlyga 'th fod yn drêoh na 'u pla,
  Llefara, Wele fi.

Mae rhai yn fyddar ac yn fud,
  Yn methu d'wedyd dim ;
O! galw heddyw ar eu hol,
  Trwy ddwyfol rasol rym.

Mae rhai o'th blant mewn cyflwr caeth
  Gan anghrediniaeth dwys ;
Amlyga i'r rhai 'n y sylfaen sydd
  I'w ffydd gael rhoi ei phwys.

Mae rhai o blant dy Arfaeth di
  Bron digaloni 'n glir,
Wrth wel'd y drwg maent yn gasâu
  'N awr yn parhâu mor hir.

Mae rhai a brynaist ar y bryn,
  Mewn dychryn lawer dydd,
Wrth wel'd parhâd a grym eu pla,
  Rhag y diffygia 'u ffydd.

Mae rhai yn ammheu d' 'wyllys da
  I dynu 'r pla o'u plith ;
Amlyga i'r rhai 'n dy gariad rhad,
  Mai 'r un yw 'th fwriad fyth.

Mae rhai o'th blant yn Basan bell,
  Heb ymborth gwell i'w gael
Na chibau 'r moch ; O! achub, mae
  Ar rhai 'n agweddau gwael.

Amlyga 'r wledd, dda, ryfedd, rad,
   Danteithion cariad Duw,
Sydd wedi ei pharotöi gen' ti,
   I'w rhoddi i bob rhyw.

Mae 'n beth galarus weled gwledd
   Wrth ddrws trugaredd rad,
A'r plant ar gibau 'r moch yn byw,
   Ymhell o glyw eu gwlad.

O ! na b'ai newyn dygn, dwys,
   Am dd'od i eglwys Dduw ;
Mae yno eu gwala o ymborth gwell,
   I bawb sy 'n mhell yn byw.

O ! danfon newyn trwy 'r holl wlad,
   I deimlad ymhob dyn,
Nes b'o gwynebu tŷ eu Tâd
   Mewn bwriad gan bob un.

Galarus yw pan glywir sôn
   Fod meibion yn ein mysg
O'r hâd breninol, wrol wedd,
   Heb ganddynt weddaidd wisg.

Mae rhai o'th blant mewn trafferth blin
   Dan ofnau brenin braw ;
Cyhoedda i'r rhai 'n y byddi di
   I'w llòni hwy gerllaw.

Mae amryw 'n ofni syrthio 'n ol
   I ddwylaw Saul ryw ddydd ;
D'wêd wrth y rhei'ny, Iesu da,
   Na lwyr ddiffygia 'u ffydd.

Wrth weled deddf yn hir barhâu
   Yn ein haelodau ni,
Arswydo 'r ŷm ein bod yn gaeth
   Dan ei harglwyddiaeth hi.

Mae arswyd angeu, weithiau, 'n wir,
   Yn ofid hir i ni,
Nes cofiom fel, er maint ei fôst,
   O'r bedd y daethost di.

Mae ofnau uffern yn rhoi aeth
  Drwy ein dynoliaeth ni,
Ac ofni wnawn, heb dd'od yn nês
  I'th dawel fynwes di.

Arswydo 'r ŷm nad ŷm ond ail
  I dŷ heb sail a syrth ;
Ac er mor uchel yw ein brig,
  Fod peryg' yn ein pyrth.

Gâd i ni gael ein geni i gyd,
  Drwy d' air a d' Ysbryd di ;
A phlana 'r anian sanctaidd, rydd,
  Un newydd, ynom ni.

O ! eiriol droswyf, Iesu da,
  Fel na ddiffygia 'm ffydd ;
Ni wna i'm henaid llwm ddim lles,
  Onis deil yn ngwres y dydd.

Gwêl f' enaid llesg, ar làn y llyn
  Yn gofyn am dy gael ;
Tyr'd Iesu da, cynhyrfa 'r dŵr,
  Er gwella 'nghyflwr gwael.

Wrth ddrysau moddion cryfion gras,
  Er mor anaddas wyf,
I ddysgwyl gair oddiwrth fy Nuw,
  'R wy' 'n meddwl byw tra b'wyf.

DEDDF YN YR AELODAU.

MAE deddf yn hir barhâu
  Yn fy aelodau 'n fyw ;
Fy nghadw 'n wan bob dydd mae hi,
  Am dal o gwmni Duw ;
Hen anian aflan yw,
  Sy 'n groes i Dduw, bob gradd ;
O ! na dd'ai 'r Iesu yn ei rym,
  A'i gleddyf llym, i'w lladd.

Ce's anian gyfan, gâs,
　　Sy 'n erbyn gras fy Nuw,
Ni châf o'i bodd addoli byth,
　　Na bendith, tra b'wyf byw :
Hen anian aflan yw,
　　Sy 'n groes i Dduw, bob gradd ;
O ! na dd'ai 'r Iesu yn ei rym,
　　A'i gleddyf llym, i'w lladd.

Mi dd'ais yn gaeth i'r byd,
　　Do, dan y ddedfryd ddwys,
Yn ngafael cyfraith ddwyfol, ddig,
　　A pheryg' teimlo 'i phwys ;
Heb genyf hawl fy hun
　　I ronyn lleia' 'i ryw
O ddim, drwy 'r ddaear fawr na 'r nef,
　　Rhaid addef, ond llid Duw.

Er hyny, wele fi
　　'N mwynhâu daioni Duw !
Trugaredd mewn trugaredd sydd
　　Im' beunydd lle 'r wy' 'n byw !
Hen Briodoledd Duw,
　　Trugaredd ydyw hi,
Sy 'n esgor trugareddau llawn,
　　Rai mynych iawn, i mi.

Trugaredd, cyn fy mod,
　　Fu 'n darpar cysgod im' !
Ce's fywyd ac ymgeledd dda,
　　Ond Iesu 'n bena' dim ;
'N awr ar drugaredd Duw
　　'R wyf yma 'n byw bob awr ;
Boed iddo 'r paroh a'r enw byth,
　　Ce's aml fendith fawr.

Ein Pabell rhag y gwres,
　　A'n Lloches rhag y llid,
Ein Tarian rhag picellau 'r ddraig,
　　Yw Hâd y wraig, o hyd,—
Ein Hymborth yw Efe,
　　Ein Plaid er maint ein pla,
Ein T'wysog yn y niwlog nos,
　　A'n Noddfa ddiddos, dda.

CUDDIO TALENTAU.

MAE fy nghydwybod weithiau
I mi yn edliw 'meiau,
A minnau 'n gorfod myn'd yn fud,
I fethu agoryd geiriau ;
Am guddio 'nhalent hawddgar
Yn ddiau yn y ddaear,
Mi wn fod genyf, ddydd a nos,
Rwy 'n coelio, achos galar.

Os cuddiaf arian f' Arglwydd,
Câf ofid hir o'i herwydd,
Mae gair Mab Duw yn tystio 'n glir,
Fel sicr eirwir arwydd :
Rhoi arian Duw a ddylid,
Mewn awydd i'w cyfnewid,
A 'r llôg a ga'i ymysg ei blant,
Gogoniant a ddadgenid.

Fe ddengys Duw ei hunan
Dy feiau i ti 'n fuan,
Medd fy nghydwybod, cyn b'o hir,
Am guddio ei eirwir arian ;
Mae genyt feiau lawer,
Oes, coelia, 'n rhai ysgeler ;
Pan guddir ei dalentau Ef,
Mae doniau 'r nef yn ofer.

Dylasai Duw yn bendant
Gael genyf ei ogoniant ;
Ac felly hefyd Sïon wael
Allasai gael y llesiant :
Pan ogoneddir Iesu,
Mae'r gweinion blant yn gwenu,
Gan gyfrif hyny, ganol nos,
Yn achos llawenychu.

————

PECHADUR ACHUBEDIG.

FE 'm gwnaethpwyd mor ysig, golledig, a llwm,
Dan ddyled arswydus, resynus ei swm ;

Ce's Feddyg i'm clwyfau, ce's Feichiai di-fêth ;
Fy Arglwydd, o'i wirfodd, ddarparodd bob peth.

Yn hir wrth ddrws dystryw yn byw ac yn bod,
Arosais yn hollol annuwiol fy nôd,
Gan ymladd fel gelyn yn erbyn fy Nuw,
Yr hwn sydd yn cynnal fy ana'l im' fyw.

Mi f'aswn mewn carchar anhygar cyn hyn,
Yn nghanol Gehenna, mewn dalfa gaeth dỳn,
Pe gall'sai 'r hen ddiafol gelynol ddadgloi
Y ceudwll cauedig, o'm rhyfyg, i'm rhoi.

Gan Iesu mae 'r allwedd, ond rhyfedd y tro !
Mae hen wlad y fflamau, tỳn g'lymau, tan glo ;
A dyna'r holl achos, hawdd dangos, bob dydd,
Fy mod yma eto yn rhodio 'n ŵr rhydd.

Mae allwedd fy mywyd a'm hysbryd ymhell ;
Fe gollodd fy lleiddiad agoriad ei gell ;
Mae uffern, mae angeu, dan glöau mor glwm,
Nis gallant am hyny mo 'm drygu 'n rhy drwm.

Bydd rhyfedd fy ngweled, er ised yr e's,
O achos y codwm tra gorthrwm a ge's,
O gyrhaedd pob peryg', yn debyg i'm Duw,
Yn nghanol y nefoedd am bythoedd yn byw.

Bydd rhyfedd fy nghanfod, ryw ddiwrnod a ddaw,
Yn mynwes cyfiawnder, heb brudd-der na braw,
Dan wênu 'n ei wyneb, mewn purdeb,—heb ball,
Na dyled, na dolur, na gwewyr, na gwall.

Wynebaf bob tywydd o newydd yn awr ;
Dyoddefaf bigiadau 'r symbylau bob awr ;
Gorchfygaf elynion, rai chwerwon a châs,
Ond profi digonedd o rinwedd dy ras.

O! f' enaid, bydd foddlon i'r loesion ar lawr,
Cai o'th ddarostyngiad gyfodiad go fawr,
O blith dy elynion, rai hyfion, o hyd,
I fysg dy gyfeillion, un galon i gyd.

GWEDDI DROS YR EGLWYS.

Duw, deffro deulu Sïon,
 I wylio, fel duwiolion,
Yn awr i gyd-weddïo 'n ddwys,—
 Mae 'r eglwys mewn peryglon ;
 Na 'd un o'th blant yn segur,
 Heb lefain mewn byw lafur,
Am i ti achub Sïon wan,
 Nad elo dan ei dolur.

Penaethiaid byd, heb oedi,
 Sy 'n awr yn ymgynghori
Yn erbyn Duw a'i Grist di-fai,
 Ni a wyddom, a'i ddyweddi ;
 Gan chwennych dryllio 'u rhwymau,
 A thori 'r ysgrythyrau,
Sy 'n cynnal d' eglwys di ynghyd,
 'R un ffunud a rheffynau.

O ! gwrando 'n gwaedd a'n gweddi,
 'R ŷm eto 'n deisyf i ti,
A chadw ryddid i bob math
 I'th ddilyn a'th addoli ;
 A chadw 'n mysg dy bobl
 Wir gariad brwd a brawdol ;
Na 'd ddim i dyfu yn dy dŷ
 I'n tynu 'n anghyttunol.

GWEDDI AM DRUGAREDDAU.

Fel Abraham yn credu,
 Dysg i mi felly fyw ;
Yn llariaidd megys Moses,
 Yn nhŷ daionus Duw ;
Yn ddiwair megys Joseph,
 Yn harddu 'th ffyrdd o hyd ;
Fel Job yn amyneddgar,
 Heb alar am y byd.

Fel Enoch yn ddi-flino,
 Gan deithio gyda Duw ;

Yn loew fel Elias,
   Dysg im' gyfaddas fyw;
Fel Dafydd galon dyner,
   Iawn dymher yn dy dŷ;
A'r Ioan anwyl hwnw,
   Yn caru d' enw cu.

Trugarog yn dy hanfod
   I'w 'nabod wyt i ni;
Trugarog wrth dy enw,
   Hyd heddyw ydwyt ti;
Trugarog a maddeugar,
   Digymhar wyt i'w gael;
Pan fyddom mewn caledi,
   Gwrandewi weddi wael.

Ti a wrandewi lefain
   Y cywion cigfrain caeth,
Pan fyddo newyn arnynt,
   Anfoni iddynt faeth;
Ni chaiff cenawon llewod
   Hir ddyoddef nychdod ddim;
Clyw finnau 'n gofyn cymhorth,
   Rho 'r nefol ymborth im'.

O ochr Duw a'i achos
   Dymunwn aros mwy,
A'm henw ymysg y teulu
   Heb eu anharddu hwy;
Yn foddlon ac yn ystwyth
   I ddwyn ei esmwyth iau;
Ac felly hyd y diwedd,
   Yn rhyfedd yn parhâu.

Yr ydwyf yma 'n aml
   Mewn ardal sâl a sych,
Fel Agar, heb olygon
   I wel'd y ffynnon wych,
A hithau yn fy ymyl,
   Drwy 'r holl efengyl fawr,
A'i dyfroedd ataf eto
   Yn rhwydd ddylifo i lawr.

ERFYNIAD AM DRUGAREDD.

PSALM LI.

TRUGAREDD, Arglwydd, dod i mi,
 'N ol rhi' 'th dosturi, ystyria ;
Fy anwireddau dan y ser
 Sydd lawer,—O dilëa !

Golch fi 'n llwyr ddwys oddiwrth fy mai,
 Nes i mi 'n ddifai ddyfod ;
Glanhâ fi oddiwrth fy mhechod câs,
 Hwn sydd yn atgas hynod.

'R wyf yn cydnabod heddyw 'n wir,
 I radd, fy anwireddau ;
A cher fy mron fy nghamwedd drig,
 Nid 'chydig fy mhechodau.

Yn d' erbyn di, ac yn dy ŵydd,
 Drwg oedd fy swydd, troseddais ;
Duw cyfiawn fyddi os berni fi,
 Dy eiriau di a dòrais.

Och ! mewn anwiredd ffiaidd iawn,
 A phechod llawn, y'm lluniwyd ;
Fel hyn beichiogwyd arnaf fi,
 Yn llawn drygioni 'm ganwyd.

Gwirionedd oddi mewn i mi
 A geraist di 'n rhagorol ;
A pheri im' wybod yn ddiau
 Dy ddirgel bethau bythol.

Golch fi âg isop yn ddigoll,
 Glân fyddaf oll, gwn, felly ;
Mwy gwyn na 'r eira fyddaf fi,
 Ac hynod wedi 'm cânu.

Pâr i mi glywed, cyn fy medd,
 Bur sain gorfoledd felus,
I lawenychu 'm hesgyrn briw,
 Yn d' enw, Duw daionus.

O! cuddia 'th wyneb oddiwrth
   Fy mhechod swrth, a 'muchedd ;
Ac O! er mwyn dy enw mawr,
   Dilëa 'n awr fy anwiredd.

Duw, crëa ynof galon lân,
   Dod dduwiol anian ynof ;
A phur gymdeithas d' Ysbryd da
   'N awr adnewydda 'n eiddof.

Na thafl ymaith o dy ŵydd,
   Fy ngweddi, Arglwydd, erglyw ;
A gâd dy Ysbryd gyda mi
   I'm hargyhoeddi heddyw.

Rho im' drachefn orfoledd llon
   Dy dirion iachawdwriaeth ;
A chynnal fi â'th Ysbryd hael
   I gael y fuddugoliaeth.

Ac yna dysgaf i rai 'th ffyrdd,
   Clyw dynion fyrdd am danat ;
A phechaduriaid aeth ar ffô
   A ddychwel eto atat.

Oddiwrth waed, f' Arglwydd, gwared fi
   Heb daw sy 'n gwaeddi dial ;
A'm tafod am gyfiawnder glân,
   Addefaf,—cân yn ddyfal.

Mae fy ngwefusau wedi cau,
   A'm genau na chydganant ;
Agora hwynt, a rhoddaf fi
   Yn felus i ti foliant.

Can's aberth ni chwennychi di,
   Neu 'n rhwydd myfi a'i rhoddwn ;
Poeth-offrwm, pe gwnai hyny 'r tro
   It', rhag dy ddigio a ddygwn.

Aberthau Duw ŷnt ysbryd da,
   Trallodus, a drylliedig ;
A chalon ddrylliog, rywiog, rydd,
   Bur, ddidwyll, gystuddiedig.

• O ! gwna i Sïon wir lesâd
 Trwy gariad tra rhagorol ;
Bydd iddi 'n fur o dân bob dydd,
 A'i chynnydd yn ei chanol.

Ac yna boddlon yn dy byrth
 I foddus ebyrth fyddi ;
Os aberth mawl gwirfoddawl fydd,
 Ti beunydd a'i derbyni.

ERFYNIAD RHAG GWRTHGILIAD.

ER i mi wneuthur drwg
 Yn d' olwg di,
A llithro o fy lle,
 O ! maddeu i mi ;
Na 'd i mi fod mor ffol
 A thynu 'n ol yn awr,
Trwy ofni llwybr llaith
 Y fordaith fawr.

Tyn arwydd cilio 'n ol
 O'm calon i,
A dal fi ddydd a nos
 Wrth d' achos di ;
Dal fi rhag troi fy nghefn,
 Na myn'd drachefn o chwith,
Rhag colli llwybrau 'r plant,
 Na myn'd o'u plith.

ERFYNIAD AM AMDDIFFYN DUW.

I'N brenin bydd yn blaid,
 A'n holl flaenoriaid ni,
I wneuthur gyda brys
 Yn ol dy 'wyllys di,
Fel b'o llonyddwch, heddwch hir,
Oll i ni, 'n Tâd, yn llenwi 'n tir.

ERFYNIAD AM NODDED DUW.

O! BYDD i mi 'n gysgod a gosgordd,
   I'm dal yn y ffordd yn ddiffael;
Nid ydwyf yn wyneb peryglon,
   I sefyll, ond gwirion a gwael;
Yn Dâd i'r amddifaid, addefaist,
   Ti ydwyt—cyhoeddaist dy hun;
Cynnaliwr, Gwaredwr gwir reidiol,
   Rhag maglau 'r hen ddiafol i ddyn.

———

GWEDDI AM NAWDD RHAG PABYDDIAETH.

Duw, cadw ein heneidiau ni
   Rhag boddi mewn Pabyddiaeth,
Sydd yn cynnyddu yn y byd
   Fel diluw, a'i hudoliaeth.

———

YSBRYD GWEDDI YN SION.

MAE Esther mewn trallod, ryw ddiwrnod hi ddaw
I dd'weyd, bob yn dipyn, i'r Brenin ei braw;
Hi egyr ei mynwes yn gynhes i'w Gwr,
Gan ddeisyf ei bywyd—iaith hyfryd i'w Thwr.

Pan draetho'r Frenines ei neges yn iawn,
Ei thrallod a'i chystudd, i'w Llywydd yn llawn,
Fe ddadleu ei Phriod gwych, hynod, ei chwyn,
Gan ddisgyn o bwrpas i'w deyrnas i'w dwyn.

———

MOLI DUW.

I'R unig ddoeth a'r enwog Dduw,
O'n bodd rhown barch tra byddom byw;
Ei 'wyllys da a'i gariad mawr
I ni, mynegwn yma 'n awr.

MOLIANNU DUW.

Un teilwng wyt ti i'w foli gan fyrdd,
Duw uniawn diffael, da iawn yw dy ffyrdd ;
Ti drefnaist ffordd union i ddynion ail dd'od
Yn uwch nag oedd Adda, pan bura' bu 'n bod.

Tyn f' enaid yn nês i'th fynwes i fyw,
Er mwyn im' gael d'od i'th 'nabod, fy Nuw,
A derbyn o'th eiriau, pur, diau, a dwys,
Ac ar d' addewidion, rai purion, roi 'm pwys.

Ein Tâd o'i wir-fodd a'n gwerthodd i gyd,
Ein Brawd o'i wir-fodd a'n prynodd mewn pryd ;
Fe 'n gwerthwyd i farw, pan oeddym yn fyw ;
Fe 'n prynwyd yn feirw, i gael delw Duw.

Am Dduw ymhob man bo 'n cwynfan a'n cais ;
O! deued pob dyn â'u llef yn un llais,
A'u cri am sancteiddrwydd i fyn 'd i'w ŵydd Ef,
Gan hedfan o'u hadfyd yn ysbryd y nef.

Ein hymdrech o hyd am fywyd di-fai
A f'o hyd y bedd, a rhinwedd bob rhai ;
Nes cyrhaedd perffeithrwydd, heb aflwydd neu boen,
Mewn gwlad o dangnefedd trwy rinwedd yr Oen.

Anadlu b'o 'm ni heb dewi bob dydd
Am Ior all ein rhoi, fel eraill, yn rhydd ;
A'n dwyn i breswylfod ddi-bechod, yn bur,
Heb ofid, na galar, na charchar, na chûr.

———

EMYN BOREUOL.

Wele noswaith wedi darfod,
    Ac wele 'n dyfod oleu dydd ;
Nis gwn yn awr pa faint o faglau
    Heddyw ar fy siwrnau sydd ;
'Rwy 'n ofni fod gan satan rwydau,
    Yn barod i fy nghamrau 'n nghudd ;
Am hyny 'n ymddiffynydd i mi,
    O Dduw, heb oedi, heddyw bydd.

Dyma ddiwrnod wedi gwawrio,
 A minnau 'n effro ac yn iach ;
Fy nheulu 'n siarad oll yn siriol,
 Llon, a bywiol, fawr a bach ;
Yn nghanol gwlad y trugareddau,
 Ac hefyd heb ofidiau fawr ;
Clod i'r Arglwydd am ein gwared
 Rhag pob niwed hyd yn awr.

Dyma ddiwrnod eto 'n 'chwaneg,
 A roed yn anrheg rad i ni,
A'n synwyrau heb eu d'rysu,
 O'th ddi-dwyll ddaioni di ;
Cael tynu 'n hanadl oll tan huno,
 Ac wed'yn deffro gyda 'r dydd ;
Bendigedig f'o 'n byw Geidwad,
 Am ein rhodiad yma 'n rhydd.

Cawn roi, gobeithio, foliant bythol
 I'r Duw anfeidrol da a fu
Yn cadw 'n heinioes wrth i'n huno,
 Rhag cael ein taro o un tu ;
Pa cawsem beth o'n haeddiant heddyw,
 Hi f'asai 'n arw arnom ni ;
Ond yn nghanol trugareddau
 Yr ŷm, a breintiau mawr eu bri.

———

Y SABBATH.

WEL dyma ddydd addoli,
 A moli 'r Arglwydd mawr,
Mae 'n weddus iawn i ninnau
 Roi bawb ei liniau i lawr,
A gwaeddi tua 'r nefoedd
 Yn gyhoedd bob yr un,
Am Ysbryd Crist i'n dysgu,
 Fel teulu, 'n fwy cyttun.

Hwn ydyw 'r Sabbath sanctaidd,
 Mae 'n weddaidd yma 'n wir,
I'r Arglwydd gael i'w barchu
 Bob teulu yn y tir,

Ac heddyw 'n fwy cyhoeddus,
　A pharchus iawn, trwy ffydd,
Yn ol yr ysgrythyrau,
　A'u hynod siamplau sydd.

Boed Sabbath (Sanct) yr Arglwydd,
　Byth er ein llwydd a'n lles,
Sef er ein dwyn yn dyner
　O nifer rhai fo nês,
I gael y fuddugoliaeth
　Ar anghrediniaeth oll,
Trwy 'nabod mwy o'r Iesu,
　A'i garu yn ddi-goll.

Ti roddaist Sabbath i ni
　Addoli yn ddïau,
Ac i ni at dy fawredd
　Mewn symledd gael nesâu ;
O ! dyro d' Ysbryd hefyd
　I'n dysgu 'r hyd y daith,
Trwy 'n gwneuthur yn fwy medrus,
　A gweddus, yn y gwaith.

Er i ni gael Sabbathau
　I ddarllen d' eiriau di,
Rhy ddeillion a rhy gnawdol,
　Anianol, fyddwn ni ;
Ac oni chawn dy Ysbryd,
　Da, hefyd, di dy hun,
Ni chei ond rhith ogoniant,
　Yn bendant, gan bob un.

———

GALWAD I ADDOLI DUW.

O ! DOWCH, addolwn y gwir Dduw,
　Ein dyled yw ymgrymu
Ger bron yr Hwn a'n gwnaeth bob un,
　Mae 'n galw ei hun am hyny.

Dowch, ymostyngwn ger ei fron,
　Ein Lluniwr ydyw Ef ;

K

O! down, addolwn yma i gyd,
  Yn unfryd dan y nef.

Ger bron ein Duw a'n Lluniwr da
  Penliniwn yma i lawr;
Cydblygwn, ac addolwn Ef,
  Oll, dan y nef yn awr.

———

AR DDECHREU ADDOLIAD.

O! ARGLWYDD, tyr'd i'n plith,
  A rho dy fendith rad;
Pob peth sy 'n anghen arnom ni,
  Mae genyt ti, ein Tâd;
Mae cryfder genyt ti,
  I'w roddi i'r di-rym,
A nerth rhag ofn diffygio 'i ffydd,
  I'r llesg, ar dywydd llym.

O! tyred ti, ein Tâd,
  A rho ddadguddiad rhydd
O'r Iesu mawr yn awr i ni,
  Er gwir hyfforddi 'n ffydd;
Fel rhoddo pawb eu pwys,
  Yn gymhwys, ar y Gair,
Sef d' anwyl Fab, dy gydradd di,
  A'n Meichiai ni, o Mair.

Lle byddo dau neu dri
  I dy addoli 'n d'od,
Ti a addewaist yn ddïau
  Y byddit dithau 'n bod
Dy hunan yn eu plith,
  Yn rhoi dy fendith rad;
Cyflawna hyny yr awr hon
  I ninnau, dirion Dâd.

Mae yma ddau neu dri
  O honom ni yn awr,
Yn dysgwyl i ti dd'od i'n plith
  I roi dy fendith fawr;

A'n sail i ddysgwyl sydd,
　O herwydd it' dy hun
Roi addewidion dwysion, da,
　Erioed sy 'n para 'r un.

Rho glywed gair o'n hôl
　Yn nerthol dd'weyd i ni,
Hon ydyw 'r ffordd i deyrnas Dduw,
　Dowch, heddyw rhodiwch hi ;
Rhag i ni yma a thraw
　Droi ar un llaw o'n lle,
Ond cerdded canol llwybrau barn,
　Yn gadarn gydag E.

Dy Ysbryd, Iesu da,
　F'o 'n aros gyda ni,
I'n tywys beunydd hyd y bedd
　I dy wirionedd di ;
Rhag i ni ŵyro 'n gâs
　O ffordd dy deyrnas di,
Na gwneuthur achos chwaith i'r byd,
　Na neb, ein herlid ni.

Rho brofi mewn iawn bryd
　Awdurdod d' Ysbryd di
Yn effeithioli 'r gair i gyd,
　I'n llwyr gyfnewid ni ;
A'n codi o feddiant caeth
　Yr hen farwolaeth wael ;
A'th ddelw 'n ol, drwy unol drefn,
　Gâd in' drachefn ei chael.

Y weinidogaeth fawr,
　Bendithia 'n awr i ni ;
Gâd i ni brofi ar ein taith
　Ei grym a'i heffaith hi,
Yn marwhâu o hyd
　Ein chwantau ynfyd iawn,
Ac yn bywhâu 'n heneidiau ni
　I'th ddewis di a'th ddawn.

'R ŷm yma lawer gwaith
　Yn teimlo effaith tôst
Ofn angeu loes, i'n tôri lawr,
　Sy 'n hynod fawr ei fôst ;

Ond henffych ddedwydd ddydd
  Y cawn yn rhydd ein rhoi,
Mewn gwlad nad ofnwn angeu hyll,
  Na ffrewyll i'n cyffröi.

Mae enwau 'r nefol hâd
  Yn llyfr eu Tâd yn llawn ;
A'r diwrnod sydd yn agosâu,
  Cawn wel'd ein henwau 'n iawn
Ar y ddwyfroneg fry,
  Gan Iesu 'n ddigon iach ;
Heb un yn ngholl, daw pawb ynghyd
  O'r byd 'mheu gronyn bach.

———

O FLAEN PREGETH.

WEL dyma 'r rhwyd yn myn'd i'r môr,
Gorchymyn lwydd, O ! Arglwydd Ior ;
  A'i bwrw 'n ddyfn i'r ochr dde',
I gasglu llïaws mawr ynghyd,
Yn fawr a bach o fôr y byd,
  I'w dwyn yn unfryd tua 'r ne'.

Er cael y gwas a'r ffon ynghyd,
Deddf ac efengyl hedd o hyd,
  Meirw a mud fydd mawr a mân,
Oni ddaw 'r Prophwyd mawr i'n mysg,
A'i awdurdodol ddwyfol ddysg,
  Fe gwsg y byd tan lysg yn lân.

———

BENDITH YN Y MODDION.

Pwy wyr na châf trwy ddarllen
  Oleuo 'mhen i 'mhwyll,
Ac etifeddu sylwedd,
  O'r diwedd, yn ddi-dwyll ;
Am hyny at fy Mibl,
  Yn syml mi nesâf,
Ymröi i'w ddyfal chwilio,
  A darllen ynddo wnâf.

Gall enaid gyda 'r Bibl
  Yn syml gael llesâd,
Trwy ddarllen a'i fyfyrio,
  A'i chwilio am iachâd;
Am hyny minnau hefyd,
  Yn ddiwyd ac yn ddwys,
A chwiliaf yn fwy syml
  Y Bibl mawr ei bwys.

Pwy ŵyr, wrth wrando pregeth,
  Na ddaw rhyw beth o Dduw,
Trwy wrando, yn fwy amlwg,
  Un mawr i'r golwg yw:
Gwnaed satan im' ei waetha',
  Yn wir i'r oedfa 'r af,
A dysgwyl ffydd wrth wrando
  Gair Duw yn effro, wnâf.

———

GWEDDI AM BRESENNOLDEB PEN YR EGLWYS.

Fel plant yn gwarchod gyda 'u mam,
  Yn dysgwyl am dy gwmni;
O! Iesu, dysg ni nes y b'o
  It' ddyfod eto ati.

O! Iesu cofia 'th briod wan,
  Sy 'n fynych dan ryw dònau;
A heddyw llwydda 'th gleddyf llym,
  A dattod rym ei rhwymau.

O! Arglwydd, tyred i dy dŷ,
  I ail drigfanu 'n fynych;
Fe adnewyddir ymhob man
  Dy deulu, pan y delych.

———

YR ARFAU YN NERTHOL.

Hen arfau 'r filwriaeth ysbrydol
  Trwy Dduw fyddo 'n nerthol yn awr,
I fwrw dych'mygion y bobloedd,
  Fel cestyll, yn lluoedd i'r llawr;

Ac hefyd i godi 'r athrawiaeth
  Sy 'n ol ysbrydoliaeth ein Duw,
I gychwyn tyrfäoedd o'r newydd
  At Iesu i'w fynydd i fyw.

———

SWPER YR ARGLWYDD.

DRYCH i wel'd y Gŵr a hoeliwyd,
Mewn arwyddion i ni roddwyd ;
Rhwygo 'i gorff yn gŵysi hirion,
Dwyn i'r golwg waed ei galon.

Dyma ddrych i wel'd ein T'wysog
Yn ei drallod, a'i gnawd drylliog,—
Pen yr eglwys, Priod Sïon,
Anwyl Iesu, yn ei loesion.

Dyma ddrych i Sïon ganfod
Deddf heb ffrae, trwy waed ei Phriod,
A chyfiawnder pur gofynol,
Oddi uchod, yn heddychol.

Dyma 'r gwaed sy 'n d'weyd yn uchel,
A gwell dyben, na gwaed Abel ;
Heddwch, heddwch mae'n gyhoeddi
I'r dyledwr yn ei dlodi.

Dyma wystl anwyl i ni
Fod y *biliau* wedi 'u croesi ;
Sail i ddysgwyl atom eto
Hedd o'i lafur i ddylifo.

Dyma ddrych i'r côf ysbïo
Am ei fawredd, a myfyrio,
'N rhoi ei waed dros eppil Adda,
Bob dyferyn, ar Galfaria.

Dyma ddrych i weled cariad
Yn ei fawredd, uniawn fwriad ;
Iesu 'n rhoddi gwaed ei galon
Dros filiynau o'i elynion.

Dyma 'r gwaed a wella 'n hollol
Hen bla 'r fynwes yn dufewnol;
Ac sy 'n eiriol mewn gogoniant,—
Nid am ddial,—ond maddeuant.

F' enaid rhêd yn dy fyfyrdod,
I wel'd Iesu wedi 'i osod
Ar y bryn rhwng dau o ladron,
Dan dy dlodi a dyledion.

Mae llu 'r nef yn melus goffa
Am y gwaith fu ar Golgotha;
Ninnau hefyd sy 'n cael edrych
I'r un fan a rhai 'n yn fynych.

Ni fydd cofio 'r Iesu 'n marw
Fyth, na 'i sylwedd, yn ddi-sylw;
Ond fe bery yn dragywydd,
I yru 'r gân yn fwy ar gynnydd.

Wrth roi 'r bara rhwng fy nannedd,
O! am sylwi ar y Sylwedd;
Iesu Grist yn fywyd i ni,
Ag arfau dûr yn cael ei dòri.

Cofio 'r cefn fu 'n gwysi hirion,
Pen fu 'n cario 'r bigog goron,
Traed a dwylaw glân a hoeliwyd,
Cofio 'r ystlys wen a wanwyd.

Cofia, f' enaid, am riddfanau
'R Iesu mwyn yn Gethsemane,
A'i chwys fel gwaed yn rhedeg allan,
Am dy bechod,—poen nid bychan.

Dyro rym i ail ymrwymo,
I dy ddilyn, doed a ddelo,—
Fel yn dangos, trwy ail dyngu,
Ddal ein hoes i ddilyn Iesu.

———

AR DDIWEDD MODDION GRAS.

Dyma 'r oedfa wedi darfod,
A rhai heb wybod am dy wedd;

Rhai 'n dychwelyd heb dy 'nabod,
  Na phrofi blâs dy hynod hedd;
Amlyga i'r rhei'ny yr Iachawdwr,
  A Chyfryngwr uchaf fraint;
Iesu 'n ben i'w llywodraethu,
  A'u gogoneddu gyda 'r saint.

Arglwydd, gollwng i'n cartrefi
  Bawb o honom ni yn awr,
Dan dy gysgod a'th ymgeledd,
  Hefyd mewn tangnefedd mawr;
A phan dde'wn adrau heb wendidau,
  I mewn i'th bur drigfanau i fyw,
Nyni a ganwn yn amgenach,
  Mewn gwlad addasach, glod i Dduw.

Am Iesu 'r ydym yn Waredydd,
  Ac yn Llywydd ymhob lle,
Nes ein cael i ddiogelwch,
  O'r anialwch mawr i'r ne';
I gadw 'n meddwl gyda 'r moddion,
  Gwna ni 'n gryfion ymhob gras,
I orchfygu 'r uffernolion,
  A chwantau 'r galon, ceimion, câs.

Trugarog yw ein Duw o natur;
  Mae hyny 'n gysur i rai gwael;
Tosturiol, ddigoll, a maddeugar;
  Mae yn ddigymhar, hawdd ei gael:
Mewn cyfyngder a chaledi,
  Ond taro i waeddi,—tŷr y wawr;
Pan f'om mewn anghen am drugaredd,
  Fe enfyn wledd o'r nef i lawr.

———

ANGEU.

O ANGEU câs, arswydo 'r wyf
  Yn dost pan gofiwyf di,
Os bydd euogrwydd yn ddi-baid
  Yn dal fy enaid i;
O! 'r meddwl poenus, aethus yw,
'N ol digio Duw, fod angeu 'n d'od!
Ac wedi 'm dwyn i'w garchar du,
  Fod dydd i'm barnu 'n bod!

Yn nghanol pleser pena' 'r byd,
　A'r hawddfyd mwyaf rhydd,
Pan gofiwyf angeu, siwrnai syn,
　Drwy f' enaid dychryn fydd ;
Pe cesglid moethau at fy mîn,
Ofalus waith, neu felus win,
Y cwbl a ddiflasai 'n flin
　Yn angeu, brenin braw.

Pe byddwn frenin uchel fryd
　Ar Ewrop hyfryd ran,
A chael o dywysogion fîl
　I f' ymyl yn y fan,
A phob cerddoriaeth mwyaf pêr,
Mewn dynol sain, o dan y ser,
Mi a ddiflanwn yn aflêr
　Heb wreiddyn mater mwy.

Pe bawn y glanaf ar y glôb,
　A'r dewraf ymhob dim,
A mwy na 'r mwyaf yn y byd,
　Rho'i angeu ergyd im'
A dro'i 'r melusder pena' 'n bod
Fel chwerw wermod ar un waith ;
Gan hyny gwell im' Grist a'i groes,
　Ni phery f' oes yn faith.

Pe byddai 'r byd i gyd i'w gael
　Mewn gafael im' heb goll,
Ni chawn mo hwn i'w hir fwynhâu ;
　Fe ddygai angeu oll ;
Gan hyny pobl Dduw o hyd
Wy' 'n ddewis yn y byd tra bwy',
A dirmyg Crist yn fwy na 'r byd
　Tra paro mywyd mwy.

Ond am fforddolion Sîon sydd
　Ar daith i fynydd Duw,
Er bod dan Sinai lawer tro,
　Bron anobeithio byw ;
'D oes neb o'r rhei'ny heb eu rhan,
Dyogel Wr a'u dŵg i'r làn ;
Crist yn eu meddiant ymhob man
　Sy 'n fwy na chyfan fyd.

Mae gan y Cristion ffon ddiffael,
　　A'i deil ar drafael drist;
A'i bwys ar hòno weithiau rhêd
　　Pan gred fod ganddo Grist;
Nid ofna 'r glỳn, neu 'r dyffryn du,
Sef angeu digllon creulon cry',
Fe ŵyr na fêdd mo 'r colyn fu
　　Yn ei frawychu ef.

Gan hyny gwell gan ambell un
　　Gael Crist ei hun a'i hedd,
Pe caem ond gorthrymderau i gyd
　　Drwy 'n bywyd hyd y bedd;
Gwell dyoddef gwawd er mwyn y gwir,
Ni phery hyny ddim yn hir,
Mae pen y daith—Paradwys dir—
　　Yn sicr yn nesâu.

———

BYRDRA OES A SICRWYDD MARWOLAETH.

Mor fer yw f' oes! ni pheru f' einioes fawr
I fyw 'n y byd, ond megys ennyd awr;
Diau y daw im' ing a braw ryw bryd,
Fel eraill äf, a minnau fyddaf fud.

Er bod yn iach am ennyd bach yn byw,
I fedd ar fyr mae 'm llwybr, eglur yw;
Un dydd nid oes o sicrwydd einioes im';
I'r bedd yr äf, yn ol ni ddeuaf ddim.

Fy siwrnai sydd yn faith, a'm dydd yn fyr;
Fel edau frau, fy oes dïau a dyr;
Mae eisieu bod yn barod, cyn y bedd,
I gadw gŵyl mewn nefol hwyl a hedd.

———

TRAGYWYDDOLDEB.

Os pery 'r dydd yn boeth,
　　I weithio 'n ngwinllan Duw,
Nid yw i hir barhâu,
　　Ychydig oriau yw;

Cawn dragwyddoldeb digon maith
I orfoleddu, gwedi 'n gwaith.

Yn nhragwyddoldeb maith
 Bydd pen fy nhaith cyn hir,
Câf yno—dyma 'nghred—
 Byth weled beth sydd wir ;
Yr hyn wy' 'n ammheu yn y byd,
Fydd yn y goleu yno i gyd.

Os treuliaf ddyddiau f' oes
 Yn ammheu a oes Duw,
Câf yno 'n ddiau dd'od
 I wel'd ei fod yn fyw,
A'i fod yn Dri, a'r Tri yn un,
Yn darpar iachawdwriaeth dyn.

I dragwyddoldeb âf,
 Ac yno y byddaf byw ;
Câf ymddifyru 'n wych
 Yn edrych ar fy Nuw,
A'i weled megys ag y mae,
Heb galon ddrwg, na gŵg, na gwae.

Yn nhragwyddoldeb câf
 Yn iach ddïanaf dd'od,
Ag enaid glân di-glwy',
 Heb feiau mwy i fod ;
Ac yno câf ddifyru f' oes,
Heb boen, na chraith, na bai, na chroes.

———

BUDDUGOLIAETH AR ANGEU, UFFERN, A PHECHOD.

O Angeu ! pa le mae dy golyn,
 I'w fwgwth i'n herbyn yn hŵy ?
Pan wisgom ni anllygredigaeth,
 Ni chyffwrdd marwolaeth ni mwy ;
O uffern ! p'le mae 'th fuddugoliaeth ?
 Cawn ddianc ryw f'reugwaith o'th fru,
Yn debyg i Grist ein Hiachawdwr,
 Dyosgwn ein llwgr yn llu.

Wel, angeu ! ti gollaist y codwm,
  Bu 'r Iesu 'n rhy drwm i ti draw ;
Agorodd dy ddrysau clöedig,
  Fe ddaeth yn weledig o'th law ;
Ti gollaist agoriad dy garchar,
  Aeth Iesu digymhar âg ef ;
Agorwyd dy ddorau cynddeiriog
  Pan gododd Eneiniog y nef.

Ti, bechod, fu 'n hir megys brenin,
  A chenyt ryw fyddin rhy fawr,
Yrwan wyt dan dy gondemniad,
  Fe gaed ein hen leiddiad ı lawr ;
Mae Brawd i ni wedi 'th orchfygu,
  A hwnw yw Iesu 'n ddiau ;
O afael llywodraeth ein pechod
  Fe ddaw i'n rhwydd hynod ryddhâu.

Aeth Pen y cyfammod i'r frwydr,
  Ennillodd i'w frodyr y fraınt—
Gorchfygodd elynion ei bobl,
  Pwy all fod mor sıriol a'r saint ?
Rhoes bechod o dan ei gondemniad,
  Caiff ei ddienyddiad cyn hir ;
Gorchfygodd holl allu 'r tywyllwch,
  Caıff Sion dawelwch yn wir.

Mae satan a'i ben yn friwedig,
  Heb obaith cael meddyg byth mwy ;
Ni chaiff ond ychydig flynyddoedd
  I demtio 'r cenedloedd yn hŵy ;
Fe gafodd ar fynydd Golgotha,
  Gan Iesu mawr, gurfa mor gaeth,
A glwyfodd ei ben melldigedig,
  Hyd yma 'n ddiysig ni ddaeth.

———

HYFRYDWCH PEN Y DAITH.

Os byth y try fy ngobaıth
  Yn helaeth lawn fwynhâd,
A'm ffydd yn olwg perffaith,
  Yn helaeth dŷ fy Nhâd,

Lle na ddaw gelyn iddi
  I beri i mi boen,
Bydd yno ganu rhyfedd
  Am rinwedd gwaed yr Oen.

Os cofiwn 'n ol myn'd adrau,
  Ein beiau yn y byd,
Ac mai wrth ddinas dystryw
  Y cafodd Duw ni i gyd,
Ac iddo â'i waed ein golchi,
  A'n gloewi 'n ddigon glân,
Bydd hyny byth o'i gofio
  Yn gwych adfywio 'r gân.

Gogoniant yr Ail Adda
  A fydd y pena' pwynt,
Angylion o bob graddau,
  A ninnau gyda hwynt,
Mewn undeb a chydgordiad,
  Am gariad Duw ar g'oedd,
Yn dyrfa ogoneddus,
  Mewn gorfoleddus floedd.

O! ddiwrnod gwynfydedig !
  O ! fendigedig awr !
Cael profi 'r iachawdwriaeth—
  Y feddyginiaeth fawr—
Yn llwyr lanhâu 'm gwahanglwyf,
  Tra byddwyf yma 'n byw,
I'm gwneuthur yn gyfaddas
  I gael cymdeithas Duw.

O ! hwylia 'nhraed i redeg
  Yr yrfa 'n dêg bob dydd,
Heb gloffi ar fy ngyrfa,
  Ac na ddiffygia 'm ffydd,
Gan roddi pob peth heibio
  A all fy rhwystro i,
Ond rhedeg, gan ymnerthu,
  Bob dydd yn d' allu di.

O ! Dduw, gorchfyga 'm llygredd,
  Trwy rinwedd dy rad ras,
Rho 'r ffydd a buro 'nghalon
  O'i throion ceimion, câs,

Ac a orchfygo hefyd y byd
 A'i ysbryd ef,
Er mwyn yr Iawn dymunol
 Sy 'n eiriol yn y nef.

RHYFEDDODAU Y GWAREDIGION

Pwy ŵyr na welir finnau
 Byth yn ei freichiau fry,
Yn canu am drugaredd
 Yn llariaidd gyda 'r llu,
Yn seinio hyfryd anthem
 Ar fryn Caersalem fras,
Heb dewi byth na diwedd
 Am Grist a'i ryfedd ras.

Os gwelir ar dir goleu,
 Tu draw i angeu drwg,
Fy enaid mewn trigfanau
 Heb ofnau, gwae, na gŵg,
Mi fyddaf yn rhyfeddu
 Fod Iesu wedi dwyn
Y fath bechadur euog
 I blith ei enwog ŵyn.

Pwy ŵyr na welir finnau
 Ar ben rhyw fryniau fry,
Yn moli 'r Iesu hawddgar
 Yn llafar gyda'r llu,
Heb ddim o ôl fy mhechod,
 Ryw ddiwrnod mawr a ddaw,
Ond wedi 'm perffaith olchi,
 Heb frynti ac heb fraw.

CAROLAU.

I.—MESUR, *Sawdl Buwch.*

CYDGANED yr eneidiau
  Sydd dan eu beichiau 'n byw,
    Fod lle rhag llid,
    I'r gwaela' i gyd
  I ddiengyd at ei Dduw ;
Dyferodd ar Galfaria,
  I'r gwaetha' ddwfr a gwaed,
    O'n Hiesu ni,
    I'r llawr yn lli',
  Er golchi 'r dua' gaed ;
A'r rhinwedd sy 'n parhâu
  Yn hynod i lanhâu ;
Llawer llewyg, rhai cythreulig,
  A lloerig mae 'n wellâu :
    Fe wella 'r dyn
    Aflana' 'i lun,
  O'r gwenwyn mawr a ga'dd,
    Sef pechod câs,
    Sy 'n flin ei flâs,
  Gan luddias iddo 'i ladd :
Mae lle i gael gwellâd
  I gleifion ymhob gwlad,
Gerbron yr addfwyn drugareddfa,
  Ond myn'd i'r olchfa rad ;
    Nid dyfroedd tỳn
    Siloam lỳn
  Wna 'r du mor wyn a'r wawr,—
    Budreddi a drîg,
    A dolur dig,
  Heb waed y Meddyg mawr.

Nid rhyfedd fod angylion
  Yn gwaeddi ar ddynion gwael,
    Uwchben y wlad,
    A llef gwellâd,
  Fod Ceidwad wedi ei gael ;
Fe wyddai 'r dyrfa weddus,
  Lu anrhydeddus, da,
    Mai Duw ei hun
    Oedd yno 'n ddyn, `
  Mewn plentyn heb ddim pla ;
  Ac fod ei nôd yn awr
  Am fynu tyrfa fawr
O'r hil syrthiedig, isel, ysig,
  Golledig, uwch y llawr,
    Trwy dd'od ei hun
    I'r ddalfa 'n ddyn,
  A'i wisg o forwyn wael,
    I roddi 'r Iawn,
    Yn llwyr a llawn,
  Oedd gyfiawn i Dduw gael ;
  A'r Aberth mawr a roes
  Yn gryno ar y groes,
A'i fendigedig ymddygiadau
  Yn lân hyd angau loes,
    Oedd yn ddiau
    Yn cwblhâu
  Holl lyfrau 'r nef yn llawn,
    Nes gwaeddi heb gudd,
    O ! rhowch e 'n rhydd,—
  Mi gefais ddedwydd Iawn.

Rhoes natur dyn am dano,
  Yn hòno mae o hyd,
    Ymhlith y llu
    Hyfrydaf fry,—
  Bydd felly 'n barnu 'r byd ;
Edifar fydd i'r diafol
  Mai 'r natur ddynol ddaw
    I'w yru ef,
    Alarus lef,
  Yn drist i ddyoddef draw ;
  Gan dd'wedyd wrthynt, Ewch
  I dân, cydymadewch,—

Gair garw byth !—i'r gerwyn boethaf,
Bwll isaf, ymbellhewch ;
Oddiwrthyf fi
Ni chewch chwychwi
Byth brofi beth yw braint
Cael bod yn byw
'N nghymdeithas Duw,—
Mor siriol yw i'r saint !
Er hyny cyfyd rhai
O'r bedd heb gur na bai,
Ac yna i ganu mewn gogoniant
Y dringant yn ddidrai,
I wel'd yr Iawn,
A'i ddwyfol ddawn,
A'u rhoes yn gyfiawn rydd,
Gan seinio 'i glod,
Hosanna glân ;—
Rhyfeddol gân a fydd !

Rhyfeddol ei ddoethineb,
A'i burdeb heb ddim bai !
Yw 'n Brawd da, gwych
O bryd a gwedd,
A rhinwedd i bob rhai ;
Mae 'r difai Berson dwyfol
Mor annherfynol fawr,
Ei hanfod sydd
A'i undeb Ef
Yn llenwi nef a llawr ;
Ei Dduwdod sy 'n parhâu,
A'i ddyndod yn ddïau,
Yn un Duw hynod, anwahanol,
Ac nid yn ddwyfol ddau ;
Mae 'n Dduw,—mae 'n ddyn,
Hardd, têg, cyttun,—
Er hyny un yw E,
Sef Duw mewn cnawd
Fu 'n goddef gwawd,
Yn hynod dlawd ei le ;
'R hwn bioedd bob rhyw beth,
Heb ddim i dalu 'r dreth—
Y Gŵr wnai 'r bydoedd, yn y beudy
Yn cael ei fagu heb fêth ;

L

Yr Iesu yw,
O! dyna 'n Duw,
I farw a byw o'n bodd!
Fe glwyfodd glol
Y sarff, neu 'i siol,
A'r ddraig uffernol ffodd.

Er bod yn Mair anmhuredd,
A thuedd llygredd llawn,
Ac eto i gyd,
Daeth Duw i'r byd
Yn Iesu hyfryd iawn;
Cnawd o gnawd Mair gymerwyd,
Fe 'i ffurfiwyd, yn ddiffael,
Yn gorff glân, byw,
I amdoi 'n Duw,
A'r cyfryw ddefnydd gwael;
Rhyfeddol, weddol waith,
Y penaf, mwyaf maith,
Oedd gwneyd i'r Duwdod gnawd nodedig,
Yn ddilygredig graith;
Heb nwyd,* heb nam,
Heb feiau 'i fam,
Heb lithro cam o'i le,
Er pob rhyw loes,
O'i gryd i'w groes,
Glân oedd ei einioes E;
Y ddwyblaid anghyttun,
Yn hwn a wnaed yn un;
Crist cyn ymadael a'u cymmododd,
Fe 'u hasiodd ynddo 'i hun;
Trwy 'r pridwerth rodd
Ef ar y pren—
Dileu 'r ysgrifen-law—
Agorwyd drws
Trugaredd rad
I drigfa cariad draw.

Hyn ydyw 'r testun canu,
A llawenychu i ni,
Fod llwybr llawn,
Trwy Iesu a'i Iawn,
In' gael cyfreithlawn fri;

* Heb nwyd lygredig.

Yr Arch a'r Drugareddfa,
 Y Person yma yw,—
  Mae 'r ddeddf o hyd
  Yn gyfa' i gyd,
 Bob ennyd ynddo 'n byw;
 Er bod yn ngwaelod bedd,
 Mewn dalfa, gwaela' gwedd,
A milwyr chwerw i'w gadw gwedi,
 Rhag codi T'wysog hedd;
  Nid allent hwy
  Ei faeddu 'n fwy
 A'u dychrynadwy nerth;
  Ond yn y man
  Fe ddaeth i'r làn
 Er byddin satan serth;
 Ein T'wysog moddog mawr
 Sydd wedi concro 'r cawr,
Wrth brynu eppil eiddil Adda,
 Ca'dd ben Golia' i lawr;
  Cwyd Sïon wan
  Dy lef i'r làn
 I ddadgan clod dy Dduw,
  Crist yw dy blaid,
  A'th rym wrth raid,
 A Noddfa d' enaid yw.

Fe fethodd dyfais diafol
 Gaethiwo yn ol ei nerth,
  Drwy leiddiaid lu,
  Na 'r bedd lle bu,
 I waelu dim o'i werth;
 Rhoes Iesu 'r llew rhuadwy
 O dan ei glwy' a'i gledd;
  Er angeu cry',
  A'r sarffaidd lu,
 Fe godai i fyny o'i fedd;
 Ond rhyfedd iawn y tro!
 Hwn cadwn yn ein co',
Mab i Joseph, o gyff Jesse,
 A dorai 'i faglau fo;
  Y Bugail mwyn
  A ddaeth i ddwyn
 Ei weiniaid ŵyn i'w dŷ;

Fe dyn ei braidd
O blith y blaidd,
Un llariaidd, ato 'n llu ;
Mae 'r Jubili 'n y wlad
Yn seinio pur lesâd,
Y rhai sy 'n credu yn yr Iesu
Sy 'n deulu i'w anwyl Dâd ;
Ein lloches glyd,
A'n hedd o hyd,
Pan fyddo 'r byd ar ben,
A'n cyflawn wledd
Tu draw i'r bedd,
Llawn mawredd oll, Amen.

——

II.—MESUR, *Sawdl Buwch.*

Mae 'n deilwng, ddydd Nadolig,
I'n ganu i'r Meddyg mawr ;
E ddaeth o'r ne'
I'n llun a'n lle,
Do, wele, gyda 'r wawr ;
Daionus, foddus, Feddyg,
Un bendigedig yw—
Sylweddol Iawn
I Dduw, a'i ddawn,
Un cyfiawn, boddlawn, byw,—
Trysorydd ufudd Ior,
'D oes derfyn ar ei 'stôr,
Yn llawn trugaredd a gwirionedd,
Amynedd fel y môr ;
Pob gras, pob dawn,
Sylweddol iawn,
Sy 'n gyflawn ynddo i'w gael,
I'n nerthu ni
Mor frawdol fri,
A gwrando gweddi 'r gwael ;
Darpariaeth arfaeth yw
Rhoi rhadlon Berson byw
I fod yn Llywydd hollalluog,
A Noddfa i'r euog ryw ;

Iachawdwr rhad,
Ar ddelw 'i Dâd,
Am wneyd llesâd i ni,
Trwy dd'od yn ddyn
I'n lle, a'n llun,
O drefniad Un yn Dri.

Holl drysor Duw rhad-rasol,
Yn anfesurol swm,
Yn Nghrist ei hun
A ddaeth i ddyn,
Er lles i'r adyn llwm;
Holl awdurdodau 'r Duwdod,
Er rhoi gollyngdod rhydd
I'r euog rai,
Gan buro 'u bai,
Yn rhwym dan Sinai sydd;
Mae 'r holl allweddau 'n llu,
O ddyfnder uffern ddu,
I agor cloion carcharorion,
Gan Frenin Sïon fry;
Fe all ryddhâu,
A llwyr wellhâu,
Ein holl wendidau ni,
O dan ein nych,
A'n dwyn yn ol
I nefol, freiniol, fri;
Agoriad clymiad clo
Y bedd, neu'r man y b'o
Ein cyrff yn llwch, 'n ol gorphen llechu,
Neu fraenu, 'n unrhyw fro;
Wrth lais ei floedd,
Fe gwyd, ar g'oedd
O'r moroedd, a phob 'man,
Holl ddynolryw,
Yn fyddin fyw,
Pan lefo Duw, i'r lân.

Angylion gwynion, gannoedd,
Dd'ai 'n lluoedd i'r un lle,
I wel'd y Gair
Yn mynwes Mair,
Mewn cynghrair gydag E;

A'r golwg o'r dirgelwch
Wnai 'r fath hyfrydwch fry,
Nes dechreu cân,
Mewn duwiol dân,
Sy 'n ddychryn satan ddu ;
A'r gân a roed ar g'oedd
Mewn grymus, flasus, floedd,
O dan y nefoedd, dônau nifer
O deulu 'r uchder oedd ;
'R ol d'od o dan
Rhyw feudy, 'r fan
Lle 'r oedd y Baban byw
Yn llechu 'n llon,
A'i fryd am fron—
O ! droion dyfnion Duw—
Mor llawen yr äi 'r llu
[Nefolaidd, yno fu]
Yn frwd â'r newydd fry,
'R ol gweled Iesu, 'r goleu D'wysog,
Eu Duw coronog cry',
Mewn gwisgiad gwaith
Yn dechreu 'i daith
I'r rhyfel maith o'n rhan—
Y Cadarn Un
I'n codi 'n ol
I'r nefol fuddiol fan.

Pan aned yr Eneiniog
Coronog, rywiog rad,
'R oedd diafol du,
A Herod hy',
'N ymledu am ei ladd ;
Ond methai 'r brenin moethus,
Er blys cableddus, blin,
Gael T'wysog hedd,
Trwy glwy' ei gledd,
I'w fedd, er grym ei fin :
'R oedd enwog D'wysog Duw,
Twr anwyl dynolryw,
Er lled a dyfais llid y diafol,
Yn annherfynol fyw,
Nes d'od yr awr
I'r Meichiai mawr
I fyn'd i lawr o'i fodd,

Ar bren y groes,
Trwy lymder loes,
A'i einioes yno rodd ;
Ac am mai felly bu
Ein Pen coronog ni
Yn marw 'i hunan,—O mor hynod !—
Fe gaed gollyngdod llu
O'r cyffion caeth,
Llwyr ing, lle'r aeth
Dynoliaeth dan y nef,
Fe welir myrdd
Yn ffoi o ffyrdd—
Hen groesffyrdd—uffern gref.

Mawr sôn f'o yn bresennol
Am Berson dwyfol, byw,
Sy 'n fawr ei fri,
'N ein natur ni,
I'w ei addoli 'n Dduw ;
Mae 'n Berson union enw,
Yn hwnw boed ein hawl
O ! de'wn i'w dŷ
Mewn cariad cu,
I fynu canu i'w fawl ;
Ei fawl a'i hawl ei hun,
A ddylai pob rhyw ddyn
Ei roddi 'n beraidd heddyw 'r boreu,
A'u tônau yn gyttun ;
Dyrchafu 'i glod
Yn uchaf nôd
Tra caffom fod yn fyw,
'R un llef a'r llu
Sy 'n frawdol fry
Yn anrhydeddu Duw ;
Ni f'asai ond gobaith gwan
Cael llwybr i'n gwellhâu,
Oni b'ai ddyfod Mab i Ddafydd,
O herwydd ein rhyddhâu
Trwy dalu 'r Iawn
Dyledus, llawn,
I Dduw a'i gyfiawn ddeddf,
A phlanu 'n ol
Hoff lun ein Ner,
A'i ras, yn dyner reddf.

III.—MESUR, *Miller's Key.*

Pa galon a ddychymyg
Mor fendigedig fu
Ein hen dâd Adda, mewn dedwyddwch,
Cyn syrthio i d'w'llwych du !
Pan ydoedd draw yn Eden,
Yn rhodio 'r berllen bur,
Dan Dduw yn benaeth, yn ddi-boenau,
Heb un o'i seigiau 'n sûr !
Fel llestr lliwgar llawn,
O nefol ddwyfol ddawn ;—
I Frenin nef yn ufudd,
Heb ofn, na chur, na cherydd,—
O drigfan ddedwydd iawn !
A'i ddrych yn wych ei wedd,
Mewn cymmod hynod hedd
A chyfraith ei Grëawdwr,—
O dyna ddedwydd gyflwr !—
Heb lwgr yn ei wledd.

'R oedd yn grëadur tirion,
A chyson berson byw ;
Un sanctaidd, cyfiawn, enaid uniawn,
Yn llawn o ddawn ei Dduw;
Heb d'w'llwch yn ei ddeall,
A'i gof yn ddiball, dda,
Cyn gwneyd un achos i'w gwanychu,
Drwy blygu i unrhyw bla ;
A'i 'wyllys hwylus ef
Yn un â deddfau 'r nef;
Ei serch a'i bur gydwybod,
Yn lân oddiwrth eilunod,
Ddull hynod, yn un llef ;
Bu 'n gyfryw, am ryw hyd,
Yn benaeth ar y byd,
A'r crëaduriaid mudion
Oll, fel dewisol weision,
Yn gyson iddo i gyd.

Ei galon yn cyfateb,
I wyneb cyfraith wèn,
Yn bur mewn bwriad, ac ymddygiad,
A'i lygad yn ddi-len ;

Nid oedd o'i fewn dueddiad,
Nac un gogwyddiad gau,
Oddiwrth y rheol ddifai, ddwyfol,
A roed i dduwiol ddau ;
'R oedd Adda gyda 'i Dduw,
'N gyfeillion boddlon byw ;
Nid oedd un dau tebycach
I'w gilydd, diogelach,
Na rhyddach o un rhyw ;
Ni roddodd Duw ar un
Mo 'i ddelw, loew lun,
Nac angel tawel, diwall,
Nac un crëadur arall,
Hawdd deall, heblaw dyn.

Er hyn y dyn a dynwyd
I'r rhwyd, andwywyd ef,
Yn wael grëadur, mor lygredig,
Do, 'n unig dan y nef ;
Ai 'n llwyr ddiallu, hollawl,
Na feddai hawl i fyw
O fewn terfynau daear, diau,
Ond melldith deddfau Duw ,
I'w deulu bu yn ben,
Fel ceinciog, brigog, bren ;
Ei fonyn pan ddifwynwyd,
Y blagur oll a blygwyd,
Anafwyd dan y nen ;
Fe ddaeth ei drosedd ef
I ni, o dan y nef,
I fod yn gyfrifedig,
A'n nodau 'n rhai damnedig,
Gwall unig, ac un llef.

Pwy all ddych'mygu hefyd
Faint oedd ei adfyd ef,
Tra bu ar ddibyn pur ddiobaith
Gwlad grym gelyniaeth gref?
Yn lle byw yno 'n benaeth,
Ag etifeddiaeth fawr,
Aeth yn wrthunaf, do, a duaf,
A llymaf ar y llawr ;
Mor dlawd na feddai i fyw
Anrhydedd o un rhyw,

Na hawl i un rhagorfraint,
Ar ol gwneyd camwedd cymaint,
  Ond tân digofaint Duw;
  O! 'r fath adfeiliad fu,
  Gwneyd enaid canaid, cu,
Yn bydew anwybodol,
I gynnwys yn drigiannol
  Hen dom y diafol du!

Wrth ddewis myn'd yn dduwiau,
  Trwy dori geiriau Duw,
Aent megys dieflig lun mileinig,
  Ac angharedig ryw;
  Y deall oedd yn oleu,
  Aeth dan gymylau mawr;
Y serch a'r 'wyllys yn druenus,
  Wylofus, syrthiai i lawr;
  Cydwybod, hynod iaith,
  Fu 'n swyddog miniog maith,
Ei swydd a'i gallu gollodd,
Diammheu, pan godymodd,
  Y gwywodd yn ei gwaith;
  A'r cof fu 'n llestr cu,
  Un teilwng, yn y tŷ,
Yn llawn o'r iawn wirionedd,
Ai 'n lletty mawr anmhuredd,
  Lle i bydredd—felly bu.

Ac yn y cyflwr hwnw,
  Heb ddim ond marw mwy,
Nac un lle i ddiengyd yn ymddangos,
  Oedd yn eu haros hwy,
  Y clywent yn eu hymyl,
  Ryfeddol, syml, sain,
Yn llawn o gariad Duw yn dŵad,
  A'i rhediad at y rhai 'n;
  Yn lle 'u condemnio i dân,
  A'u heppil heb wahân,
Addawai o'r wraig rywogaeth,
Wych dirion iachawdwriaeth,
  O'i benarglwyddiaeth glân;
  A hwn yn grwn yw 'r Graig
  A ddrylliodd ben y ddraig,

A droes dueddiad Adda
O ltn y rheol lana',
 I wrando ar Efa 'i wraig.

Yn nghanol ei anghenion,
 A'i ofnau cryfion ef,
Ca'dd air heddychol oddiuchod
 A dorai 'i gryndod gref,—
Fod modd cyfodi Meddyg
 I'r archolledig llwm,
Oedd gwedi 'i 'nafu, a gwneyd tangnefedd
 Er maint y trosedd trwm ;
 Er dyfned yr aeth dyn,
 Aeth gair Jehofa 'i hun
Yn dyner oddidano,
I'w addfwyn ddwyn oddiyno,
 A'i hwylio ato 'i hun ;
 Hon oedd yr adeg rydd
 I fwriad cariad cudd,
Trugaredd a thosturi,
Gael d'od i lawn oleuni,
 A d'ioni, yr un dydd.

Ond rhyfedd fel bu trofa
 Ar Adda wael a'i ryw,
Er maint ei flinder a'i aflendid,
 Pan ddaeth addewid Duw ;
Fe gadwyd yr ergydion
 Oedd gyfion iddo gael,
I'w rhoi ar Iesu er talu 'r ddyled,
 Iawn am y weithred wael ;
 A thalu er hyny 'n rhwydd,
 Yn llawen, gyda llwydd,
Er cymaint a ddyoddefai,
Yn fanwl Crist a fynai,
 Fe safai at ei swydd ;
 Ei ddryllio ef oedd raid,
 Neu codi dyn nis caid
O'r domen lle codymodd,
A'r dreigle lle 'r ymdreiglodd,
 A llygrodd yn y llaid.

Mae genym sail i ganu
 Fod Iesu efo 'i Dâd,

Ar ei ddeheulaw wir ddihalog,
　　Llawn swyddog, i'n llesâd ;
Cawn wel'd ein Canol-ŵr,
　　A'n mawr Gyfryngwr fry,
Fu 'n dyodde' 'i guro 'n annhrugarog
　　Dros wael, ddyledog, lu ;
　　Am glwyfau Iesu glân,
　　Fe 'i mola fawr a mân ;
　Am gefn yn gŵysau hirion,
　Ei waed, a'i addewidion,
　　Caiff foddlon, gyson, gân ;
　　Mae 'n Frenin mawr ei fri,
　　Yn Frawd fe wnawd i ni ;
Trwy 'i dywydd cerddai 'n dawel,
Yn ddigoll wir ddiogel,
　　I ryfel Calfari.

　Ac yn y rhyfel hwnw,
　　Wrth farw, gwnaeth Efe
Y ddeddf elynol mor addfwynaidd,
　　A llariaidd yn ei le,
　I dderbyn a rhydd arbed
　　Y rhai a gred i'r hwn
A'i hanrhydeddodd dros had Adda,
　　I'w dwyn o'r grynfa 'n grwn ;
　　Hi ddŵg yr euog rai,
　　Heb wgu, am eu bai,
　At D'wysog y tangnefedd,
　I brofi 'r Iawn a'i rinwedd,
　　A'r sylwedd pur a sai' ;
　　Am hyny at Iesu awn,
　　Y bendigedig Iawn,—
Yn ben, Amen, dymunwn,
A'n Ceidwad, ynddo cydiwn,—
　　Meddyliwn am ei ddawn.

———

IV.—MESUR, *Miller's Key.*

MAE 'n bryd i'r byd arbedol,
　　Trwy siriol fywiol fodd,
Ddeffröi i unol gymhwys ganmol
　　Duw, am ei rasol rodd ;

Fe roddodd bob arwyddion
  Mai Arglwydd tirion yw,
Er maint o bechu gwyneb uchel,
  A rhyfel, sy 'n mhob rhyw:
  Rhoi bywyd yn ein gwaed,
  Ac einioes hir a gaed,
  I guro am drugaredd,
  A daear, yn ddiduedd,
    Ond rhyfedd, dan ein traed!
    Un da o hanfod yw,
    Hollddoeth, alluog, Dduw;
Gwnaeth gorff o bridd daearol
Yn dŷ i enaid dynol
  I oesol, fythol, fyw.

Addurnai 'r dyn â doniau,
  Synwyrau 'n ddiau ddeg;
Fe 'i lluniai 'n gywrain, llawn o gariad,
  Yn hardd adeilad dêg;
  Gwnaeth beth o'r pridd yn esgyrn,
  Rhyw gedyrn addurn ŷnt,—
Croen, cnawd, gwythenau, gwinedd, g'wynau,
  Fel gemau nefol gynt;
  Rhoi llygaid yn ei ben,
  I wneyd yn oleu 'i nen,
Dwy golofn dyner dano
O bridd i'w gywrain gario,
  Rhag ofn dolurio 'i len;
  A'i ddelw ar hwnw rhoes,—
  Ond rhyfedd fel y troes!
Ca'dd godwm melldigedig;—
I'w Geidwad bendigedig,
  Yn debyg dim nid oes.

'R oedd gwneyd crëadur felly
  Yn dangos gallu Duw,
Wrth lunio priddell yn ystafell,
  Neu 'n babell enaid byw;
  Ond myrdd mwy gwerth y gwyrthiau,
  Oedd agor dorau 'r dydd,
I ddyn o'i d'w'llwch ddyfod allan,
  Yn meddiant satan sydd;
  Duw 'n edrych iddo 'i hun,
  Am lwybr têg ei lun,

I faddeu yn wirfoddus,
A chadw dyn pechodus,
  Oedd yn resynus un ;
  A hyny, felly, fu,
  Wrth reol freiniol fry ;
Darparu Gŵr i'n gwared,
Diogel a bendiged,
  Drwy dalu 'r ddyled ddu.

A hwnw 'r Person hynod,
  Ail yn y Drindod draw,
A oedd yn unig un wnai gynnyg,
  A'i anffaeledig law,
Fyn'd i ddeddf-le pechadur,
  I ddyoddef gwewyr gwae,
I Dduw yn Iawn, a hedd i ninnau,
  Trwy attal ffrydiau 'r ffrae ;
  Ac felly daeth Mab Duw,
  Y Person boddlon, byw,
Sydd fythol holl-gyfoethog,
Yn ddyn tylawd, dyledog,
  Er cadw 'r euog ryw ;
  A thrwy ei dlodi Ef,
  Mae lluoedd yn un llef,
Oes, filoedd yn ei foli,
A ga'dd eu cyfoethogi,
  'N aneiri' yn y nef.

Llu uffern a'i holl offer,
  Fu 'n arfer medr maith,
Er llidio 'i ras, a lladd yr Iesu,
  Cyn cael diweddu ei waith ;
Ei waith oedd faith arfaethiad,
  Hen drefniad Un yn Dri,—
Sef yfed gwenwyn colyn caled,
  Er mwyn ein harbed ni ;
  Ond er eu hymdrech hwy,
  'R oedd Duw 'n anfeidrol fwy
Nag uffern a'i chasineb ;
Hi ga'dd i dragwyddoldeb,
  Mae pob eglurdeb, glwy' ;
  Clwy' rhyfedd ei barhâd,
  O'i meddwl ni ymâd ;

Bydd byth yn oesi 'n ysig,
Ni chaiff na modd na meddyg,
Na chynnyg un iachâd.

Gwnaeth angau, yntau, antur,
I ymladd brwydr iawn,
Er mwyn dwyn Iesu dano isod,
Do, 'n hynod un prydnawn ;
Ond methodd a'i rym eitha'
Ei ladd trwy 'r gurfa gerth,
Nes rhoddai 'n fwyn ei oes i fyny,—
Nid am wanychu ei nerth ;
'R oedd perffaith rym a threfn,
I'w chym'ryd hi drachefn,
Pe b'asai 'r ddaear bwysig,
Ei phridd o'i chwr, a'i cheryg,
Oll ar ei gwysig gefn :
Ei fath erioed ni fu,
Drwy dalaeth angeu du,
Agorai 'r dorau dyrys,
Daeth allan wrth ei 'wyllys,
Yn rymus, bwylus, hy'.

Fe 'speiliodd awdurdodau
Y t'wysogaethau i gyd ;
Bu 'n drech na'r ffyrnig lu uffernol,
A'i holl elynol lid ;
Aeth drwy lywodraeth angau,
I agor clöau clwm,
Oedd ar ei ddorau mawr cynddeiriog,
A'i ddyffryn lleidiog llwm ;
I'r Edom hon yr aeth,
Fel gŵr dan afael gaeth,
A'r trydydd dydd dedwyddol,
Dangosai 'i allu 'n hollol,
Dyrchafu 'n ol a wnaeth ;
Fe dorai glöau 'r glyn,
Du, erchyll, tywyll, tyn ;
Pob math ar ddyn sydd yno,
. O ddyffryn angeu 'n ddeffro,
Ryw foreu eto a fyn.

A dyma sail a sylwedd
Pob gwir orfoledd fu,

Er dyddiau Adda 'n dwymn hyd yma,
　　Mawl i'r Messiah sy';
　A'i foliant sy 'n cynnyddu,
　　A byth chwanegu wna,
I dragwyddoldeb yn ei burdeb,
　　A rhwydd-deb, fe barhâ;
　　Y gwaith a wnaeth E 'n wir
　　Draw yn Judea dir,
　O Bethle'm i Golgotha,
　A gaiff ei felus goffa,
　　Mewn haleluia hir;
　　Gorchfygu gwên a gŵg
　　Y byd tra enbyd, drwg,
Yn ngolwg yr angylion;—
Yr eglwys o'i pheryglon
　　Yn dirion Ef a'i dŵg.

I hwn bu 'r holl brophwydi
　　Yn hir yn gweini i gyd,
Gan ddwyn tystiolaeth oleu, helaeth,
　　Yn berffaith yn y byd,
　Y derbyn pawb a gredant
　　Faddeuant, yn ddïau,
O'u holl anwiredd traws, a'u trosedd,
　　Sy 'n ffiaidd i'w goffâu;
　　Pwy bynag sydd yn byw
　　Dan ddyled mawr i Dduw,
　Crist ydyw drws maddeuant,
　Ac uniawn ffordd gogoniant,
　　Pur haeddiant, i bob rhyw;
　　Mae 'n ffordd i weddi wan
　　O'r galon lesg i'r làn,
　A ffordd i ras yn wresog
　I ddisgyn, yn ddiysgog,
　　I'r fynwes, euog fan.

Fe genir am y goncwest
　　Yn onest yn y nef,
A ga'dd ei fawredd ar Galfaria,
　　Wrth wledda gydag Ef;
　Am gloi Gehena 'i hunan
　　Ar satan, er ei swyn,
Ac agor nefoedd i gynifer,
　　Lân, dyner le, i'w dwyn;

A ffynnon i'w choffâu,
Un hynod, i'w glanhâu
Oddiwrth eu mawr anmhuredd,
Er maint eu rhif, mae 'n rhyfedd,
Ei rhinwedd sy 'n parhâu ;
Bydd lluoedd yn un llef
Yn bloeddio, Iddo Ef
Y byddo 'r mawl tragwyddol,
Amen, Amen dymunol,
Yn unol yn y nef.

V. MESUR, *King's Farewell.*

YN awr yw 'r amser cymeradwy
I ni, bob un, ymofyn mwyfwy
Am gaffael buddiol adnabyddiaeth
O Dduw, a'i dirion iachawdwriaeth ;
Mae cael dadguddiad rhad yn rheidiol
O Iesu mawr, ac eisieu ymorol
      Am brofi blâs,
      Trwy ryfedd ras,
      Priodas ysbrydol,
Yn denu 'r fynwes yn dufewnol
I garu 'i bethau cywir bythol ;
Mae clywed sôn am union eni
Mab Duw 'n fab dyn o'r Forwyn Fari,
      I'r euog ryw
      Fel enaint yw,
      Fod heddyw gyhoeddi
Iawn drefn y gall dyn wedi 'i golli
Gael un yn Geidwad i'w ail godi.

Y clod, y mawl, parch, a gogoniant,
I Dduw y rhodder ei wir haeddiant ;
Rhoes i ni sail am ail ymweliad
I'n codi o feirw, ac adferiad ;
O'i ras yn ddiau rhoes addewid
I'n codi o flinder ac aflendid,
      Trwy Grist ei hun,
      A ddeuai 'n ddyn,
      Rhyfeddol un a enid ;

M

Cydgadwn blygain iawn o'i blegyd,
Gan ei addoli, hyny a ddylid ;
Angylion gwynion hylaw ganent,
Ac ar eu hadain yr ehedent
  O'r nef i lawr,
  Yn fyddin fawr,
  Cyn y wawr cynniweirient ;
Gwir destun heddwch a gyhoeddent,
Duw 'n ddyn, yn ddilai, iawn addolent.

'R oedd ser y boreu 'n siriol barod
I droi a cheisio edrych isod,
Hyd nos, i'r byd, yn nês i'r beudŷ
Lle bu 'n Hanwylyd yn ei wely,
I wel'd ei ryfedd annedd yno,
A'i Dduwdod gweddus wedi ymguddio
  Dan lèn dylawd,
  Gwan, isel gnawd,
  Fel gwasgawd i'w gwisgo ;
Hawdd i ni ateb, ynddi eto,—
Mae 'n Duw, byw Geidwad, heb ei gado ;
Er dryllio 'i wisg, sef ei ddynoliaeth,
Gan ryw fileiniaid, o elyniaeth,
  Fe wnaeth yn hon,
  Wr llariaidd, llon,
  Wych dirion iachawdwriaeth ;
Ca'dd wir a chyfan oruchafiaeth,
Gan faeddu 'r gelyn—fuddugoliaeth.

Fe dd'ai 'r llu nefol oll yn ufudd,
A llon, i'w weini mewn llawenydd,
Er nad naturiaeth yr angylion
A ro'i am dano, ond natur dynion ;
O'r blaen ni cha'dd y nefol gwmni
Ei wel'd na'i ddilyn i'w addoli,
  Mor wael ei wisg
  Yn d'od i'n mysg,
  I'w hyddysg gyhoeddi,
Ar ol modd brawdol ymbriodi
A'r natur ddynol,—O ddaioni !
Mae 'n beth na welir byth ei waelod,
Sef cael dyn bychan glân, dibechod,
  Gwir gorff i'r Gair
  O'r Forwyn Fair,

Y pur Air Dwyfol parod
Mewn gwaela' man, gwnai gwlwm hynod
Na fedrodd eto neb ei ddattod.

Trefn ryfedd iawn, yn llawn callineb,
Oedd i gyfiawnder, dda gyfundeb,
A phur sancteiddrwydd, arwydd wrol,
Gael modd i gyfiawnhâu 'r annuwiol,
Heb dynu cwmwl, na dwyn camwedd,
Mwy ar ei enw na'i wirionedd,
  Neu glwyfo clod,
  Anharddu nôd,
 Un deilwng briodoledd,
Drwy in' agoryd ei drugaredd,
A'n hanwyl wared o'n hanwiredd ;
Ond myrdd a fydd yn ei ryfeddu
Am agor drws i'n gwir ddad-dd'rysu,—
  Drwy ryfedd ras,
  Gwneyd gelyn câs,
 Yn addas i anneddu
Mewn pur Gaersalem, heb iselu
Ei fawl ei hun wrth wneyd fel hyny.

Rhoi 'r haul a'r lleuad yn eu lleoedd,
A siriol nifer ser y nefoedd,
Sy 'n dadgan mawredd anghymharol,
Duw hunan-fedrus, da, anfeidrol,
A dynai allan o dywyllwch
Y wawr-ddydd goleu,—O ddirgelwch !
  A'r ddaear hon,
  Fawr gruglwyth gron,
 Faith eigion, a'i thegwch,
Heb ddefnydd, un briwsionyn, synwch !
I wneyd creadur,—hynod, credwch !
Dim ond d'weyd gair uwchben y gwagle,
Hen bur ddu geulan, Bydded gole' !
  Ac felly fu,
  O'r t'w'llwch du,
 Dywynu y wawr denau :
Duw gyda gair a bair y borau
Ryw fynyd yn fy enaid innau.

Ond gwaith hynotach na hyn eto,
Gwneyd pridd yn ddyn, a'i buraidd ddonio
M 2

A gwir wybodaeth helaeth, olau,
Yn gyfiawn, sanctaidd, megys yntau;
Rhoi ynddo enaid oedd ddiana',
Cynneddfau 'n barod i'w ddeddf bura',
  A'i cadwai i gyd
  Yn hardd o hyd,
   Wych hefyd, a chyfa';
Diau nad oedd yn enaid Adda
Na gwŷn na lliw y gwenwyn lleia';
Cysylltu corff o bridd daearol
Ag enaid drud, dwys bryd ysbrydol,
  Oedd beth o bwys,
  A ddeil yn ddwys,
   Yn gymhwys i'w ganmol,—
Dau sylwedd hynod o wahanol
Yn rhwym i garu mor rhagorol.

Nid ydyw gwaith y grëadigaeth
Ond bach mewn mawredd a chymhariaeth
I'r gwaith a wnaeth o breseb Bethle'm
Hyd ei groeshoeliad wrth Gaersalem,
Sef gwir heddychu Duw oddiuchod
A dyn, oedd soflyn, ûsyn, isod,
  Gan ddwyn yn ol
  Un ffiaidd, ffol,
   Sy 'n fuddiol ryfeddod
Er maint ei gamwedd, eto i gymmod,
A'i fyfyrdodau efo 'r Duwdod;
Rhoi eiddo satan dan gondemniad,
Gwneyd ffordd i ladd ein ffiaidd leiddiad,
  Boddloni 'r ddeddf,
  Drwy rymus reddf,
   Pob cynneddf byw amcaniad,
Byw 'n wir ddilwgr, hardd olygiad,
A marw 'n gyfrwng—deilwng daliad.

Draw, gwedi i ddiafol gael goddefiad,
Gwnai 'r fath anharddwch, faith anurddiad,
Ar enaid goleu, a'i ddirgeloedd,
Troi 'n 'steddfa 'r fall trwy 'r ystafelloedd;
Cynneddfau puraf eu pŵerau,
Oll fel eu gilydd, fu 'n llawn golau,
  Di-warth, di-ŵg,
  Heb drais na drwg.

Fel hynod amlwg demlau
I Dduw a'i sanctaidd, iraidd, eiriau,
Ai 'n noethaf drigias nyth y dreigiau ;
Ac wedi i Belial godi ei balas,
Neu gael rhyw ddynol fel rhydd ddinas,
Fe gasglai 'n nghyd
Ei gwmni i gyd,
Cadernid ei holl deyrnas,
Lu melldigedig, dieflig, diflas,
Er cadw 'i feddiant yn gyfaddas.

Ond bendigedig f'o 'n byw Geidwad,
Am hardd a chyfiawn wir ddyrchafiad
I wael grëadur mor lygredig
Ar ol ei godwm halogedig ;
Rhoi iddo ddiwael rydd addewid,
Yn rhad, i fawredd yr adferid ;
A satan syn,
Mewn dalfa dyn,
Yn y gadwyn a gedwid ;
Ar hwn a'i dylwyth y dialid,
A'i ben erchyllaf a archollid,
A'r hen addewid hon a ddeuodd
Mewn hynaws gariad, hi esgorodd
Ar Un a roes
I satan loes,
Draw eisoes, a'i d'rysodd ;
Duw a'i ddeddf lanaf a foddlonodd,
Crist âg un aberth a'i gwynebodd.

A chanu 'r ydym am Waredydd ;
O ! aed ei glod ar hyd y gwledydd ;
Hwn ydyw 'r Angel, uchel achos,
A'i swydd unigol sydd yn agos
I rwymo satan yn y gerwyn ;
Mae 'n nefol Geidwad efo 'i gadwyn,
Yn d'od i'w daith
Ryfeddol faith,
Fe gilia iaith y gelyn,
I'r drws diobaith, dros y dibyn,
A'i holl beiriannau, bob yn ronyn ;
Ac er i'r ddraig ymgynddeiriogi,
Mae Duw, i raddau, wedi ei roddi

Yn ís yn awr,
Na fêdd ef fawr
Le i gynnwys sawr drygioni,
Ond llyn ei beirwal, lle mae 'n berwi ;
Amen,—I ddynion mae 'n ddaioni.

———

VI.—MESUR, *Difyrwch Gwŷr y Gogledd.*

CLYWCH lais ac uchel lef,
Tôn telynorion nef,
I'r Baban byw,
Oen Duw, pan aned Ef,
Yn seinio islaw 'r ser
Nadolig bwysig, bêr,
Gân beraidd flâs,
Tôn addas foliant Nêr ;
O ! 'r llu nefolaidd weddaidd wawr
Fu 'n gwel'd eu Brenin, fyddin fawr,
Yn sugno bronau 'i blentyn,
Sef llwchyn gwael y llawr ;
Ac wrth wel'd hwnw a'i enw Ior,
A'i air amgylchai ymylau 'r môr,
Yn gwisgo 'r natur ddynol,
Fe ganai 'r nefol gôr.

Gwel'd Barnwr mawr y byd,
Y Gair gan Fair yn fud,
Y Gŵr a'i gwnaeth,
Yn cael magwraeth cy'd,—
Ei fagu i drechu draig
Ar rinwedd bronau gwraig,
Troi 'r llwch yn llaeth,
Er cryf fagwraeth Craig,—
Fe synai 'r nefol, Iesol, lu,
Am wisgo 'u Brenin yn y bru
Mewn corff o bridd daearol,
Y natur ddynol ddu ;
Ar y rhyfeddod hynod hyn,
Mae 'r nefol gwmni 'n sylwi 'n syn,
Sef geni, marw, a chladdu
Duw 'n mysg ei deulu 'n dyn.

Cydunwn ninnau 'n awr
Yn moliant Iesu mawr,
  A'r dyrfa hon,
Drigolion llymion llawr,
Am dd'od o'n Meichiai mwyn
I'r ddalfa, caetha' owyn,
  A'i gadarn fraich
O dan ein baich i'n dwyn ;
Pan ddaeth Eneiniog doeth y ne'
I'r groth, daeth Sinai gydag E,
  I wel'd a ddiangai 'n Prynwr
  Rhag llwgr yn y lle ;
Ond Iesu 'n cadarn D'wysog cu,
Wrth ymladd brwydr, yn y bru
  Aeth dan ein pechod gwreiddiol,
  Er gwaetha' 'r diafol du.

'N ol medru o'r gelyn mawr
Gael dyn mewn mynyd awr,
  Sef Adda a'i ryw,
'N elynion Duw i lawr,
Gan lygru a drygu drych
A gwedd yr enaid gwych,
  Gwnai 'r neuadd lân
Yn weithdŷ satan sych ;
Ac wedi bwrw delw Duw
O'r enaid perffaith, lanwaith liw,
  Ei hunan daeth y gelyn
  Yn ben ar bob dyn byw ;
Gan ddwyn drachefn ei ddodrefn ddu,
Ac anghlod tost, i gonglau 'r tŷ,
  Hen deml Duw ei hunan
  Yn neuadd satan sy.

Ein codwm, cwlwm câs,
A lanwai 'r ddaear lâs,
  O lîn i lîn,
A phläau blin eu blâs ;
Marwolaeth ar bob dyn
A ddaeth o gamwedd un ;
  Llu 'r ddaear sy
Oll wedi llygru eu llun ;
Pob rhyw grëadur, eglur, aeth,
Ei ddyddiau i gyd i ddyodde' 'n gaeth,

O achos dyn a'i bechod,—
 O! ddiwrnod chwerw a ddaeth !
O'r anifeiliaid 'r un ni fu,
Na pherchen aden, lawen lu,
 Na physg y môr, heb boenau,—
 Eu swn yn dyoddef sy.

 Ond och ! anfeidrol fwy
 Na sain eu hochain hwy,
  Gwel'd Brenin ne'
 Yn gleisiau dan ei glwy'!—
 Yr unig bwysig ben,
 O'r bru, heb lygru ei lên,
  A ddaeth i'r byd,
  A'i wisg i gyd yn wên !—
Y Gwr â'i lef, rhagorol un,
A gwyd y meirw 'n loew lun,
 Ar bren y groes yn marw
 Ar ddelw anwir ddyn !
Ond er ei farw—gwyn ei fyd
Yr enaid dua', gwana', i gyd,
 Sy 'n ffoi, er maint ei feiau,
 I'w freichiau â'i holl fryd.

 Gan eni o Fari 'n fyw
 Ddyn sanctaidd, ryfedd ryw,
  Er maint eu bai,
 Fe ddygir rhai at Dduw ;
 Mae i'r euog ofnog un,
 Flinderog, lwythog, lun,
  Rhag dwyfol lid,
 Le i ddiengyd, waelaf ddyn ;
I'r euog rai dan Sinai sydd,
Anrhegu wnaeth yr Arfaeth rydd
 Drysorau a dalai 'n dyled,
 I'r ddeddf, ar doriad dydd ;
A hwnw yw 'r anrheg fwyndeg fawr,
Gan Fair a welwyd efo 'r wawr,
 Sy 'n cynnwys pob trysorau,
 Mae 'n llenwi nef a llawr.

 Daeth perlau 'r nef yn awr
 Mewn Blwch o lwch i lawr ;
  O fewn i hwn
 Ca'dd myrddiwn eiddo mawr ;

Pob bendith fwya' 'i budd,
   Er rhoddi 'r caeth yn rhydd,
      Anfonai 'r Tâd
   Dan gauad hwn yn gudd ;
Ond wrth ei guro a'i ddryllio 'n ddrud,
Ei werthfawr berlau ddaeth i'r byd
   I gyfoethogi tlodion,
      Oedd ddynion meirwon mud ;
Ca'dd aml fyddar, glauar, glyw,
A dall ei olwg, amlwg yw,
   A llawer enaid marw
      Ail wisgo delw Duw.

   Daeth perl maddeuant pur,
   Am bechod, sorod sur,
      Trwy Grist i'n rhan,
   O dan yr hoelion dur,—
   Perl hynod cymmod caed
   Drwy ei rinweddol waed ;
      Dwyn gelyn ffol
   At Dduw yn ol a wnaed ;
Cael dyn yn rhydd, o dan y rhod,
Oedd pwrpas grasol, nefol nôd,
   Dyfodiad Crist i feudy,—
      Mae gwaith rhyfeddu i fod !
Rhoi 'i gefn i'r curwyr, gleiswyr glew,
A'i gernau i'w rhwygo wrth blycio 'r blew,
   Rhwng torf o blant diafol,
      Yr hen elynol lew.

   D'ai 'n Meichiai ymhob man
   Drwy 'r rhyfel ar ein rhan,
      A'r gwaith i gyd,
   Er pawb a'i lid, i'r làn ;
   Er grym holl uffern gref,
   A'i thwyll, ymlaen aeth Ef,
      Boddloni wnaeth
   Hen arfaeth Brenin nef ;
Rhag coron ddreiniog, lidiog loes,
Na 'r cleddyf llym, mewn grym, na 'r groes,
   Na gw'radwydd mawr a phoeredd,
      Maith, ryfedd, Ef ni throes ;
Am hyny, cyflawn Iawn yw Ef
Dros dorf aneirif yn y nef—

Ein Duw a'n Noddfa dawel,
  Mae 'n Graig ddiogel gref.

A hyn i gyd a ga'dd
Pechadur, eglur radd,
  Drwy 'r Meichiai o'r ne'
Ga'dd yn ei le ei ladd;
Ni thaled dyled dyn
Nes hoelio Crist ei hun,
  A'i werthu, o wawd,
I'w ladd yn dlawd ei lun;
Dan lid gelynion creulon, croch,
Fe fu o'i fodd, ni dd'wedodd, och!
  Er fod, gan waed a gofid,
  Ei gorff i gyd yn goch;
Ond o'i fawr ing, a'i gyfyng gur,
D'ai moddion Meddyg, pwysig, pur,
  I ddyn, 'n ol bwyta pechod,
  Sy 'n safio 'r dincod sur.

Ein Prynwr, ar y pren,
A wnaeth y ffordd i'r nen;
  O'r nefoedd fawr
I'r llawr, fe rwygai 'r llèn;
Fe dorodd T'wysog hedd
Holl glöau a barau 'r bedd,
  Lle i'r nefol had
Fyn'd adre' i wlad y wledd;
Ond uffern boethaidd, ffiaidd ffau,
Drwy ddirfawr gur, a ddarfu gau,
  Gan gario fry 'r agoriad,
  Mae 'r rhwymiad yn parhâu;
Ond cael ein]Barnwr i ni 'n ben,
I'n dwyn yn llwyr tu mewn i'r llèn,
  Yn ngwyneb angeu chwerw,
  Ni a waeddwn,—Marw, Amen.

———

VII.

Hen gariad rhediad rhydd,
  Am agor dorau 'r dydd,

Oedd megys môr
Er 's talm, yn 'stôr,
Yn nghalon Ior yn nghudd ;
Sef codi a dodi dyn,
O'i boenus warthus wŷn,
Uwch uffern gref,
Wylofus lef,
I'w heddwch Ef ei hun ;
A rhoddi rhan
I'r gwelltyn gwan
Yn Nuw ei hunan hawl ;
Gwnaed oll i'r dyn,
Heb geisio 'i hun
Un mymryn ond y mawl ;
A theilwng iawn
I'r Llywydd llawn
Gael yn dêg lawn ei glod—
Creawdwr cry'
A'n Ceidwad cu,—
O ! bydded felly i fod.

O ! dyma 'n Noddfa ni,
A'n Craig, a wrendy 'n cri,
I'n dwyn yn nês,
Rhag grym y gwres,
I fewn ei hachles hi ;
Ofn angau, diau, daw
Fel lleiddiad f'o gerllaw
Mewn trais i'n trin,
A'i floedd yn flin,
Fel dreigiau oddidraw ;
Ond wele un,
Sef Mab y dyn,
A dynai 'i golyn du,
Er maint ei fost
Fel taerwr tost,
A swn ei ymffrost, sy ;
Ond brenin braw,
A dramwy draw,
Ga'dd braw' y daw y dydd
I'r llu sy 'n awr
Yn llwch y llawr
O'u rhwymau mawr yn rhydd.

Boed parch a chyfarch hir,
Sef mawl sylweddawl, wir,
 I'r Drindod lân,
 Yn ddiwahân,
Fel tân yn llenwi 'n tir;
Gogoniant, moliant mawr,
F'o 'n llenwi nef a llawr,
 Am Feddyg da,
 A'n llwyr wellhâ,
Hwn yw ein noddfa 'n awr;
 Yr hyn a wnaeth,
 Yn ddyn pan ddaeth,
Yw 'n hiachawdwriaeth ni;
 Eisteddfa 'r 'stôr
 Wnai 'r Iawn i'r Ior
Ar ochr Calfari;
Ef faeddai'r fall—
 Hen demtiwr dall—
Hawdd deall mai Mab Duw
 Oedd ar y groes,
 Dan lymder loes,
Fe brofwyd eisoes yw.

Angylion llon yn llu
Fu 'n cyfarch Iesu cu;
 Y dyrfa lân,
 Llawn dwyfol dân,
Dd'ai 'n frwd o'r Ganaan fry,
I'w wel'd E 'n dechreu 'i daith,
Ryfeddol, fuddiol, faith,
 I'n dwyn i'w dŷ,
 I'r nefoedd fry,
Er gwaedu efo 'r gwaith;
 A'i waith yn wir
 Oedd dwyn i dir
Tangnefedd hir ryw had,
 Sef dynolryw,
 Oedd bell yn byw,
'N elynion Duw ei Dâd,
 Gan wneuthur Iawn
 Yn llwyr a llawn
I Dduw, a'i gyfiawn ddeddf,

A rhoi mewn dyn
Tylawd ei lun
Ei ras ei hun yn reddf.

Pan welai 'r dorf eu Duw
Yn faban bychan, byw,
  Mor wael ei wedd,—
  Tywysog hedd
Ar agwedd dynol ryw,—
Y Gair a wnaeth y byd,
Ac oll o'i fewn i gyd,
  'R un wedd a ni,
  Heb rwysg na bri,
Mor wael gan Fari 'n fud,—
  Fe ganai 'r dorf
  O cyn y dydd
Eu hanthem newydd hwy,
  I gyd ar goedd,
  Trwy flasus floedd,
Sy 'n destun miloedd mwy ;
  Canfyddant fod
  Duw glân ei glod
Yn dyfod yno i'n dwyn,
  O'n hoerni 'n nês
  I ryfedd wres
Ei gynhes fynwes fwyn.

Eu hanthem beraidd hwy,
Y teulu glân diglwy',
  Wrth wel'd y wawr
  Yn nesu i lawr
O'r nefoedd fawr yn fwy,—
Gogoniant Duw ei hun,
Ac 'wyllys da i'r dyn,
  Ar glwm mor glos
  Am byth, heb os,
Sy 'n agos fel yn un,
  A lanwai 'r gân
  Oleuwych, lân,
Yn ddiwahân o hyd ;
  Ac felly fydd
  I'r saint y sydd
Iach beunydd uwch y byd ;

Dyrchafai 'r rhai 'n
Eu syml sain,
Cân newydd plygain oedd,
Er d'weyd i ddyn
Fod Duw ei hun
Yn blentyn—dyna 'u bloedd.

———

VIII.—MESUR, *Old Darby.*

POB angel, pob seraph, glân, siriol,
Pob cerub byw, doniol, pob dyn,
Pob math o grëadur rhesymol,
Daearol a nefol, yn un,
Cyhoeddant a dywedant, Da ydyw
Yr Arglwydd Dduw heddyw 'n ddïau ;
Anfeidrol, ragorol drugaredd !
Ei fawredd sy 'n rhyfedd barhâu :
Annogant, a galwant eu gilydd
I'w ganmol o newydd yn awr,
Cydganed pob genau ogoniant,
A thaenant ei foliant yn fawr.

Mae pob rhyw grëadur direswm
A'u hadsain yn gwlwm i gyd,
Yn dadgan gogoniant eu Lluniwr,
Crëawdwr a Barnwr y byd ;
Mae 'r ser mawr eu rhif, a'r lloer hefyd,
A'r haul yno 'n hyfryd un iaith,
Yn dystion o'i nerth a'i ddoethineb,
A rhyfedd gywirdeb ei waith ;
Mae agwedd y rhyfedd fôr hefyd,
Bob mynyd, yn d'wedyd mai Duw
A roes iddo 'r tywod yn derfyn,
A'r niwl tew yn rhwymyn un rhyw.

Er hyn, amryw ddyn rhyfedd ddoniol,
Sy 'n hollol wirfoddol yn fud,
Dewisai fod Duw a'i ogoniant,
A'i foliant, yn bendant o'r byd ;
Caiff pobpeth yn ddifeth oddefiad,
Gan ddynion dideimlad, ond Duw ;

I'w erbyn yn syn ymrysonant,
  Rhag iddo, lle byddant, gael byw ;
Ond rhyfedd amynedd ddymunol,
  Duw 'n dyodde' 'r fath bobl drwy 'r byd,
Heb roddi 'n gyhoeddus eu haeddiant—
  Boed iddo 'r gogoniant i gyd.

Efe lawer gwaith a 'n bygythiai,
  Fel Duw, nad arbedai roi barn ;
Er hyny 'r meirch ffroenig fe 'u ffrwynodd,
  I'w traed nis gosododd ni 'n sarn ;
Bu swn y march coch yma 'n cychwyn
  I Gymru i'n goresgyn, gwir yw,
A'r march du o newyn a ofnwyd,
  Ond draw hwy a ddaliwyd gan Dduw ;
Erioed ni bu 'n Ceidwad byw, cadarn,
  Yn caru rhoi barn ar y byd,
Gwell ganddo mewn cariad ein cyrhaedd
  I dderbyn trugaredd i gyd.

Mae Duw 'n hoffi 'n gweled mewn galar,
  Yn dyfod dan drydar i'r drws,
Hyfrydwch Duw 'r heddwch yw rhoddi
  I ddyn yn ei dlodi 'r gwir dlws ;
Bendithion yn rhyddion fe 'u rhodda,
  Ond hynod o ara' ydyw Ef
I daro, pan ddelo 'n ddialydd
  Ar rai f'o 'n anufudd i'r nef ;
Gwell ganddo roi gwin i rai gweinion,
  Dilladu rhai llymion yn llu,
'Smwythâu rhag ei lethu 'r trwmlwythog,
  A dwyn y blinderog i'w dŷ.

Mae Duw 'n gwrando cwyn publicanod,
  Er cymaint eu drewdod a'u drwg ;
Pan lefant ar Dduw am faddeuant,
  Hwy a'u hadnabyddant heb ŵg ;
Trŷ bobpeth i'w hachub o'u hochr,
  Bydd raid i'r môr agor, mawr rym ;
Mae 'n Feddyg mawrfrydig i'w frodyr,
  Fe egyr eu llwybr yn llym ;
Plant Israel o'r Aipht pan symudodd,
  Arweiniodd, tramwyodd trwy 'r môr,

I'w porthi mor enwog, mawr rinwedd—
 O ryfedd !—'d oes diwedd i'w 'stôr.

Ond cyn eu dwyn allan yn hollol,
 Ei wyrthiol achubol fraich Ef
Fu 'n dial eu cam ar bob cymal
 I'r Aiphtiaid, yn aml o'r nef ;
Ac felly fe dery i fyd arall,
 Yn ddiball, hawdd deall, bob dyn
F'o 'n rhwystr a dolur i'w deulu,
 Sydd ato 'n tueddu 'n gyttun ;
Mŷn weled pob peth yn cydweithio
 I'w puro, a'u llwyddo 'n mhob lles ;
Trŷ 'r 'stormydd yn dywydd pur dawel,
 Os rhaid, neu droi 'r oerfel yn wres.

Mae 'n troi ambell Cyrus yn siriol,
 I ollwng ei bobl o'i barth ;
Nid da ganddo 'u bod mewn caethiwed,
 A'r digred yn gweled eu gwarth ;
Trŷ weithiau 'r ffwrn dân, er ei phoethder,
 Yn lle o fawr bleser i'w blant ;
Caiff rhai yn ffau 'r llewod fyw llawer,
 Heb deimlo flin dymher flaen dant ;
Ca'dd haul, pan ddeisyfwyd, do, sefyll,
 Uwch pebyll a gwersyll y gwan,
Rhag cael o elynion ei deyrnas
 Eu pwrpas i'w luddias i'r làn.

Ond mwy na throi 'r haul o'i reolau,
 Rhag rhedeg ei lwybrau mor lym,
Neu agor y môr er ymwared,
 Ac achub trueiniaid trwy rym,
Oedd agor ei drysor rhad-rasol,
 Ffrwyth cariad rhyfeddol o fawr,
Gan anfon in' union Eneiniog,
 Ardderchog, goludog, i lawr—
Ei dirion, byw, union Fab enwog,
 Un digon galluog a llawn,
I ni yn Iachawdwr a Cheidwad,
 A'r Tâd o ganlyniad gael Iawn,

'R oedd olwyn mewn olwyn, manylwaith,
 Yn dirwyn yn berffaith bob un,

O gwmpas ddwfn, addas, ddefnyddiol,
　Drefn rasol, iawn ddwyfol, i ddyn ;
Trwy hynod ail osod hwylusach
　Ffordd sicrach, gadarnach, o'i du,
I gaffael cymdeithas fendithiol
　A Duw—gwaith rhyfeddol a fu !
Ac felly 'r Ail Berson o'r Drindod
　Ryw ddiwrnod i ddyndod a ddaeth,
Ac yn ei ddianaf wisg ddynol,
　Boddloni 'r Tâd nefol a wnaeth.

Ac yn ei wisg briddlyd bureiddlan,
　Gwaith satan yn gyfan i gyd
O'r diwedd a ddettyd, hawdd ateb,
　Y Gŵr fu 'n y preseb mewn pryd ;
Ni wnaed erioed gwlwm rhy galed
　Mewn enaid, na gweithred mor gâs,
Nas gallai 'n Heneiniog yn union
　Roi 'r caethion yn rhyddion â'i ras ;
Dattododd, mynwesodd Manasse
　Yn rhydd o'i gadwynau i gyd oll,
A'r fenyw fu 'n meddiant saith gythraul
　Ddattododd o'u gafael heb goll.

Gan gredu fod Iesu 'n Dywysog,
　Ardderchog Eneiniog y nef,
Tra byddom mewn rhyfel â satan
　Ni cheiswn un darian ond Ef ;
Nid oes arnom gryndod, er gwrando
　O bawb ni 'n ymffrostio mor ffraeth,
Y cedwir ein bathau byth bythoedd,
　Drwy 'r hyn dan y nefoedd a wnaeth ;
Mae 'n ddigon yn ngwyneb y gyfraith,
　Am waed â'i sain berffaith sy 'n bod ;
Mae 'n ddigon yn ngwyneb cyfiawnder,
　Drwy 'r ddaear eglurer ei glod.

Mab uniganedig, un odiaeth,
　Un maint a naturiaeth a'r Tâd ;
Un oedran, un anian, un enw,
　Un ddelw hardd, loew, un wlad ;
Un waith, ac un iaith, un yn ethol,
　Un 'wyllys i'w bobl gael byw ;

Un nerth, ac un werth, ac un wyrthiau,
  Un eiriau, un deddfau, un Duw;
Ein Harddwch, ein Heddwch, ein Noddwr,
  Ein Tŵr, Amddiffynwr, hoff un;
Nid ofnwn ni neb, ond ei 'nabod,
  A'i gymmod da hynod ei hun.

Llafuriwn, dymunwn am hyny,
  Am gael 'nabod Iesu, Mab Duw,
Yn llywydd, achubydd, a chwbl,
  Os oes genym feddwl am fyw;
Cyflawnder, dyweder, y Duwdod,
  Mewn dyndod,—O syndod!—y sydd
Yn awr yn preswylio 'n gorfforol,
  Mae 'n Wrthddrych hanffodol i ffydd;
Addolwn, dewisiwn E 'n D'wysog,
  Ac hefyd, heb ysgog, yn Ben;
Hwn fyddo 'n hymgeledd a'n golud,
  A'n bywyd, bob mynyd, Amen.

———

IX.—MESUR, *Hyd y Frwynen, neu Diniweidrwydd.*

CYDGADWN basg i gyd heb esgus,
  Ac nid yn ddibris megys myrdd;
Ystyriwn beunydd ein dybenion,
  A'n hen arferion, ffolion ffyrdd;
Nid myn'd i'r cymun—sy 'n gamsyniad—
  Wna ddifai daliad i ddeddf Duw,
'N ol treulio blwyddyn yn gableddus,
  Gan bechadurus feïus fyw.

BYRDWN.

Mae 'n bryd ystyrio nad yn udo
  Ac wedi eu damnio mae pob dyn
Fu mor ddefodol, rhwth, a rhithiol,
  Yn gwatwor dwyfol hollol Un.

Rhyw olchi 'r cwpan oddiallan
  Yw myn'd i Lan, neu 'r cyfryw le,
Heb ryw ymröad gwir o gariad
  At Grist, ac ordinhâd y ne';

Hen enwog reol yn y Grawys,
 Amcanion poenus cyn y Pasg,
Rhoi heibio 'chydig o bechodau,
 On'd am rai dyddiau, mawr yw 'r dasg.

BYRDWN.

Mae 'n bryd ystyrio nad yn udo
 Ac wedi eu damnio mae pob dyn
Fu mor ddefodol, rhwth, a rhithiol,
 Yn gwatwor dwyfol hollol Un.

Ond buan wed'yn y newidir,
 Yn ol dychwelir yn dra chwith,
Fel hwch i'r domen—gwyliwch, dyma
 Hen swyn y pla sy yn ein plith ;
Heb byth ammodi 'n llwyr ymadael
 Yn rhwydd o afael yr hen ddyn,
Ond dilyn pechod, nôd annedwydd,
 Yn llwyr, yw awydd llawer un.

BYRDWN.

Mae 'n bryd ystyrio nad yn udo
 Ac wedi eu damnio mae pob dyn
Fu mor ddefodol, rhwth, a rhithiol,
 Yn gwatwor dwyfol hollol Un.

'N awr de'wn un fwriad, dan fyfyrio,
 Oll bawb yn effro bob yn un,
Ag agwedd syml megys yma,
 Ar g'oedd fel tyrfa yn gyttun,—
Myfyrio am fawredd Mab y Forwyn,
 Duw yn ddyn, a'i hynod daith,
Yn gweithio gwisg ddigymysg emau,
 A mawr rinweddau ar ei waith.

BYRDWN.

Mae 'n bryd ystyrio nad yn udo
 Ac wedi eu damnio mae pob dyn
Fu mor ddefodol, rhwth, a rhithiol
 Yn gwatwor dwyfol hollol Un.

Gwnaeth wisg i ddynion noethion eithaf,
 Ac annheilyngaf yn y wlad,
Y gall dyn euog fyn'd yn ëon
 Yn hon gerbron ei dirion Dâd ;

O'r groth i'r groes heb graith, ŵr grasol,
   Gwnaeth beth rhyfeddol byth a fydd
Yn destun moli Duw heb dewı,
   Am drefn i'n rhoddi yma 'n rhydd.

BYRDWN.

Mae 'n bryd ystyrio nad yn udo
   Ac wedi eu damnio mae pob dyn
Fu mor ddefodol, rhwth, a rhithiol,
   Yn gwatwor dwyfol hollol Un.

Cadwn ŵyl mewn hwyl yn helaeth,
   Coffadwriaeth am Fab Duw
Yn codi o'r bedd, un cadarn, buddiol,
   I annherfynol fythol fyw,
Ac esgyn uchod yn ein hachos,
   Lle mae E 'n aros yn y nef,
Yn eiriol yno nes yr elo
   Ei deulu 'n gryno ato Ef.

BYRDWN.

Mae 'n bryd ystyrio nad yn udo   .
   Ac wedi eu damnio mae pob dyn
Fu mor ddefodol, rhwth, a rhithiol,
   Yn gwatwor dwyfol hollol Un.

Eneidiau tlodion, gweinion, gwênwch,
   A llawenychwch oll yn awr,
Mae 'r gwych a phuraf Archoffeiriad
   Yn uchel mewn cymeriad mawr,
A sŵn y clychau wrth ei odrau,
   A'r pomgranadau, yn y nef,
A thyrfa 'n bloeddio 'n unol yno,—
   Gogoniant fyddo iddo Ef
Yr hwn a'n carodd ac a'n golchodd
   Ei hun, o'i wirfodd, yn eı waed ;
Rhydd pawb, yn ddiau, eu coronau
   ` A nerthol droıau wrth ei draed.

CANEUON AR WAHANOL DESTUNAU.

CAN MOSES.

EXODUS XV

ANRHEGAF yma 'n rhwydd
  Fawr glod i'r Arglwydd Ior,
Y march a'i farchog yr un modd
  Fe 'u maeddodd yn y môr;
Gwnaeth yn rhagorol iawn,
  Da, uniawn, ydyw Ef,
Gorchfygodd Pharaoh, 'r blaenor blin,
  A grym ei fyddin gref.

Fy nerth, fy nghân, a'm llwydd,
  Yw 'r Arglwydd mawr ei rym;
Pan b'wyf mewn cyflwr ofnus, caeth,
  Mae 'n iachawdwriaeth im';
Fe yw fy Nuw a'm Naf,
  Fe ogoneddaf fi,
Sef Duw fy Nhâd, dyrchafaf Ef,
  Mae 'n well na 'r nef i ni.

Yr Arglwydd sydd yn siŵr
  Ryfelwr heb ei fath;
Yr Arglwydd yw ei enw pur,
  Mewn brwydr pwy a'n brath,
Tra byddo Brenin nef,
  Fel tarian gref o'n tu,
Pob saeth a drŷ oddiwrthym draw,
  A ddaw o uffern ddu.

Fe daflodd yn y dŵr
  Ein hen orthrymwr ni,

A'i holl gapteniaid mawr eu bloedd,
  Er cryfed oedd eu cri ;
Rhag blino 'i anwyl blant,
  Dyfnderau a'u töisant hwy,
I'n cadw 'n gaethion megys gynt
  Ni welwn mo'nynt mwy.

I'r gwaelod, er eu gwae,
  A'u gofid, äi bob gŵr ;
Fel careg disgyn yno wnae
  O dan y tònau dŵr,
Ardderchog, enwog, yw
  Deheulaw Duw o hyd,
Fe ddrylliodd â'i ddeheulaw dda
  Ein gelyn pena' i gyd.

Yn mawredd sanctaidd swydd,
  Dy ardderchawgrwydd di,
I lawr y tynaist bob rhyw un
  A godai i'n herbyn ni ;
Danfonaist allan, do,
  Ddigofaint deffro, dwys,
Hwn megys sofl a'u hysodd hwy,
  Mae 'n beth ofnadwy bwys.

Rhyfygai 'r gelyn dd'weyd
  Beth oedd am wneyd i ni,—
Erlidiaf, goddiweddu wnâf,
  A'u hyspail, rhanaf hi ;
Fy ngwynfyd arnynt câf ;
  Hyn ydyw 'm penaf pwynt ;
A thynu 'm cleddyf noeth a wnâf,
  Yn hawdd dyfethaf hwynt.

Ti chwythaist â dy wynt,—
  O dyna helynt dost !—
Y môr orchuddiodd Pharaoh a'i lu,
  Er cymaint fu ei fôst ;
Soddasant megys plwm,
  Rhyw godwm mawr a gaent,
Mewn dyfroedd dyfnion, cryfion, do,
  A'u rhyfyg, yno 'r äent.

O ! Arglwydd, pwy sy 'n bod,
  Mor hynod mewn mawrhâd ?

Ymysg y duwiau mwya' 'u bri
  Pwy fel tydi, ein Tâd?
Yn ogoneddus mewn
  Sancteiddrwydd ëwn* a da?
Ofnadwy iawn mewn moliant mae,
  Aneirif bethau wna.

Arweiniaist, do, yn wir,
  O'u cystudd hir a'u cam,
Dy bobl, mewn trugaredd bur,
  Do 'n rhyfedd o dir Ham;
Tywysaist yn dy nerth
  I annedd brydferth oll,
Sef lle 'th sancteiddrwydd, dedwydd dir,
  Duw geirwir wyt, di-goll.

— — —

CYNGHORION I BROFFESWYR CREFYDD.

PROFFESWYR efengyl, 'mresymwn yn sytml,
  Fel brodyr pur anwyl, heb gweryl na gwarth;
O'r llwybr os llithrwn, pa beth a ddysgwyliwn
  Gan glepgwn, ond, cofiwn, ein cyfarth!

Gochelwn wneyd achos i gŵn ein gwag annos,
  Gelynion sy 'n aros yn agos i ni,
A'u h'wyllys yn hollol yw 'n hannos yn unol,
  Pan gwympom, i ganol drygioni.

Mae 'r gelyn uffernol, a dynion cydunol,
  Am gnoi yn egnïol bob siriol byw sant,
Os gwelant un gwaeledd, bai bychan, mewn buchedd,
  A'u dannedd llefrithedd llwyr frathant.

Difyrwch eu calon yw gweled argoelion
  Fod rhai o'r duwiolion yn gloffion mewn gwlad;
Bydd edliw pob ffaeledd, dynwared anwiredd,
  I'r wledd yn y diwedd yn dwad.

Mae 'r byd mor enbydus, fryd uchel, fradychus,
  Am rywbeth mor reibus f'o 'n warthus i ni;

* Galiaeg.

Fel llaeth ei tywalltant i'w buddai, lle byddant,
    A llawer a gerddant i'w gorddi.

'Thâl iddynt wrth wledda braidd ddim y sydd yma
    Heb gaffael ail goffa bai gwaetha' pob gŵr ;
I'w wneuthur yn noethach, a thaenu 'n wrthunach,
    Daw amryw dew fwdach dafodwr.

Mae rhai fel cŵn Deifas, os cwympwn, o'n cwmpas,
    Na wnânt un gymwynas yn addas i ni
Ond llyfu 'n cornwydydd, a gwaedu 'n hegwydydd,
    I'n cloffi ni beunydd a'n poeni.

Os llygrir proffeswr drwy suddo 'n droseddwr,
    Gwneir llawer o ddwndwr neu gynhwr' o'i gylch ;
Proffeswyr pob gwledydd i ganlyn eu gilydd,
    Rhag gw'radwydd, ni ymgudd o'i amgylch.

Pechodau 'r duwiolion, fel gwledd i'w coluddion,
    A fwyty rhai dynion yn hyfion o hyd,*
Ac at eu hanwiredd, eu calon i'w coledd,
    Dyrchafant yn rhyfedd lwyr hefyd.

Gwae ninnau, cŵn annwn a'n cyfarth ! hyn cofiwn,
    I'r dom os codymwn, O ! gwyliwn y gwarth ;
Drwy 'r wlad y'n herlidiant, ein hagwedd mynegant,
    Ni thawant, tra cofiant, a'n cyfarth.

Pa beth ond ci ynfyd, peryglus, a rheglyd,
    Oedd Simei fu 'n symud mor fawlyd ei fîn
I gyfarth dyn duwiol oedd frenin, swydd freiniol,
    Rhagorol, bur, wrol bererin ?

Trwm gweled y Salmydd, dyn gwrol, dan gerydd,
    Am ollwng yn benrhydd, aflonydd, ei flys,
A gwneuthur achosion mor lawn i'w elynion
    I gablu 'r Duw union, daionus.

A Solomon dyner, pan blysiodd ei bleser,
    A dynodd orthrymder, blin dymher, i'w dŷ ;
Am eilunaddoliaeth, ca'dd rwygo 'r freniniaeth
    Oddiwrth ei waedoliaeth a'i deulu.

<hr>

* Hosea iv. 8.

A dau fab i Eli, dan ddilyn addoli,
  Ymdrôdd mewn budreddi, heb ofni Duw 'n bur,
Nes dwyn diystyrwch ar eiddo Duw 'r heddwch,
  Gan ddynion tyn ebwch tan wybr.

Bu llawer sant parchus dan ofid anafus
  Drwy ollwng ei 'wyllys mor hwylus yn rhydd ;
A'i serch ar abwydyn, i goledd gwâg eilun,
  Heb ddychryn i ga'lyn eu gilydd.

Pwy 'n debyg i Samson tra gwyliodd ei galon,
  Rhag tori gorch'mynion da, union, dios ?
A phwy mor wael eilwaith ? mae 'r hanes yn berffaith,
  Yn hawdd fwy na dengwaith i'w dangos.

Mae 'r hanes mor hynod, yn gwbl i'w gwybod,
  A'i godwm i geudod ei bechod heb ofn,
Yn rhywbeth er rhybudd, fel gwir gareg arwydd,
  I bawb fel eu gilydd—yn golofn.

A'r addysg a rodda yw, Gwêl, enaid, gwylia,
  Ca'dd Samson gadarna' glais yma, clyw sôn ;
Tra bu ar y ddaear, i'w ddilyn ca'dd alar—
  Fe gollodd ei liwgar olygon.

Ni lenwir dymuniad ffol ystum Philistiad,
  Er tynu dau lygad da ddeiliad i Dduw ;
Eu defod a'u dyfais, o'u hamgylch, a'u hymgais,
  Fydd chwerthin, goeg adlais, ac edliw.

O ran hyny 'r wy' 'n annog, frwd anwyl frawd enwog,
  Er glynu 'n galonog, heb ysgog, yn bur,
Wrth Dduw a'i addewid, am gymhorth mewn gwendid
  Gan mai byw a ddylid heb ddolur ;—

Heb ddolur ein hunain, nac achos gwag ochain,
  O herwydd ein harwain, fel putain, i'r pwll,—
Na gwarth ar yr enw mor hynod, mawr, hwnw,
  A ddichon ein cadw rhag ceudwll ;—

Nac achos galaru i'r un o'r rhai hyny
  A gafodd eu prynu, drwy chwysu 'n dra chwith—
Drwy w'radwydd a phoerion, a garw ddrain goron,
  Drwy groes, a thrwy hoelion athrylith.

Boed gofal eich calon na roddoch arwyddion
   Mai gwael yw achosion Duw union a da ;
Ond rhowch i'r gwrthwyneb, drwy iawnder tiriondeb,
   Gywirdeb a phurdeb, hoff eirda.

Mae 'n taith drwy ardaloedd anniofal i'r nefoedd ;
   Nid awn drwy ddyfnderoedd pob glynoedd heb glwy' ;
Os Crist ni fydd beunydd ein rheidiol Waredydd,
   Ni a fyddwn annedwydd ofnadwy.

Mae 'n bryd i ni ddeffro rhag ofn bod yn bwydo
   Un eilun a wnelo i'n ffaelio 'n ein ffordd ;
Rhag pob math o bechod, ymgadwn o'i geudod,
   Os llechwn dan gysgod ein Gosgordd.*

Gair Duw fyddo 'n rheol, a'n ffon ymddiffynol,
   I yru 'r hen ddiafol uffernol i ffoi ;
A'r Iesu f'o 'n T'wysog a'n Llywydd galluog,
   I'n dal heb nac ysgog nac osgoi.

Y gair yw 'r rhagorol dda lusern, hardd, lesol,
   A'n harfau cynhyrfol, byw, dwyfol, bob dydd ;
Ymdrechwn yn gywir am garu 'r Duw geirwir,
   Ac felly 'n derbynir ni beunydd.

RHYBUDDION A CHYNGHORION I IEUENCTYD, AC ERAILL YN GYFFREDINOL.

RHAN I.

CLYWCH, esgeulus blant ysgolion,
Teg wŷr ifainc, a gwyryfon,
Gwelwch adeg, gwyliwch oedi, -
Ofnwch gellwair rhag ei golli.

Colli tymmor ochr achub
A'ch gwna 'n ffyliaid digyffelyb—
Gwerthu 'r nefoedd, gwarth annifyr,
Am ddu boenau na ddybenir.

* Guard.

Egin dynion, hawddgar dônau,
Impiau iraidd yn y borau,
Am ryw adeg yma 'r ydych
Megys palmwydd, arwydd trwych.

Blodau 'r oes yn blaid i'r Iesu,
'Mrowch bob dydd i'w anrhydeddu,
Ac na roddwch byth i satan
Mwy o flodau 'ch dyddiau dyddan.

Duw a grèodd gorff ac ysbryd,
Efe biau edau 'r bywyd,
Ymostyngwch i'w lywodraeth,
Rhowch bob synwyr i'w wasanaeth.

Gwyliwch ollwng hwyl eich 'wyllys
Mewn oferedd yma 'n farus ;
Gwyliwch lwybrau maglau myglyd
Anobeithiol annwn boethlyd.

Mawr na chredech mor echrydus
Yw 'r ffwrn beunydd—uffern boenus—
Heb gael goleu nac ymgeledd,
Mewn rhenc dynion—rhincian dannedd !

Dyna 'r man, er hyn, y mynwch
Yn llu dueddu, 'n lle dedwyddwch ;
Boethach, boethach, fydd byth bythoedd—
Lle dan ofid llid y nefoedd.

Boddio 'r diafol, bydd edifar,
Er hir waeddi 'n rhy ddiweddar ;
Ar ol syrthio yno unwaith
Dros y dibyn—drws diobaith.

Llyn yw uffern, lle ni hoffwch,
Pwll diwaelod heb dawelwch,
Llyn neu geulan yn llawn galar,
Llid am gamwedd, lle digymhar.

Llyn poeth eirias, heb byth oeri,
Tònau 'n beirwyllt, tân yn berwi—
Llyn wylofain, llawn o lafur,
Poenus ŵg, heb un yn segur.

Maglau tân (mewn mygle) tynion
Yw rhan wael yr annuwiolion,
Llyn neu gerwyn llawn o gorwynt
Llym tragwyddol—bythol boethwynt.

Llyn annedwydd, llawn eneidiau;
Llyn wylofain, llawn o lefau;
Llyn o boen, lle annybenol;
Llyn drwg-waeddi yn dragwyddol.

Dyna 'r man bydd rhan y rhei'ny
A drig einioes mewn drygioni,
Gyda 'r diafol gwedi dyfod
I'r du wely mawr diwaelod.

Llyn tro ydyw, llawn, drewedig—
Llyn du, nadu, llu damnedig
A fydd yno yn fyddinoedd
Hollol anobeithiol bythoedd.

Llyn hyll, tywyll, nid lle tawel;
Llyn wylofain ochain uchel;
Rhwng cythreuliaid rif y gwelltglas
Rhaid hir orwedd yn yr eirias.

Rhif y dail o ryfedd dylwyth
Hynod, unlliw, yn y danllwyth,
Oll un nâd, yn llu annedwydd
Dan y gawod yn dragywydd.

Lle digalon, llid i'w gilydd;
Anian boenus yno beunydd;
Pawb yn elyn, heb anwylyd
I neb yno yn ei benyd.

Ni fydd cariad o fewn cyrau
'R gerwyn dywyll, erchyll warchae;
Ond fe lenwir o elyniaeth
Bawb o honynt heb wahaniaeth.

Rhegi, gwaeddi, yn dragwyddol,
Poeni 'r naill y llall yn hollol,
Udo, bloeddio yn gableddus,
Mawr na chredech mor echrydus!

Byd annifyr, bod yn yfed,
Llyncu poenus llawn gwpaned,
O ddigofaint yn ddu gafod
Poeth, nas gwelir byth y gwaelod.

Llid, heb fymryn o drugaredd
Neu addewid, yn ddiddiwedd—
Yfed, yfed, efo diafol
Y drwg waddod yn dragwyddol.

Yno bydd y ddeddf yn esgor,
Môr digofaint mawr dygyfor,
Chwithau yn y môr yn marw,
Fel poeth farwor, byth heb feirw.

Os ewch ymaith unwaith yno,
Ni ddychwelwch, er iwch wylo ;
Ac ni chlywch byth ganu wed'yn,
Dim ond nadau bob mynydyn.

Tân brwmstanaidd, tewaidd, tywyll,
Arogl diffaith, archwaeth erchyll ;
Ni bydd awyr i anadlu
Byth, ond tân yn boeth ond hyny.

Nos annifyr hir i orwedd
Heb gael goleu nac ymgeledd,
Nac arwyddion gwel'd boreuddydd,
Neu liw yno o lawenydd.

Nos ddiderfyn, ddim nês darfod
'N ol bod fyrdd o oesoedd isod,
Hanner nos heb wawr yn nesu,
Mewn tân eirias heb dyneru.

Llyn aflonydd, llawn fileiniaid
Noeth a diflas, nyth y diafliaid,
Ogof hagar, galar geulan,
Llyn i oddef, lle annyddan.

Môr anobaith, mawr iawn ebwch,
Odyn eiriach heb dynerwch,
Dim ond gorwedd unwedd yno
'N rhwym mewn dyled draed a dwylo.

Yno bydd yr hen gybyddion,
Anwir agwedd, yn yr eigion ;
Mewn rhyw gŵr, rhai annhrugarog
Yn 'r un g'ledi a'r goludog.

Dyma 'r bwlch a dŷn y beilchion
Oll yn eithaf hyll a noethion,
Ni châ brenin na brenines
Fwy o gariad na 'r fegeres.

Yno sudda y masweddwr
Gwag ei fwriad, ac oferwr ;
Ni fydd yno fawr ddifyrwch
Mewn hen 'stori, ond di'styrwch.

Ni fydd un yn cellwair yno,
Ond uchel nadu ac och'neidio,
Gwaeddi am ddwfr i oeri 'r tafod
Ga'dd mewn maswedd ei gamosod.

Bydd pob cymal, bydd pob migwrn,
Bydd pob esgair, bydd pob asgwrn,
Cefnau, boliau, a phob aelod,
A phob gewyn, dan y gawod.

Ni fydd dail i wella dolur
Byth i'w caffael, nac un cyffyr ;
Ni fydd meddyg, ni fydd moddion,
Byth i laesu peth o'r loesion.

Ni cheir dafn o ddwfr i'w yfed—
Dyrus och !—i dori syched,
Nac o fara, un briwsionyn
I'r annuwiol, er ei newyn.

Yno bydd cydwybod euog
Fel annyddan bryf danneddog
Yn cnoi, 's coeliwch, yn fwy 'sgeler
Na phe brathai lewod lawer.

Gwŷr a gwragedd, agwedd hygar,
Garai, 'n ddiau, ar y ddaear,
Am amserau yma 'n siriol,
Tra 'n brwd oesi 'n briodasol ;—

Ond yn uffern, nid anhoffach,
Mwy digysur, na neb gasach,
Ac nid gwaeth eu rhan, na rhei'ny
Mor fynwesol a fu 'n oesi.

Rhei'ny garent yn rhagora',
Raddau twymn, tra 'r oeddynt yma,
Fydd yn fwyaf eu gelyniaeth
Byth yn uffern, boeth iawn effaith.

Nid yn uffern neb anhoffach
Bawb o'u gilydd, na neb gwaelach,
Na 'r rhai 'n nghyd, o hyd eu hoedl,
Fu 'n cydbechu 'n wyneb uchel.

Mamau anwyl yma unwaith
Ro'i, o gariad, hir fagwraeth
I'w rhai bychain, ar bob achos,
Goreu dygiad cariad agos;—

Rhei'ny fydd yn rhai anfoddus
Gan drallodau, yn dra llidus
At bawb yno o'u babanod
Fyddo 'n oesi 'n uffern isod.

Tadau fydd o hyd yn foddlon,
I ffrwyth eu lwynau yn elynion;
Plant 'r un agwedd, 'r wy' 'n mynegi,
Un rhyw yno i'w rhieni.

RHAN II.

Os dymunit beidio myned
I'r lle garw, hyll, agored,
Deisyf lawer am d' oleuo,
Enaid anwyl, cyn myn'd yno.

Cwyd dy lef i'r nef yn ufudd,
Dyma 'r adeg, am Waredydd;
'N awr, tra 'r ydwyt yn waredol
O'r ffwrn isaf—uffern ysol.

Tra b'o 'r Arglwydd i ti 'n cynnyg
Hollddigonol fuddiol Feddyg,
I iachâu hen bla dy galon,
A'th erchyllaf faith archollion.

Gochel wrthod hwn, na 'i werthu,
Megys Suddas, drwy droseddu—
Gwarth annifyr, gwerthu 'r nefoedd,
Prynu uffern boeth am bythoedd ;—

Gwerthu 'r Ceidwad bendigedig
Am dy bleser, adyn blysig ;
Mantais wael yw cael teg eilun,
A phoenydio 'n uffern wed'yn ;—

Prynu poen i dragwyddoldeb,
Gwerthu d' enaid, am odineb—
Myn'd i dân i ysol oesi,
Peth anfuddiol, byth am feddwi.

Enaid, ystyr hyn o destun,
Ac ni wawdi mo'nof wed'yn
Am y dull 'r wy' 'n gosod allan
Ffordd it' ochel ffiaidd duchan.

O! na äd y wlad oludog,
Dda, a helaeth, un ddihalog—
Nefoedd bur a fydd i bara
'N orfoleddus i hil Adda.

———

GOCHELIADAU I IEUENCTYD.

O! IE'NCTYD unfryd oll
  Trowch yn ol, trowch yn ol,
Rhag bod i gyd ar goll,
  Trowch yn ol ;
Gadewch y moch a'u cibau,
Na throwch at wael wrthddrychau,
Sef sorod hen bleserau ;
  Trowch yn ol, trowch yn ol,
Arferion drwg yn foreu,
  Trowch yn ol.

Mae 'r diafol am eich hudo,
  Gwyliwch ef, gwyliwch ef,
A'ch dal mewn drwg i drigo,
  Gwyliwch ef;
A'i ddyben, ffiaidd ebwch,
Yw cael yr enaid, coeliwch,
Yn hollol i dywyllwch,
  Gwyliwch ef, gwyliwch ef,
Llyn uffern, lle ni hoffwch,
  Gwyliwch ef.

Mae 'r gelyn câs yn ceisio,
  Gwyliwch ef, gwyliwch ef,
Echrydus un, eich rhwydo,
  Gwyliwch ef;
Mae ymhob dull yn dwyllwr,
Fryd awchus, hen fradychwr,
'N ol temtio, trŷ 'n gyhuddwr,
  Gwyliwch ef, gwyliwch ef,
Ac i bob un yn boenwr,
  Gwyliwch ef.

Mae 'r diafol drwg yn dyfod
  Ddydd a nos, ddydd a nos,
I demtio dyn i bechod,
  Ddydd a nos;
Fe ddaw â rhwyd anrhydedd
I'r golwg yn ddirgeledd,
Er parotòi eich tuedd,
  Ddydd a nos, ddydd a nos,
I 'myraeth am gael mawredd,
  Ddydd a nos.

Gan hyny, ie'nctyd tirion,
  Trowch yn ol, trowch yn ol,
O lwybrau 'r annuwiolion,
  Trowch yn ol;
Gochelwch, gwyliwch golyn
Y sarff, erwinol wenwyn,
Mae 'n bod ymhob abwydyn,
  Trowch yn ol, trowch yn ol,
Fe drŷ 'n arswydus wed'yn,
  Trowch yn ol.

GWAWD-GAN I'R IEUENCTYD.

Gwna 'n llawen iawn, ŵr ieuanc ofer,
Os wyt un blysig am dy bleser;
Rhodia 'n ol trachwantau 'th galon
A dirfawr lwgr dy olygon.

I siarad gweniaith yn ddrygionus,
Rho dy dafod rhwng dwy wefus;
Rho bob rhan o'th gorff ar unwaith
I 'mddifyru mewn oferwaith.

Pa'm y treuli ddyddiau 'th ie'nctyd
Heb weithredu mewn maith ryddid,
I gael dy wala, mewn tawelwch,
O oferedd a difyrwch?

Ond o'r diwedd, enaid euog,
Cai dy ddisgyn, yn ddiysgog,
Gan Dduw i farn i roi cyfrif
Am d' anwiredd sy 'n aneirif.

Bydd yno rifo d' eiriau ofer,
Heb un ar goll, er maint dy gellwair,—
'Nghyd a'th holl weithredoedd ynfyd,—
Rhei'ny 'n wir a rifir hefyd.

Ac yna talu fel b'o teilwng
Yn ol y gofres, yn ddigyfrwng,
Heb byth heddwch, fel b'o 'th haeddiant—
Mab Duw a ddial, heb faddeuant.

GENEDIGAETH CRIST.

CYFANSODDEDIG AR DDEISYFIAD GWR EGLWYSIG.

I'r Arglwydd Dduw y b'o 'r gogoniant,
Am y newyddion na heneiddiant;
Mae 'r newydd da am eni 'r Iesu
O hyd yn addas adnewyddu.

Dyrchafed nef ei llef yn llafar,
A gorfoledda dithau, ddaear,
A bloeddiwch ganu y mynyddoedd,
Am hanes Iesu, yn oes-oesoedd.

Fe roes ein Duw ar wyneb dyfnfor,
I nofio drosodd, nefol drysor,
Sef hanes Iesu, i ddyfod yma,
Dros ddŵr a daear, o Judea.

Mae rhyw ddyferion o ddifyrwch
Yn d'od i ddynion, er dyddanwch,
Wrth glywed sôn am Berson dwyfol,
Un mawr ei ddawn, mewn natur ddynol.

Cael Crist mewn preseb, i'r bugeiliaid,
Fe lwyddai hyn yn wledd i'w henaid;
Crist yn y gair, i ni 'n bresennol
A wledda gannoedd yn ddigonol.

Mae sôn am Dduw yn gwisgo 'n natur,
Myn'd dan ein dyled, dwyn ein dolur,
Yn siglo ein carcharau cryfion,
Ac yn ein rhoddi weithiau 'n rhyddion.

Mae sôn am Geidwad i'r colledig,
Ac i'r anafus, foddus feddyg,
Fel diliau llawn o fêl i'n lloni,
Rhag colli 'n gafael, a gwallgofi.

Mae hanes Iesu dan yr hoelion
Yn digaloni ein gelynion,
Hefyd yn ein gwneuthur ninnau
Yn bur galonog ar ein gliniau.

Er dechreu 'r byd, a hyd i'w ddiwedd,
A fydd yn rhyw-fan beth mor rhyfedd
A menyw 'n esgor ar yr Alpha?
A hòno 'n magu yr Omega?

Y Dechreu, heb ddechreu dyddiau iddo,
Na diwedd einioes, ydoedd yno,

Yn codi natur dyn o'i godwm,
At Dduw, i gael y ddau i gwlwm.

Ac wedi asio 'r ddau yn Iesu,
Daeth Duw i'r byd yn ddyn mewn beudŷ
Morwyn fechan a fu 'n feichiog
Ar Dduw a dyn yn un Eneiniog.

Dyna gwlwm sy 'n ddirgelwch—
Goleuni 'n deilliaw o dywyllwch—
Duw, trwy enau dyn yn siarad,
Dwy law a throed mewn cyd-weithrediad.

Duw, trwy glustiau pridd, yn gwrando
Llais y gwan a'r llesg pan gwyno ;
A thafod pridd yn addaw 'n fywiog
Esmwytho 'n dirion y blinderog.

Duw yn edrych trwy ffenestri
Llygaid dynol, llawn daioni ;
Pob rhan ganddo megys ninnau ;
O ! dyna ddidwyll ryfeddodau !

Mae gwel'd ein natur wedi 'i chodi,
Yn gwneyd i'r ddraig ymgynddeiriogi ;
Gwel'd ei chyfoeth, a'i dyrchafu,
I ni 'n achos llawenychu.

Cofio 'r ddraig yn temtio 'r Iesu,
A'n goruwch Fugail yn gorchfygu,
Ydyw 'n sail am ail ymweliad,
I'n codi o feirw, ac adferiad.

Dyma 'r Gŵr ŷm am ei garu
Ddydd a nos, y Duw-ddyn Iesu ;
Duw 'n wir ddyn, a'r gwir ddyn hwnw
Yn Dduw anfeidrol, unol enw.

'N Frenin i ni fe 'i heneiniwyd,
A'n gwir brif-ffordd, gywir Brophwyd ;
Offeiriad mawr—deddf a foddlonodd—
Ag un aberth fe'i gwynebodd.

EMYN NADOLIG.

Deffrown yn awr yn wrol,
 I ganu, yn blygeiniol,
Fawl i'n Gwaredwr, rhwymwr hedd,
 A'i fawredd anarferol ;
 Mae canu am Iesu eisus,
 Gan filoedd, yn bur felus ;
A chyn b'o hir, ei enw da
 Fydd bena' trwy bob ynys.

Gogoniant am y newydd,
 A daenwyd ar adenydd,
Rhwng nef a llawr, gan nifer llon
 O nefol weision ufudd ;
 Newyddion na heneiddiant,
 Tragwyddol fuddiol fyddant ;
I'w enw glân, caiff enwog lu
 I ganu mewn gogoniant.

Gogoniant am Gyfryngwr
 Caredig, ddiddig Ddyddiwr,
Rhwng Duw a dyn, sef Iesu da,
 Anwylaf, a Chanolwr ;
 Hwn ydyw 'r Mab a roddwyd,
 A'r Bachgen i ni anwyd ;
Mab gwych cyn bod yn Fachgen byw,
 Yr Had gan Dduw addawyd.

Prif destun ein gorfoledd,
 Fod genym Wr â mawredd
Yn perthyn i ni gyda 'r Tâd,
 Agorwr rhad drugaredd ;
 Y nef oedd i ni 'n gauad
 Agorodd yn ei gariad ;
A'r ffordd yw Ef i'r nef yn awr ;
 Mae 'n un mewn mawr gymeriad.

Yn Eden bur y borau,
 Fe gollodd dyn ei dânau,
A'r delyn aur o'r cywair cân—
 Daeth ar ei organ argau ;
 Ond cyn myn'd oddi yno,
 Daeth Duw i addaw iddo

Y ca'i ei delyn ar ryw dir,
　　Mewn gwir ei hadgyweirio.

Rhyw bryd uwch meusydd Bethle'm,
　　Dechreuwyd ar yr Anthem;
Ba 'n canu 'n dawel cyn y dydd,
　　Breswylwyr rhydd Caersalem,
　　'N ol gweled rhyw argoelion
　　O iachawdwriaeth dirion,
Yn gwir wynebu arnom ni,
　　Sef rhad ddaioni i ddynion.

MYFYRDOD AR NOS NADOLIG, 1835.

TAIR gwyryf rhagorol, tair duwiol a da,
Fu 'n feichiog, heb ddychryn, ar blentyn dibla;
A'r tair fu 'n cyfarfod mewn cymmod mwyn, cu,
Dan osgordd i esgor 'r un tymmor mewn tŷ.

Yr hynaf oedd feichiog, nôd enwog, cyn dydd;
A'r ail 'chydig gwedi i'r haul godi 'n ddigudd;
A'r drydedd, oedd ie'ngach, yn hwyrach brydnawn,
Un fechan ài 'n feichiog—ardderchog y ddawn!

Tair gwyryf diniwed dan nodded dinam,
Eu Duw fu 'n eu dewis hwy megys tair mam,
I ymddwyn ar Berson mor gyson ar g'oedd,
Mewn dull cenedledig ei debyg nid oedd.

Ni chafodd angylion, enwogion y nef,
Un cymaint rhyfeddod i'w ganfod ag Ef;
Ac iddo dair mammaeth, ar unwaith, o rai
Fu arno 'n cyd-esgor yn drysor di-drai.

Mae Mair gwedi esgor, a thymmor ei thymp
Pen dau ddeg a chwaneg, hoff adeg, a phump,
Sef hyny o fis Rhagfyr, ei gwewyr a ga'dd,
Pan aned Eneiniog mor enwog ei radd.

Addewid oedd feichiog, dêg, enwog ei gair,
Esgorodd hon hefyd 'r un mynyd a Mair;

Ac ar yr un Person, ŵr union ei ran,
Sef ar yr un mynyd, ao yn yr un man.

Esgorodd ar unwaith hen Arfaeth y ne',
Sef yn yr un llanerch, ao yn yr un lle,
Ac ar yr un Person mwyn, tirion, y tair,
Sef Arfaeth, Addewid, 'r un mynyd a Mair.

Wel, dyna beth newydd, o herwydd paham,
'R un plentyn tan wregys tyn megys tair mam!
Angylion y nefoedd dd'ai 'n lluoedd i'r llawr
I glywed a chanfod rhyfeddod mor fawr.

CRIST A'I ABERTH.

HALELUIA, wele Lywydd
I ni a roddwyd ar foreuddydd;
Y Gŵr a luniodd y goleuni,
Ar wedd ddynol newydd eni.

Tâd diddechreu tragwyddoldeb
Yn un pur isel yn y preseb;
Y Gair hanfodol, a wnai fydoedd,
Yn blentyn ifanc dan y nefoedd.

Crist ydyw 'r T'wysog enwog, union,
A Bugail 'r eglwys, mewn peryglon,—
Tŵr iachus, cadarn, i'w chysgodi,—
Craig a chell rhag ei harcholli.

Gwir Fab y Tâd, mawrhâd anrhydedd,
Yn Fab Mair hefyd,—O mor rhyfedd!—
Arweinydd, Llywydd, Hollalluog—
Mab Duw, Mab dyn, yn un Eneiniog.

Mab Duw, yn gydradd â'r blaid uchaf;
Mab dyn, yn D'wysog i'r blaid isaf;
Un mor gyfiawned a'r Gofynwr;
Un fu mor dlawd a fi 'r dyledwr.

Gall godi ei law, ein cadarn Lywydd,
A thyngu,—Byddaf byw 'n dragywydd;

A gwych gyhoeddi 'n uchel heddyw,—
Wyf Fab y Forwyn a fum farw.

Yn Nghrist mae 'r eglwys yn ddiogel,
A phur gyfiawnder Duw yn dawel;
Yn hwn mae 'r ddeddf yn gwbl foddlon,
Yn hwn fe 'n dygir ni i dd'weyd,—Digon.

Crist ydyw 'r Had, mawr ei anrhydedd—
Y gwir Air enwog, goreu 'i rinwedd—
Yr hwn a 'sigodd ben-t'wysogaeth
Y ddraig oedd lawn o ddrwg elyniaeth.

Fe gafodd satan y fath 'sigfa
Gan Fab y Forwyn ar Galfaria—
Ei glwyf sy 'n myn'd yn ddyfnach, ddyfnach;
Mae 'n byw 'n annifyr, â'i ben afiach.

Ni fedr diafol, ar y gorau,
Ond, er câs edliw, 'sigo 'r sodlau;
Fe fedr Iesu mawr, diderfyn,
Eto gyrhaedd 'sigo 'i goryn.

Fe roed yr ysbryd drwg, a'r dreigiau,
Er maint ei wenwyn, mewn cadwynau;
Fe sathrodd Iesu, dan yr hoelion,
Ar holl allu yr ellyllon.

Nid all y ddraig, heb genad Iesu,
Fyn'd i anifail i'w anafu;
A pha faint llai y gall hi ddrygu
Yr un o weision lleiaf Iesu?

Er i'r hen ddraig ymgynddeiriogi,
A gwneyd ei fedr i'n difodi,
Ni fêdd yn rhagor, at ein rhwygo,
Na hŷd ei gadwyn i ergydio.

Llu uffern draws sy oll mewn d'ryswch,
Ac wedi eu dallu gan dywyllwch;
Fe all y gwana', yn nghysgod Iesu,
Y Goruwch Fugail, eu gorchfygu.

Crist ydyw 'r Angel mawr, cyfarwydd,
Arweiniodd Israel, mewn addasrwydd,

Drwy ganol anial a gelynion,—
Fe ddŵg yr eglwys o'i pheryglon.

Crist ydyw 'r manna pur, dymunol,
'D oes ymborth enaid mor berthynol ;
A thrwy ymborthi ar hwn daw rhinwedd
A drŷ afiechyd draw o'r fuchedd.

Gwel'd Rhoddwr deddf i'r môr a'r pysgod
Dan ddeddf ei hunan oedd yn hynod !
A hòno 'n dial ar ei berson,
Gan dywallt eithaf ei melldithion.

O ! syndod gweled y Messïa
Dan boen yn gaeth ar ben Golgotha !
A'i ddeddf ei hun yn d'wedyd wrtho,—
'N awr yma daethum i'th felldithio !

A'r ddeddf yn d'wedyd wrtho 'n ddystaw,—
Tâl dros dy eglwys, nid eist waglaw ;
Os myni gael dy blant yn rhyddion,
Rhaid dwyn i'r golwg waed dy galon.

Ac yna talodd, fel 'r oedd teilwng,
I'r ddeddf y gofres yn ddigyfrwng,
Gan groesi beiau 'r eglwys allan
O lyfr ei hynod ddeddf ei hunan.

Er gwneyd o Adda rwyg ofnadwy,
Fe gaed Gwaredwr i gau 'r adwy,
Ac fe ddyoddefodd Iesu gymaint
Ag oedd yn gyfiawn o ddigofaint.

1 Dduw b'o 'r clod, y mawl, anrhydedd,
Am roi addewid, yn ddiddiwedd,
Ac am gyflawni i ni 'n enwog
Ei air da odiaeth mor odidog.

Nid haws i Dduw yw addaw golchi,
Na gwneyd yn lân—yn blant goleuni—
Y rhai fu 'n ddyfnaf yn y pydew,
Heb allu d'od o'r t'w'llwch dudew.

AFRESYMOLDEB MEDDWL YN DDRWG AM·DDUW.

PAHAM y meddyliaf mor gnawdol,
  Mor galed, mor ddynol, am Dduw,
Sy i'm noddi, gan ddodi 'n ddi-ddadl,
  Bob mynyd, fy anadl im' fyw?
Mae 'n rhoddi i mi 'mara beunyddiol,
  A hwnw 'n ddigonol i gyd,
A gwisgoedd am danaf er clydwch,
  Sy 'n peri i mi harddwch o hyd.

Fe roes i mi gartre' i breswylio,
  Do, rhag i mi grwydro dan groes
O ardal i ardal, heb gymhorth,
  I gasglu fy ymborth drwy f' oes;
Gallasai fy ngadael yn grwydryn
  Digysur, noethlymyn, a thlawd,
Yn adyn gwael, gwrthun, a gwarthus,
  F'ai 'n wrthddrych anweddus o wawd.

Gallasai roi 'nghorff mor anafus
  Fel y b'asai 'n g'wilyddus mewn gwlad—
A mam yn wylofain o'm plegid,
  A beunydd yn ofid i 'nhâd;
Gallasai fy ngwneuthur mor wrthun
  Fel y b'aswn yn ddychryn i'r ddau—
Yn lle rhoi magwraeth, a'm caru,
  Troi 'r ddau i gydsynu a'm casâu.

Gallasai fy rhoi yn noethlymyn,
  Heb wisgoedd, un bretyn, o'r bru;
A rhoddi gwahanglwyf i'm canlyn,
  Heb undyn i'm derbyn i dŷ;
A'm gadael fel bwystfil gwenwynig,
  Neu ddyn gwrthodedig, ar dir,
A'm cenedl yn gŵyro rhag aros
  I f' anadl yn agos yn hir.

Gallasai 'm rhoi 'n llwyr yn un lloerig,
  Na chawswn mwy feddyg yn f' oes;
A rhoddi câs *golic* ysgeler
  I'm nychu, gan lymder ei loes;
A'r diafol i'm troohi mewn trachwant,
  Pe cawswn fy haeddiant fy hun,

Nes myned mewn agwedd gythreulig
  Yn fwy melldigedig nag un.

Gallasai 'Nghrëawdwr digymhar
  Fy ngwneuthur yn fyddar, neu 'n fud,
Neu 'n ddall, a f' aelodau 'n ffaeledig
  Gan barlys gwywedig i gyd—
Na chawswn na golwg, na theimlad,
  Na chlyw, nac arogliad, na grym,
Ond rhywfan yn boenus i'm beunydd,
  Na wnaethwn iawn ddefnydd o ddim.

Diau y gallasai fy ngosod
  Yn nôd adgas hynod i'w saeth,
Troi pobpeth i f' erbyn heb f' arbed—
  Ond rhyfedd gynniled y gwnaeth !
Gallasai droi pawb yn elynion,
  Yn fychain a mawrion, i mi,
Na chawswn lonyddwch na chysur,
  Cyfeillion, na brodyr, na bri.

Mi wn y gallasai 'm Tâd nefol
  Fy rhoddi yn hollol ddyn hurt,
Nad all'sid fy rhwymo na 'm ffrewyn
  A gwdyn, na chadwyn, na chyrt ;
A gollwng lleng ddiflas o ddiafliaid
  I'm poeni, fy llonaid, yn llu,
Na chawswn un mynyd diogel,
  Na myned yn dawel i dŷ.

Gallasai roi arnaf afiechyd,
  Drwy 'r ddaear nas gwelsid mo 'i waeth,
Na chawswn esmwythder na chysur,
  Ond gorwedd mewn gwewyr yn gaeth ;
A melldith Duw ynof yn ennyn
  Fel tân, yn fy erbyn, drwy f' oes,
I'w phrofi a'i gwel'd ymhob cornel,
  Fel lefain yn nhwrnel fy nhoes.

Os aethwn i'r maes, yn ormesol
  Y b'aswn gan bobl y byd ;
Os aethwn i'r ddinas, oddiyno
  Y b'asent i'm gwthio i gyd ;

Os aethwn yn agos i'm cenedl,
 Ni chawswn un tawel le teg ;
Mi f'aswn, o fewn ac oddiallan,
 O gwmpas fy nhrigfan yn rheg.

Mi haeddais gael melldith a thrallod,
 A cherydd i dd'od oddiwrth Dduw,
Ar waith fy nwy law, a 'nilëai,
 Ac a'm llwyr ddyfethai o fyw ;
Neu haint, mewn digofaint, yn gafael,
 Nes difa fy hoedl drwy hyn,
A darfodedigaeth i'm dygyd
 I glefyd pesychlyd yn syn.

Gallasai roi 'r cryd poeth, a llosgfa,
 Drwy f' esgyrn a'm cylla ynghyd,
Na b'asai i mi obaith am seibiant,
 Na phleser, na mwyniant o 'myd ;
Gallasai roi arnaf gynddaredd,
 A'm gwnaethai mor chwerwaidd a chi,
A droisai bob un o'm cydnabod
 I ofni cyfarfod â fi.

Pe 'm rhoisai i fyw mewn lle anial,
 Sef ardal, heb attal, mor boeth,
Lle b'aswn yn wyllt ar hyd coedydd,—
 Yn bagan annedwydd, yn noeth,—
A'm trigfan ymhlith y barbariaid,
 'N addoli cythreuliaid, caeth rai—
Nid all'swn dd'weyd gair yn ei erbyn,
 Na gwel'd arno fymryn o fai.

Gallasai roi 'r plant a genedlais,
 Y modd y crybwyllais, bob un ;
A hyn f'asai 'n cnoi fy nghydwybod,
 O herwydd fy mhechod fy hun ;
Eu clywed, eu gweled, a'u gwylio,
 Beth f'asai 'n f' arteithio 'n fwy tôst ?
Fe f'asai 'n darostwng fy uchder,
 Fy 'sgafnder, fy malchder, a'm môst !

Gallasai roi newyn a phrinder
 I'm dal, gyda dwysder mor dyn

Fel y b'asai 'mhlant bychain, digymhorth,
  I'm coludd yn ymborth, cyn hyn;
A'm gwraig, fu 'n eu dwyn, yn cyd-uno
  Llabyddio neu bwyo 'n rhai bach,
I gynnal, er maint eu wylofain,
  Ein bywyd ein hunain yn iach.

Gallasai roi 'mhlant mewn carcharau,
  Yn rhwym mewn gefynau, heb fwyd;
A'r newyn fel cledd i'w coluddion,
  A'u gruddiau 'n wael, llymion, a llwyd;
Heb obaith am ŵr i roi 'mwared,
  O'u gofid, er gweled eu gwae;
Gogoniant, gogoniant a ganaf,
  Nid felly yn awr, meddaf, y mae!

Heblaw 'r pethau hynod a enwais,
  Yn rhagor a haeddais na hyn,—
Fy rhoddi dan boen annibenol,
  Yn ngharchar y diafol yn dŷn;
A hwnw 'n myn'd boethach byth bythoedd,
  A'r nefoedd yn gyhoedd mewn gŵg,
I mi 'n tywallt eithaf melldithion,
  Yn fflamau tân mawrion, a mŵg.

Mi ddeuais o'r groth yn droseddwr,
  Mewn cyflwr mawr lwgr, mor lawn,
Heb genyf nac 'wyllys na thuedd
  At ddim ond anwiredd yn iawn;
Ac wedi i mi dd'od i faintioli,
  Mi 'mdro'is mewn budreddi mor drwm,
Trugaredd nad wyf yn ddamnedig,
  Yn adyn colledig a llwm.

Rhyfygais, yn ngwyneb bygythion
  Deddf union, lân, dirion, a da,
I bechu yn rhy wyneb uchel,
  Fel march ffôl i ryfel yr ä,
Er bod ei beryglon mor eglur,
  Na ddychwel o'r frwydr heb friw—
'R un modd y gwne's innau 'n gamsyniol,
  Heb ofni na diafol na Duw.

Mi dreuliais holl ddyddiau fy ieuenctyd
  I garu f' aflendid, a'i flâs;

'D oedd nemawr, ymysg fy nghyfoedion,
   Ac arnynt argoelion mor gâs ;
Cael gwrando gair Duw er yn blentyn,
   Heb adael un mymryn o 'mai ;
Yn lle bod ar lawr yn dolurio,
   Ymohwyddo a dringo 'n ddi-drai.

Mae 'n rhyfedd nad ydwyf, cyn heddyw,
   Yn bridd ac yn lludw 'n y llawr ;
A rhyfedd nad wyf, gyda Deifas,
   Mewn fflamau tân eirias yn awr !
Yn wylo mewn pydew diwaelod,
   Am oeri fy nhafod, cyn hyn,
Heb obaith cael gwrandaw fy ngweddi,
   A'm henaid yn llosgi 'n y llyn.

Nid oes un crëadur ffieiddiach,
   O ! faint fum yn rwgnach erioed
Yn erbyn mawrhydi 'Nghrëawdwr,
   Cynnaliwr a Barnwr pob oed !
Gwrth'nebais holl drefn ei lywodraeth,
   Rhagluniaeth, a'i Arfaeth o hyd ;
Galarais na b'asai gorch'mynion
   Duw union yn geimion i gyd.

Meddyliais yn fynych fod tuedd
   Yn Nuw y gwirionedd at rai,
I roi i'r rhai goreu drugaredd,
   Am fod grym eu llygredd yn llai ;
Fel yma, maith-rwyfa 'ngwrthryfel
   I'w erbyn, fel cythraul blin câs ;
Er hyny, mae E 'n para i gynnyg
   I mi, yn garedig, ei ras.

Nid oedd genyf hawl i friwsionyn
   O fara, neu ddefnyn o ddŵr,
Na dillad i wisgo fy hunan,
   Mwy nag oedd gan satan yn siŵr ;
Mi werthais fy hawl i bob bendith,
   I brynu pob melldith, heb raid ;
Er hyny bendithion sydd eto
   Yn para i ddylifo 'n ddi-laid.

Y clod, yr anrhydedd, a'r moliant,
   I Dduw, a'r gogoniant i gyd ;

Ni chefais un aelod anweddus,
　　Ond pob un yn hwylus o hyd ;
Ni bu fawr anhŵyl yn fy nheulu,
　　Mae rhai 'n yn cynnyddu mewn oed ;
Ni chafodd breswylio 'n fy nghaban
　　Ond 'chydig o riddfan erioed.

Ce's drigfan mewn man mor ddymunol,
　　Gwlad siriol, ddyffrynol, dda 'i ffrwyth—
Gwlad lawn o fendithion tymmorol,
　　Gynnyrchiol, a llesol ei llwyth—
Gwlad lle mae pregethu 'r efengyl,
　　Yn syml, yn f' ymyl, trwy f' oes ;
I'm gwneyd yn ddyn didwyll, cadwedig,
　　'Ran moddion, dim diffyg nid oes.

Ce's fesur o synwyr cysonol,
　　Fel rhai 'n gyffredinol, a dawn
I drin fy materion naturiol,
　　Gan wel'd wrth ba reol yr awn ;
Gallasai 'r Tâd nefol fy nifa,
　　Neu 'm gwneyd yr ynfyta' sy 'n fyw ;
Gan hyny, pob bendith a feddaf
　　.A ge's, mi addefaf, gan Dduw.

Bendithion, a rhoddion na haeddais,
　　Yw 'r cwbl a gefais i gyd ;
Melldithion tra chyfiawn ni chefais,
　　Sy 'n bethau a haeddais o hyd ;
Mi wn fod trugaredd ddifesur,
　　A chariad, yn natur fy Nuw,
Yn cadw 'r fath adyn truenus,
　　Un gwarthus, anfoddus, yn fyw.

———

Y CRISTION YN ANGEU.

RHAN I.

WEL, angeu tost, er d' ymffrost di,
　　Mi ddiengaf fi 'n ddiangol
Tu draw i'th afon greulon, gre',
　　I Ganaan, le digonol.

Mi ofnais hon, sef d' afon di,
  Mai ynddi 'n boddi byddwn,
Heb obaith glân,—ond bythol glwy',—
  Na gwaelod mwy, nas gwelwn.

Ond wele! daw i lân y dŵr,
  Anwylaf Gŵr a garaf;
Ac felly, trwy ei allu Ef,
  O'r dŵr i'r nef mi diriaf.

Er dryllio o angeu 'mhabell wan,
  Mae genyf ran i'r enaid,
I gyd o'r llawr a gwyd fy llwch,
  I degwch mwy bendigaid.

'R wy' 'n meddwl myn'd drwy 'r dyffryn du
  Tan ganu i ogoniant,
Er gwel'd y siwrnai lawer gwaith
  Yn faith, a minnau 'n fethiant.

Wrth weled dull dy erchyll ŵg,
  Câs gilwg megys gelyn,
Mi ofnais ganwaith yn fy lle,
  Mai ti f'ai dechreu 'm dychryn.

Er i ti guddio 'nghorff yn gaeth
  Yn dy freniniaeth ennyd,
Heb boen na lludded mewn un lle,
  O! cofia, fe adgyfyd.

Nid byth y deli 'nghorff yn dŷn,
  Mor wael, yn nglŷn marwolaeth;
Mae genyf eirwir sicr sail
  Am weled ail fywiolaeth.

RHAN II.

Er i ti, angau, dyrnau dwys,
  Fy rhoi dan bwys o raian,
O dan fy mhwn mi heda 'n mhell,
  I fywyd gwell, yn fuan.

Ti elli 'm lladd, mae d' allu 'n llym,
  Er tori 'm grym naturiol;

Ond cadw byth yn ngheudod bedd
Ni elli, 'n farwaidd hollol.

Ni feddi glo ar feddau 'r glŷn,
Nac allwedd,—hyn a gollaist,
Pan gododd Iesu i fyny o'i fedd
Mewn mawredd—camgymeraist !

Er i ti dirio dan fy sail,
A chwalu 'n dail f' adeilad,
Fe 'i hadeiledir ar dir da,
Nas ail adfeilia 'r seiliad.

Fy mhabell nesa' 'n gyfan gâf,
Heb anaf, ac heb boenau,
Na nwydau drwg, i'm gwneyd yn drist,
'N ol diengyd o gist angau.

Pan gaffwy' 'mhabell bridd yn ol,
Drwy 'r holl ddaearol ddorau,
Mi âf o gyrhaedd angeu byth,
A'i gleddyf syth a'i saethau.

Er i ti chwalu 'nghorff yn llwch,
O'i degwch creadigol,
Mae 'r Adgyfodiad eto 'n fyw,
Sydd fedrus Dduw anfeidrol.

RHAN III.

Ffarwel it' angeu, wele wawr !
Ffarwel i'm mawr anmhuredd ;
Câf gorff a chartref newydd pur
Ymhell o'th gur a'th gyrh'edd.

Ce's lawer dyrnod genyt, do,
O dro i dro, yn druan ;
Rhag ofn dy golyn, ddygn ddeddf,
Mi deimlais reddf i riddfan.

Pan ge'st drwy bechod dd'od i ddyn,
Hyn oedd yn wenwyn iddo ;
Mae hadau i'w ladd o hyd ei lon'd—
Ni fedr ond gofidio.

P

Er chwalu f' esgyrn ar wahân
   Fel lludw mân dryllicdig,
O'm llwch câf newydd dŷ cyn hir,
   Pan godir,—bendigedig.

Er i ti rwygo fy hen dŷ,
   A'i chwalu â'th orchwyliaeth,
Fe 'i hail osodir ar dir da,
   Na lwyda 'r adeiladaeth.

Ti, angeu, siomwyd yn dy swydd,
   Yn taro 'n Harglwydd tirion,
Fyw ddethol ŵr—fe ddaeth i'r lân
   Gan godi o dan d' ergydion.

Ti a fwriedaist gadw 'n gaeth,
   Dan dy lywodraeth lawdrom,
Yr Iesu a ddaeth yn wael ei wedd,
   Mewn bedd i orwedd erom.

Mi gysga 'n dawel hyd y dydd
   Daw 'm Crist yn rhydd i'm rhoddi;
Yr hwn a'm muda yn y fan
   I'r lân,—a'r gwir oleuni.

Mi roddaf ffarwel byth i'r bedd,
   Ac angeu, agwedd wgus;
Ffarwel yn rhydd rho'f i bob rhai
   A'm triniai mor druenus.

CYNNORTHWY YN YR AFON.

GWEDDI YR AWDWR PAN OEDD EI WRAIG YN AGOS I WYNEBU TRA-
GYWYDDOLDEB.

O! TYR'D i lân y dŵr,
   Tydi sy 'n ŵr o nerth,
I ddal ei phen uwchlaw y lli',
   Rhag iddi soddi 'n serth;
Bydd yno iddi 'n blaid,
   Nes dwyn ei henaid hi
I'r lân, o'r peryg' mawr a'r pwys,
   I dy baradwys di.

Mae 'n myn'd i'r cyntedd cul,
   Sâf yn ei hymyl hi,
Nes cael ei thraed ar dawel dir,
   Yn d' afael sicr di ;
Hi fydd yn wael ei dull,
   Mewn dyffryn tywyll tyn,
Heb gael bod dan dy gysgod di,
   A g'leuni yn y glyn.

Mewn cyfwng rhwng dau fyd,
   Mae 'n methu d'wedyd dim
Faint yw ei hofn na 'i chysur 'chwaith,
   Er gofid helaeth im' ;
Mae 'mhriod hynod hon
   Ar fin yr afon fawr ;
Drwy 'r dyffryn tywyll myn'd y mae,
   Lle 'r aeth miliynau i lawr.

MODDION GRAS YN DEBYG I LYN BETHESDA.

RHAN I.

MAE pump o byrth a berthyn
   I'r llyn i gael gwellâd ;
'R wy' 'n meddwl aros yno,
   A chwyno am iachâd ;
Pwy wyr, ond aros beunydd
   Yn llonydd wrth y llyn,
Na châf wellâd o'm clwyfau,
   A'm holl wendidau hyn ?

'R wy' 'n penderfynu dysgwyl
   Yn syml am lesâd,
Wrth borth athrawiaeth rymus,
   Gyhoeddus, cyfiawnhâd,
Drwy 'r pethau a weithredodd,
   Ac a ddyoddefodd un,
Sef Iesu bendigedig,
   Dros ddall golledig ddyn.

'R wy' 'n meddwl dysgwyl hefyd
   Bob ennyd tra f' wyf byw,

Wrth borth y weddi ddirgel,
  Yn dawel am Fab Duw ;
Fe allai y câf yr Iesu
  I'm helpu dan fy mhwn ;
Ca'dd rhai iachâd tragwyddol
  Wrth fyw yn heol hwn.

Yn heol porth y darlleu
  'R wy' 'n llawen am fod lle ;
Mae hwn i'r cleifion, truain,
  Yn arwain tua 'r ne' ;
Ca'dd rhai a ddaeth i hwnw
  Eu codi o farw 'n fyw,
Drwy glywed llef y Meddyg ;—
  Un bendigedig yw.

Yn heol porth myfyrdod
  'R wy' 'n meddwl bod tra b'wyf,
Fe allai y daw o'r diwedd
  A'i rinwedd i'r lle 'r wyf,
A gofyn i mi hefyd,—
  A fyni 'th wneyd yn iâch ?
Gan olchi f' enaid anmhur
  Yn bur 'mhen ennyd bach.

I heol porth moliannu
  'Rwy 'n chwennych dysgu d'od,
Ac yno gyda 'r teulu
  I g'lymu 'n hardd ei glod ;
Pwy wyr nad i'r drws hwnw
  Y daw i'm galw heb goll,
A rhoddi i fy ysbryd
  Gael teimlo iechyd oll ?

Rhan II.

Yn moddion gras mae 'r Meddyg,
  Y bendigedig un,
Yn ymhyfrydu 'n rhodio,
  Gan hawdd ddadguddio 'i hun ;
Lle mae eneidiau truain
  Yn llefain am wellâd,
Ni hir y gwrendy 'r Meddyg
  Na chynnyg wir iachâd.

Nid ydyw Iesu 'n feddyg
  Hwyrfrydig efo 'i fraich,
Pan glywo ddyn cwynfanus,
  Gofidus, gan ei faich ;
Wrth borth y weddi ddirgel
  Fe 'i gwêl yn ddigon gwir,
Mewn cariad a ffyddlondeb
  Fe 'n hateb cyn pen hir.

Mae porth myfyrdod syml,
  Yn ymyl porth y nef,
Daw 'r Meddyg yno i wrando
  Pa iaith a glywo Ef ;
Os clyw uchenaid yno,
  Fel sŵn gofidio am fai,
Yn fuan iawn fe ateb ;—
  Nis gall ffyddlondeb lai.

Os clyw wrth borth y darllen,
  Rai 'n ochain am fwy nerth
I'w garu, a'i adnabod,
  Gan wybod mwy o'i werth ;
Fe ddengys ffordd ddiangol,
  Man hollol i'w mwynhâu ;
'D eill Person mor garedig
  Ddim cynnyg ein nacâu.

Os clyw wrth borth y moli
  Ryw waedd am foli 'n well,
Yn hir ni bydd y Meddyg
  Mawr, pwysig, yn ŵr pell ;
Fe glyw uchenaid fechan,
  Neu riddfan am ei ras,
Gan gynnorthwyo 'r truan
  I guro satan gâs.

RHAN III.

Nis gall y Meddyg tirion
  Ddim naca i Sïon nerth,
Er fod rhyw dân o gystudd
  Trwm, beunydd, yn y berth ;
Ni chaiff y tân mo 'i llosgi,
  Na 'r dwfr ei boddi byth,

Tra byddo ei Hiachawdwr,
　A'i Phleidiwr yn ei phlith.

Os difa 'r tân a'r fflamau
　Holl eirwon bigau 'r berth,
Nis difa 'r berth er hyny ;
　'R oedd gwaedu yn gymaint gwerth,
I'w phrynu ar Golgotha,
　Gan Iesu da Mab Duw ;
Er grym y tân, a'r tònau,
　A'i beiau, hi fydd byw.

Ni chyll ei blant mo 'u hoedl
　Er myn'd i Babel boeth ;
Fe 'u dŵg o'r ffau a'r ffwrnes
　A'u cyffes fel aur coeth ;
Fe ddifa 'r tân eu sorod
　Drwy drallod,—dyna 'r drefn ;
Mae Sîon wan yn wastad
　A'i Cheidwad wrth ei chefn.

Os gall rhyw wraig anghofio
　Ei phlentyn sugno sâl,
Fel na thosturia wrtho,
　Am nad yw 'n tybio y tâl ;
Ond eto hawdd yw ateb
　Nad oes mewn purdeb ball ;
Anghofio cystudd Sîon,
　Duw union, da, ni all.

Pan glywo 'r Arglwydd blentyn
　Yn erfyn am ei nawdd,
Neu enaid yn galaru
　'N ol glynu mewn rhyw glawdd,
Rhy agos o berthynas
　Yw Rhoddwr gras i'r rhai 'n,
I'w gado 'n hir i ddysgwyl,
　Heb wrando 'u syml sain.

O ! diolch, enaid euog,
　Trwm lwythog, am y wlad,
Lle cyrh'edd dy riddfanau
　O'r tònau at y Tâd ;

Gwlad lle mae 'n awr yn bosib'
I Dduw dy achub di,
A'i orsedd heb ei llygru,
Nac ei hanharddu hi.

GWELEDIGAETH Y LLENLLIAN.

ACTAU x. 11, 12.

LLENLLIAN Efengyl tangnefedd,
 Sydd gymaint ei rhinwedd bob rhan,
Y blaidd gyda 'r oen a geir yno,
 Ac heb ymrafaelio 'n y fan ;
Y llewpard a'r myn a gyd-orwedd
 Mewn hollol dangnefedd yn hon ;
A'r fuwch efo 'r arth yn fawr wyrthiau,
 Cydborant, a'u lleisiau 'n bur llon.

Mae yn y llenllian garnolion,
 A'u pwynt sydd yn union i'r ne' ;
Mae hefyd ehediaid di-adwyth
 Yn myn'd yn un llwyth i'r un lle ;
Mae hefyd ymlusgiaid gwenwynig,
 'R wy' 'n meddwl, rai tebyg i mi ;
Ac hefyd wylltfilod y ddaear,—
 Pa lestr mor hawddgar â hi ?

O fewn y llenllian, 'r wy' 'n credu
 Eu bod megys teulu cyttun ;
Rhai dofion, rhai gwylltion, rhai rheibus,
 Oll mewn anian weddus yn un ;
Fe drig y llew yno mor llonydd,
 Ac hefyd mor ufudd, a'r oen ;
A'r oen, sy 'n grëadur crynedig,
 Ni chyffwrdd â pheryg' na phoen.

Ni fwgwth y gigfran 'sglyfaethus
 Mo 'r g'lomen, mae 'n hysbys, yn hir ;
Na 'r wiber, wenwynig ei cholyn,
 Mo 'r plentyn mwy wed'yn yn wir ;
Diddymir yn lân eu gelyniaeth,
 Newidir eu harchwaeth yn hon :

Daw 'r defaid a'r llewod mor llyweth,
  I fwyta 'r un lluniaeth yn llon.

Yn awr, y mae llawer dyn llewaidd,
  Ac aml hen fiaidd hynod flin,
Oedd fel crëaduriaid 'sglyfaethus,
  Peryglus, truenus i'w trin,
I'w gwel'd mewn rhyw ryfedd arafwch—
  Nid anodd gwneyd heddwch â hwy;
Ni feiddiant, 'n ol newid eu hanian,
  Niweidio 'r un maban byth mwy.

———

DINYSTR TEYRNAS Y GELYN.

RHAN I.

MAE teyrnas Mahomet yn crynu,
  Yr amser yn nesu sy 'n awr,
Pan deflir y diafol o'i orsedd,
  Fel careg ar lechwedd, i lawr;
Caffaeliaid y cadarn a ddygir,
  A'n gelyn a deflir i dân,
A'r rhai sydd yn rhwym a achubir,
  A Sion yn gywir a gân.

Mae gorsedd Mahomet yn ysgwyd,
  Fe gwymp y gau-brophwyd ryw bryd;
A'r bwystfil a gyll ei lywodraeth,
  Fu 'n hir fel yn benaeth drwy 'r byd;
Yr arfau nad ydynt yn gnawdol,
  I'w curo sy 'n nerthol yn awr,
Hwy gwympant holl rym annuwioldeb,
  Er maint ei gallineb, i'r llawr.

Y bryniau 'n ddiammheu ddiddymir,
  Ar fyr fe 'u hiselir i'r saint,
Yn gynt i fyn'd drostynt o'u tristwch,
  I weled hyfrydwch y fraint;
Mae 'r udgyrn o gwmpas y caerau,
  Fe gwympir y muriau 'n y man;
Holl olud y byd nid arbedir,
  I'r Iesu fe 'i rhoddir yn rhan.

RHAN II.

Mae teyrnas Mahomet yn ysgwyd,
   Fe gwymp y gau-brophwyd ryw bryd;
Diddymir 'r hen gynghrair âg Anghrist,
   Ni welir mwy Babist drwy 'r byd;
Caiff eilunaddoliaeth ei ddileu,
   O'r ddaear y goleu a'i gŷr;
A'r Iesu fydd ben ar bob ynys,
   Ei foliant ä 'n felus ar fyr.

Mae arwydd y bydd i Babyddiaeth
   Yn fuan gael triniaeth go drom,
Gwneir Babilon, mam y puteiniaid,
   Er balched ei llygaid, yn llom;
Dynoethir, dynoethir hi 'n eitha',
   Gwneir hi yn dylota' 'n y wlad,
Fe dderfydd ei thwyll a'i thrythyllwch,
   A ffarwel i heddwch ei hâd.

Fe fwrir y bwystfil hy', bostfawr,
   Yn hir a fu 'n llwyddfawr, i'r llŷn,
Yn rhwym efo 'i dadau fe 'i dodir,
   Caethiwir, fe 'i delir yn dŷn;
Nid gormod ei rwysg i'w oresgyn,
   A'i gychwyn fel olwyn i lawr,
Mae 'n sicr o golli 'r ymladdfa,
   Mae 'r Arglwydd a'i fwa 'n rhy fawr.

RHAN III.

Hen Babilon fawr a'i harferion,
   Drwy rym arfau Sïon a syrth;
Efengyl i lawr a'i maluria,
   Ei swynion ni ffyna 'n ei phyrth;
Ei hamser myneger, mae 'n agos,
   Ni lwydda mo 'i hachos o hyd;
Daw tymmor o'r diwedd mor dawel
   Na welir mo Babel drwy 'r byd.

Mae arfau 'r filwriaeth ysbrydol
   Mor nerthol, rinweddol, yn wir,
Hwy gwympant, a chwalant or'chwyliaeth
   Pabyddiaeth, brwnt effaith, o'n tir;

Dynoethir a gwelir ei gwaeledd,
    Yr Arglwydd o'i mawredd a'i myn,
I waered y rhed o'i hanrhydedd,
    Fel careg ar lechwedd, i lŷn.

JUBILI YR YSGOLION SABBOTHOL.

RHAN I.

YR Ysgol Sabbothol, O! mor lesol yw
I fagu plant tlodion yn ddynion i Dduw;
Drwy ddysgu 'r Ysgrythyr yn eglur hi wna
Rai ynfyd ac anghall i ddeall yn dda.

Fel mammaeth rinweddol, ymg'leddol, mewn gwlad,
I blant a hen bobl gwna 'n siriol lesâd;
Hi gymer yr ie'ngaf a'r hynaf yn rhwydd,
Heb ballu, mor bwyllog, yn serchog ei swydd.

Hi gymer freninoedd o'u llysoedd yn llu,
Y tlawd a'r cyfoethog, waith enwog, i'w thŷ;
Ni wna ddim rhagoriaeth magwriaeth âg un;
Cânt fwyta 'r un bara, fel tyrfa 'n gyttun.

Mae 'n fraint i bendefig boneddig yn hon
Gwel gweled ei gwleddoedd, a'r lluoedd mor llon,
A'i Phen-arolygwr, sef Barnwr y byd,
A'i Phrif-ysgrifenydd, ei Harglwydd o hyd.

Mae ynddi athrawon yn ddynion o ddysg,
Mae 'n werth cael eu clywed, a myned i'w mysg;
Os plant neu hen bobl i'r Ysgol yr änt,
Dysgeidiaeth ysbrydol ragorol a gânt.

Hi ddysg i'r annuwiol yn llesol wellâu,
Ac hefyd rhag pechod, bwyll hynod, bellâu,
A dewis yn dawel roi ffarwel a ffoi,
Rhag mwy yn y t'w'llwch a'r d'ryswch ymdroi.

Hi ddysg yr annuwiol yn foesol i fyw,
A gadael ei bechod i ddyfod at Dduw;
Hi ddysg yn ddiysgog, yn bwyllog, beb un
I gaffael dedwyddwch a heddwch ei hun.

Daeth llawer i'r Ysgol Sabbothol o bell,
A'u pleser oedd pechod, heb wybod am well;
Ond cawsant o'r diwedd, drwy rinwedd rhad ras,
Eu symud o gyrh'edd pob chwerwedd a châs.

Aeth llawer fu 'n yr Ysgol Sabbothol o'r byd
Dan ganmawl yr Arglwydd o'i herwydd o hyd,
Heb ddim arswyd angau, ei boenau, na 'i bwys—
Yn Nghrist y gorphwysent, addefent yn ddwys.

Aeth llawer o'r Ysgol Sabbothol i'r bedd,
Mewn hyfryd dawelwch, a harddwch, a hedd,
Dan ddiolch yn barchus, hyderus, i'w Duw,
Am iddynt yn 'r Ysgol Sabbothol gael byw.

Diammheu fod miloedd mewn lleoedd yn llon
Yn canmawl ymgeledd a rhinwedd mawr hon;
Ei phur egwyddorion mor gryfion a'r graig;
Y rhai 'n, os dilynant, hwy dd'rysant y ddraig.

Mae 'n bechod fod undyn mor gyndyn ag ŷnt,
Heb ddyfod i'r Ysgol ragorol yn gynt;
O! ydyw, mae 'n warthus, g'wilyddus, mewn gwlad,
A'r Ysgol Sabbothol a'i rheol mor rhad.

O! ie'nctyd, prysurwch, iawn brisiwch eich braint,
Darllenwch y Bibl mor syml a saint;
Nac oedwch i gydio, modd deffro, mewn dysg,
Mae ie'nctyd glân hoew yn meirw 'n ein mysg.

Yn 'r Ysgol cewch glywed a gweled y gwaith
Sydd gan y duwiolion, rai dewrion, ar daith,
Cyn myn'd oddiyma i'r yrfa hir iawn,
Yn addas i'w nodded o'u lludded yn llawn.

Mae 'n arw fod plentyn gan undyn yn ol,
Yn byw mewn anwiredd mor ffiaidd a ffol,
Erioed heb ystyried, neu weled ei wall,
Na 'i fod yn eginyn o fyddin y fall.

O! deuwch i'r Ysgol, hen bobl sy 'n byw,
Na fedrwch eich hunain ddim darllen gair Duw;
O! deuwch i'w ddysgu, gall hyny 'ch gwellâu
O'ch cyflwr gresynol, a'ch hollol iachâu.

Cewch glywed yr ie'nctyd, rai diwyd a dwys,
Yn darllen yn syml y Bibl mawr bwys;
A gweled plant tlodion yn hyfion a hardd,
Yn foddus iawn fyddin, fel 'r egin yn 'r ardd.

Mae 'n alar i'n weled ein merched 'n ein mysg,
A llawer o'n meibion, mor ddylion heb ddysg,
A'r Ysgol Sabbothol, wir lesol i'r wlad,
Yn cynnyg dysgeidiaeth mor helaeth yn rhad.

Daw llawer i ganfod dibrisdod o'u braint
Yn bechod nad ellir iawn fesur ei faint,
'R ol gadael i'r adeg oll 'hedeg yn llwyr—
Dolurus alaru, a hyny 'n rhy hwyr.

RHAN II.

Trwy 'r Ysgol Sabbothol, gobeithir,
  Y dygir yr anwir a'i ryw,
Ac hefyd y dygir gelynion
  Caledion, yn ddynion i Dduw;
Trwy 'r Ysgol yn hollol cynnullir
  Rhai anwir anghywir ynghyd,
I brofi 'r gair enwog a'i rinwedd,
  A chyrh'edd trugaredd i gyd.

Trwy 'r Ysgol unigol chwanegwyd
  Gogoniant (a ddodwyd) i Dduw;
Er 's hanner can' mlynedd moliannwyd
  Gan dorf a gyfodwyd yn fyw,
Rhai ydoedd a'u bloedd yn gableddus,
  Druenus, gynhyrfus, cyn hyn,
Ar neges y ffwrnes uffernol,
  Yn ysgol y diafol yn dyn.

Clodforwn, mawrygwn, yn rhigl,
  Ein Duw am y Bibl mor bur,
A dysgu cael darllen ei eiriau,
  Heb boenau, na chostau, na chur;
Mae cannoedd a miloedd yn moli
  Duw am eu rhoi i ni mor rhad,
Sef Ysgol, a'r unol Wirionedd,
  Sy 'n difa hen lygredd y wlad.

RHAN III.

Pa beth ydyw 'r cyrchu i'r Ysgolion
  Mor gyson gan dlodion y wlad,
I ddysgu gair union gwirionedd,
  I 'mofyn am sylwedd llesâd,
Ond arwydd o'r dydd anrhydeddus,
  Sef amser daionus ein Duw,
Y Jubili ddifyr ar ddyfod,
  Pan godir rhyfeddod yn fyw.

Mae Jubili 'r 'Sgolion Sabbothol
  Fel arwydd blaenorol i ni
O'r Jubili fawr anarferol,
  Rhyfeddol a hollol fydd hi ;
Mae hon yn arwyddion i raddau,
  Fel cysgod o bethau di-ball,
Yn dangos ychydig o lawer
  O natur a llawnder y llall.

Goleuni i oleuo 'r cenedloedd
  Sy 'n myn'd i'r Ynysoedd yn awr ;
Mae sôn am Iachawdwr a Cheidwad
  Fel boreu dywyniad y wawr ;
Y t'w'llwch sydd, coeliwch, yn cilio,
  Mae 'n bryd i ni ddeffro, daw 'n ddydd,
Yr Arglwydd a ddŵg yn ddiogel
  Ei bobl o'r rhyfel yn rhydd.

Rhyw arwydd o'r dydd anrhydeddus
  Yw gwel'd ambell Ynys yn llawn
O Fiblau, a'u geiriau rhagorol,
  Ysbrydol a dwyfol eu dawn ;
A gweled hen dylwyth y delwau
  Yn offrwm eu duwiau i dân,
Ac yn dewis Iesu 'n Dywysog,
  Fel byddin galonog a glân.

Pa beth ydyw cynhwrf amcanus,
  Awyddus, a moddus gwŷr mawr,
Breninoedd ardaloedd, a'r deiliaid,
  Blaenoriaid a'r gweiniaid, ond gwawr ?
Esgobion, a phurion Offeiriaid,
  A'r gweiniaid, mor danbaid o'i du ;

Argraffu, gan ranu 'r gwirionedd
   Mewn undeb mor llariaidd yn llu ?

Gwel'd pendefigesau mor gyson
   Yn danfon anrhegion yn rhwydd,
Fel tirion forwynion, i'r anwyl
   Efengyl, mor syml eu swydd ;
Nid oes nemawr gôd yn gauedig,
   Nad iddynt yn llithrig â'r llaw,
Er mwyn i'r tylodion gael Biblau—
   Yn Jubili 'n ddiau hi ddaw.

RHAN IV.

Cydgadwn lawen Jubili
   Eleni yn galonog ;
Sef heddyw 'n bena', dyma 'r dydd,
   I'n Llywydd mawr galluog ;—

Am roi Sabbothol Ysgol in',
   Fel gwreiddyn ein gwir addysg ;
Mae egwyddorion hon o hyd
   Fel gemau drud digymysg.

Fe sonir byth, a'u sain yn bêr,
   Gan lawer,—Haleluia—
Yn ngwlad y dydd, lle na bydd nos,
   O'r achos i'r Gorucha'.

Ca'dd llawer adyn, drygddyn, dro,
   Mae lle i obeithio, bythol,
O'i hen arferion coegion, oâs,
   Ac arwydd gras rhagorol.

Mae llawer calon foddlon, fyw,
   Am ganu i Dduw 'r gogoniant ;
A'i ganmawl ar eu taith bob cam,
   Yn gyson am a gawsant.

Fe gafodd ambell blentyn tlawd
   O ganol gwawd ei godi,
I ddechreu canmawl Duw a'i ddawn
   Yn dyner iawn am dani.

O ! deed teuluoedd yr holl wlad,
  Drwy fwriad edifeiriol,
Gan beidio llunio mewn un lle
  Ryw esgus yn lle 'r Ysgol.

Myn'd ar ol pleser ofer iawn
  Sy 'n arwydd llawn ddallineb ;
Cymeryd Sabbath sanctaidd Duw
  I'w lenwi â rhyw ffolineb.

O ! dowch i'r Ysgol rasol, rydd,
  Mawrhêwch y dydd dedwyddol ;
Na thorwch ddiwrnod hynod Duw
  Mewn awydd byw 'n annuwiol.

Yn lle bod yn yr Ysgol rad
  Yn gwneyd dewisiad Iesu,
Myn'd i rodiana ar hyd y dydd,
  Y Sul, i'w rydd iselu.

O ! cofia 'n sanctaidd gadw 'r Sul,
  Medd cyfraith anwyl, enwog,—
Heb wneyd d' ewyllys ar fy nydd—
  Ein Llywydd pur, galluog.

———

CREDO YR APOSTOLION.

Mi gredaf yn Nuw y Crëawdwr,
  Darparwr a Lluniwr pob lle ;
Y Tâd a wnai 'n ddiau y ddaear
  Mor lliwgar, yn hawddgar, a'r ne' ;
Ac yn ei Fab uniganedig,
  Sef Crist bendigedig, y Gair,
A gafwyd trwy 'r Ysbryd yn blentyn,
  A ffurfiwyd mewn morwyn, sef Mair.

Dyoddefodd dan Pontius Pilatus
  Ei dded'ryd yn warthus ei wedd ;
Ac yno y Silo groeshoeliwyd,
  E laddwyd, E fwriwyd i fedd ;

A'r trydydd boreuddydd, byw ryddid,
  Er cymaint fu 'r gofid, a ga'dd,
Dyrchafodd o'i fodd yn ufuddol,
  Er cael yn elynol ei ladd.

Esgynodd i'r nefoedd, a nifer
  Yn gwel'd mai i'r uchelder yr aeth;
Ac yno mae 'n eistedd yn oestad,
  O'r man 'r ym yn dirnad y daeth;
Lle trig ar ddeheulaw ddihalog
  Duw Dâd hollalluog yn llon;
Oddiyno i farnu daw 'n ddilys,
  A phawb ddônt ar frys ger ei fron.

Mi gredaf, nis celaf, o'm calon,
  Yn 'r Ysbryd Glân Berson tra b'wyf—
Arweinydd a gymer fy ngofal
  Nes dyfod o'r anial lle 'r wyf;
Yr Eglwys Gatholig, lân burdeb,
  Cymundeb, glwys undeb y saint;
Maddeuant pechodau drwy 'r Aberth;
  Rhyfeddol trwy bridwerth yw 'n braint.

Mi gredaf y bydd adgyfodiad
  I'r corff, 'n ol apwyntiad ein Pen;
A chredaf y bywyd tragwyddol,
  Annhraethol ddymunol! Amen.

———

DYDD YMPRYD.

Clyw, Arglwydd Dduw y duwiau,
  O'r ddaear ein gweddïau;
Yr ym yn ofni er 's llawer dydd,
  Fod arwydd cyfyngderau
  Yn nesu eto atom,
  Na lwydda dim a wnelom,
Oni thaeni di dy aden gu,
  Rhag cael ein d'rysu, drosom.

Ti a fygythiaist newyn
  I'n gwasgu, a'n goresgyn;

Tydi dy hun a droes yn ol
  Y farn niweidiol wed'yn ;
Tro felly y rhyfeloedd
  Sy 'n nesu i'n hynysoedd—
Y march côch llidiog, ffrwyna fo,
  Cyn delo i'n hardaloedd.

  Mae genyt blant yn Nghymru,
    Byw, megys heb eu magu,
Ac eisieu amser hŵy mewn gras,
  Yn addas i gynnyddu ;
  Mae Sion fel yn feichiog ;
  Ti yw ei Gŵr trugarog ;
O ! myn dawelwch iddi hi
  I esgor yn ddiysgog.

Os caiff y gelyn ddyfod,
  Fe bwnia ein babanod,
A'u penau, wrth y muriau mawr,
  I'w dryllio 'n ddirfawr drallod ;
  Fe rwygir ein beichiogion
  Ag arfau miniog, meinion ;
A'n merched tirion, boddlon, byw,
  A dreisir gan ryw drawsion.

———

SEFYDLIAD HEDDWCH RHWNG Y TEYRNASOEDD.

O ! DEFFRO, fy awen, yn fywiog,
  I ganu 'n ardderchog i Dduw
Ogoniant, am lwyddiant ymladdwyr,
  Cynghreirwyr, a'n brodyr bob rhyw,
I daflu gormeswr o'i orsedd,
  Fel careg ar lechwedd, i lawr,
A chodi gwir frenin pob teyrnas,
  I'w gosod mewn urddas yn awr.

Y clod, yr anrhydedd, a'r moliant,
  I Dduw, a'r gogoniant i gyd,
Am gadw tangnefedd drwy 'n teyrnas,
  A sefyll o'n cwmpas cyhyd ;
Fel caerau a muriau tân mawrion
  I attal gelynion i'n gwlad,

Fe 'n cadwodd ni 'n ddigoll, ddiogel,
   Yn dawel, heb ryfel na brâd.

Mae gobaith, dda effaith, am ddiffodd
   Y fflam a gynneuodd yn wir ;
Tân rhyfel brwd, uchel, bradychus,
   O amgylch ein hynys fu 'n hir
Yn ffaglu, dan ysu dinasoedd,
   A phobloedd, yn lluoedd i'r llawr ;
O ! gymaint aeth i dragwyddoldeb,
   Na welant mwy wyneb y wawr.

Llawerodd o'n brodyr o Brydain
   Fu 'n ochain, do, druain, dan draed ;
Drwy 'r march côch arswydus o ryfel,
   Gwŷr uchel yn isel a wnaed ;
O ! gymaint o blant a rhieni
   O'r achos fu 'n poeni 'n mhob parth—
Rhai 'n ddrylliog drwy lidiog fwledau,
   Ac eraill yn cynnau fel carth.

Dinasoedd a llysoedd fu 'n llesol
   Ragorol, i bobl gael byw,
Mewn amryw deyrnasoedd, a yswyd,
   Ddyfethwyd, anrheithiwyd un rhyw ;
Ac ar y trigolion yn galed,
   Daeth newyn i waered yn wyllt ;
Pa galon mor galed annuwiol,
   Wrth glywed, yn hollol na hyllt.

Fe geisiodd y gelyn ein gosod
   Yn nôd gwialenod ei law ;
Ond Duw yn ddiammheu ddiddymodd
   Ei fwriad—fe 'i d'rysodd ef draw ;
Attahodd y nefoedd in' yfed
   Cwpaned â'i llonaid yn llwyr
O wermod, a sorod go surion—
   Pob cristion têg, union, a'i gŵyr.

———

ADFERIAD HEDDWCH.

Fe ddarfu rhifo i'r rhyfel,
   Mae 'n dawel nos a dydd,

A'r rhai fu 'n garcharorion
  Yn rhodio 'n ddigon rhydd ;
Hyderu 'r ŷm yn rymus,
  Na chlywn arswydus sain
Y cleddyf mwy yn deffro,
  Sydd newydd wisgo 'i wain.

Yn awr mae Brenin Sïon
  Yn foddlon i ni fyw
Yn sŵn ei ordinhadau,
  Nid cleddau yn ein clyw ;
Cawn heddwch yn gyhoeddus,
  Ac nid arswydus sain
Y cleddyf miniog eto,
  Mae hwnw 'n gwisgo gwain.

Pan oedd cenedloedd cryfion
  Yn bruddion yn eu braw,
Oddiwrthym ni a'n brenin
  Fe dröed y dryc-hin draw ;
Nyni 'n cael tai a gwledydd,
  A'n trefydd, heb ddim trais,
Ac eraill dan y wialen
  Yn llefain yn un llais.

Wel, bellach, am foliannu,
  Gan gredu 'n Iesu Grist ;
Mae 'r terfysg wedi darfod,
  Aeth heibio 'r trallod trist ;
Yn awr yn lle rhyfela,
  A'r grynfa, blina' bloedd,
Efengyl y tangnefedd
  Sy 'n galw i'r wledd ar g'oedd.

RHYDDHAD Y CAETHION YN YR INDIA ORLLEWINOL,

AWST 1AF, 1834.

DYMA 'r diwrnod wedi dyfod,
  Duw sy 'n rhoi gollyngdod llu
O'u caledi, megys rhei'ny
  Gynt yn y priddfeini fu ;
    Duw a'u gwelodd, a thosturiodd,
  Ac fe 'u llwyr ryddhäodd hwy.

Awst y cynta' gaiff ei goffa
  Yn yr India lawer oes,
A chlodforir Duw heb dewi,
  O'u trueni 'r hwn a'u troes ;
    Am eu gwared, &c.,
  O'u caethiwed galed gur.

Gwelai 'u clwyfau, clywai 'u llefau,
  Dan yr holl fflangellau i gyd,
'Eu griddfanau, a'u hoch'neidiau,
  A'u holl boenau yn y byd ;
    Fe wrandawodd, a thosturiodd,
  Ac a'u llwyr waredodd hwy.

Dyma 'r diwrnod wedi dyfod,
  Dydd gollyngdod a gwellâu
Tyrfa fawr o'r Negroes truain,
  Fu 'n hir ochain dan yr iau—
    Iau caledi, megys rhei'ny
  Gynt yn y priddfeini fu.

———

CLOD RHAGLUNIAETH.

Yn awr mae Rhagluniaeth fel mammaeth i mi,
Gwych osgordd a chysgod dda hynod oedd hi ;
Rhagluniaeth ardderchog, alluog ei llaw,
Sy 'n cadw fy mywyd o'r drygfyd sydd draw.

Pan gyfyd rhyw flinder, gorthrymder, a thrais,
Rhagluniaeth galonog, alluog ei llais,
Sy 'n darpar, rhag niwed, ymwared i mi,
Er gwaetha' 'm gelynion, rai creulon eu cri.

Ar fronau Rhagluniaeth magwraeth a ge's ;
Gwnaeth ambell orthrymder im' lawer o les ;
Mae dŵr gorthrymderau im' weithiau 'n troi 'n win,
Yn hynod o flasus a melus i'm mîn.

Cael ambell gwpanaid i'w hyfed o hwn,
Mi gariaf heb rwgnach ymhellach fy mhwn ;
Bwytâf y dail surion yn rhwyddion bob rhyw
Wrth gael o'r Oen damaid i f' enaid i fyw.

Os pell o fy nghartre' mae 'r fangre i mi fyw,
Drwy drefaiad Rhagluniaeth fwyn odiaeth fy Nuw,
Dan dirion gadwraeth Rhagluniaeth, o'm gwlad,
Defnyddied fi 'n addas yn nheyrnas fy Nhâd.

——

ADFERIAD O GYSTUDD.

Gwrandewch fy nghym'dogion, ac felly gyfeillion,
   Mae 'r Arglwydd yn foddlon im' fyw;
Ond byw heb ddim beiau wy' 'n ddewis yn ddiau,
   Dan garu drwy 'm dyddiau Fab Duw;
  Byw heb roddi mynyd o 'mywyd ddim mwy,
    I borthi 'r cnawd diles, tlawd,
     Hen geudawd magadwy,
    Rhag maethu 'm gwahanglwy' o hyd;
  Mae 'r amser aeth heibio i'w foddio 'n rhy faith;
    Rhoi dyddiau da f' hirddydd ha',
     Mawr yrfa mor hirfaith,
    Heb obaith ond gweniaith i gyd.

Wel, bellach, mi bwyllaf, o'r ddaear gweddïaf
   Ar Dduw, mi erfyniaf am fod
A'm bwriad yn burach, iawn grefydd yn gryfach,
   I draethu 'n eglurach ei glod;
  Duw trwy fy nghystuddio i'm deffro y daeth,
    A'm dwyn i'w dŷ cynhes, cu,
     I garu magwraeth,
    Rhagluniaeth dda helaeth oedd hi;
  Diolchaf oblegid y gofid a ge's,
    Fy nhaflu i lawr ennyd awr,
    Ond mawr gamgymeres,
    Troi 'r cwbl er mantes i mi.

——

DIOLCHGARWCH AM GADWRAETH,

PAN GOLLODD YR AWDWR EI FFORDD AR EIRA, YN Y NOS, WRTH DDY-
FOD DROS Y MYNYDD O DDYFFRYN CLWYD I GILCAIN.

Gogoniant a ganaf i Dduw, mi addawaf,
   A chalon, ni chelaf, diolchaf bob dydd,
Am iddo fy nghadw ar eira mor arw,
   Rhag marw 'r brau, salw, breswylydd.

Mae 'n rhyfedd fy nghanfod, mawr heno mor hynod,
   O'r mynydd a'r mân-ôd yn dyfod i dŷ,
Drwy 'r niwl o'r anialwch maith hollol, a th'w'llwch,
   Mewn eithaf tawelwch i'm teulu.

Fe f'asai 'n annyddan fyw heno fy hunan,
   Mewn t'w'llwch, tu allan, heb drigfan i droi,
Ar gŵr y Foel Fama' 'n main orwedd mewn eira,
   Fel dafad mewn saldra 'n isel-droi.

Hi f'asai 'n gryn g'ledi i mhriddell ymroddi,
   Neu aros i oeri a rhewi 'n yr hin,
Heb le gwell i orwedd, neu gael un ymgeledd,
   Na daear oer noethaidd neu eithin.

—

GOLWG AR DDYFFRYN CLWYD ODDIAR Y FOEL FAMAU.

Ar gopa 'r Foel Fama' 'r wyf yma mor fawr,
Yn uchel fy ngorsedd yn eistedd yn awr ;
Yn dysgwyl cael pleser, heb lawer o blŷg,
Tra byddwyf yn eistedd ar orsedd o rug.

Ger bron Tŵr y Brenin, ar frigyn y fro,
Mae 'n hoff genyf ddyfod o'm trigfod bob tro ;
Ac edrych o'm cwmpas yw 'mhwrpas ymhell,
Heb genyf i'm lloni na chwmni na chell.

Yn Awst yr wy' 'n eistedd ar lechwedd mor lân,
Ar derfyn y ddwy Sir, mae 'n gywir y gân ;
Sir Fflint a Sir Ddinbych iselwych y sydd
I dawel gyfarfod yn dyfod bob dydd.

Cynhafal a Llanbed' a glymed yn glos,
Llanferres a Chilcen ŷnt ben-ben heb os ;
Dau blwy' o Sir Ddinbych, rai harddwych, rho'f *hint*,
Dau eraill tu dwyrain, hoff lain o Sir Fflint.

Ar goryn y famog, man enwog y nôd,
Myfi ydyw 'r mwyaf, tra byddaf yn bod ;
Pan b'wyf ar ei choryn, sef brigyn ein bro,
'R wy' 'n cofio Siôr ddedwydd y Trydydd bob tro.

Mae 'r Tŵr ar fryn tirion fel moddion i mi
I gofio mor enwog eneiniog i ni
Oedd Siôr addas, wrol, rinweddol ei waith,
A phen ymddiffynydd byw grefydd heb graith.

'R wy' 'n gweled o 'ngorsedd le rhyfedd yn rhad,
Ugeiniau neu gannoedd o lysoedd y wlad ;
A'r olwg hyfrydaf a welaf yn wir
Yw Dyffryn ardderchog Clwyd enwog a'i dir.

Uchelion fynyddau fel tŷrau un tu
I'r Dyffryn ardderchog res enwog y sy,
Yn gysgod dymunol rhagorol heb gudd,
Yn un o'r rhai 'n yma mae 'r Fama' mawr fudd.

Mae 'n fath o baradwys, neu 'n gymhwys fel gardd ;
Mi welaf ei waelod, mae 'n hynod o hardd ;
A oes darn o ddaear mwy hawddgar na hwn,
Mewn hanes im' glywed na 'i weled ni wn !

Mae 'n Ddyffryn mor siriol rhagorol i gyd,
Mor dirion mawr doraeth, a helaeth ei hŷd ;
Mae 'n Ddyffryn llysieuog, blodeuog, a da,
Mawr iawn yw ei rinwedd, a rhyfedd yn 'r ha'.

O'i ddechreu 'n Llan'lidan hyd Ruddlan mi dro'f,
Dysgrifiad o'i natur ar antur a ro'f,
Ei hŷd a'i led hefyd, dyst hyfryd, a'i stôr,—
Yn asio ei ben isaf mi welaf y môr.

Mae deunaw neu ugain fel ben-ben yn bod,
O blwyfydd yn perthyn i'r Glŷn mawr ei glod,
Yn hyfryd gyd-gydiol, olynol, o'i les ;
Eu henwau, os gallaf, mi 'u rhoddaf yn rhes.

I Lanfair a 'Lidan mae rhan, a Llanrhydd ;
Llanfwrog a Rhuthyn sy 'n gynglyn heb gudd ,
'Fenechdid a Llanbed', cânt damed eu dwy ;
Llanychan ac Ynys, min foethus, mŷn fwy.

Rhoed darn i Landyrnog, galonog, o'r Glyn,
Gwn hefyd Gynhafael a'i dal yn bur dŷn ;

E gafodd Llangwyfen o'r hufen i'w rhan,
Bodffari le hawddgar a lliwgar ei llàn.

Llanelwy, Tremeirchion, rai llawnion eu lles,
Y Ddiserth a'i chyfran, a Rhuddlan a'i rhes,
Ca'dd Henllan a Dinbych ran glodwych o'r Glyn,
A hithau Llanrhaiad' 'r un fwriad a fyn.

Cwm hefyd gym afael yn dawel o'i dir,
Rhydd ran i drigolion, d'wysogion, dwy Sîr ;
Torf fawr o drigolion, yn gyson i gyd,
A lenwir â'i luniaeth yn helaeth o hyd.

Lle tirion, llawn toraeth o luniaeth i'r wlad,—
Haidd, gwenith, ddigonedd, llawn sylwedd llesâd ;
Mor liwgar, olygus, neu foddus o'i faint,—
Cael yn y fath ddyffryn fyw ronyn sy 'n fraint.

O ! gymaint o wenith, a llefrith, a lloi,
A chaws ac ymenyn, a'r enwyn mae 'n roi ;
A chymaint o wartheg, rai glandeg, ar Glwyd,
Ac ychain mawr brigog, yn gigog, a gwyd.

A chymaint o dewion ebolion a bair
Ei ddeiliog hardd ddolydd, a'i weunydd o wair ;
O ! faint o garnolion yn dewion bob dydd
Yn siglo gan frasder yn syber y sydd.

Rhyw le paradwysaidd a hafaidd yw hwn,
Am wlad mor oludog, neu enwog, ni wn ;
A'r afon ddolenog, drŏellog, heb drai,
Yn rhedeg trwy ganol y faenol ddifai.

O ! 'r llawnion berllanau, afalau sy fyrdd
I'w gwel 'd i drafaelwyr, hoff eglur, o'r ffyrdd ;
Mae 'r aeron mor iraidd, a pheraidd hoff ŷnt,
Fe 'u cwympir yn lluoedd laweroedd ar wynt.

Mae ynddo balasau, mawr deiau, mor dêg,
A digon o lawnder, er cau llawer ceg ;
Nid oes trugareddau yn eisiau am wn i,
Na ddŷg ei wastadedd yn rhyfedd eu rhi'.

CAN AR FFOLINEB SWYNGYFAREDD, A PHOB OFER-GOELION ERAILL.

BUDDUGOL YN EISTEDDFOD TRALLWM, 1824.

CYNNWYSIAD.—Dangosir gogoniant ac anrhydedd dyn yn ei gyflwr crëadigol—Ei godwm, a'i drueni yn ganlynol i hyny—Daioni ei Grëawdwr yn rhoddi ei gyfraith iddo ar ol ei gwymp—Er hyny dyn yn cymeryd ei arwain gan ddiafol, a thuedd lygredig ei galon ei hun, yn fwy na chan gyfraith Duw.

TON,—*Old Elliot.*

OND i ni iawn ystyr yn astud,
 Cawn weled mor ynfyd yr aeth
Y dyn, o bob un a fu benaf,
 Ond pechod yn isaf a'i gwnaeth ;
Ni chrewyd, mewn perffaith sancteiddrwydd,
 Mor debyg i'r Arglwydd yr un
Ag Adda, 'r gŵr mwya' 'i gymeriad,
 A hedd Duw ei dâd, oedd y dyn.

Nid oedd yn y nefoedd na 'r ddaear
 Grëadur mor foddgar yn fyw,
Yn gyfiawn, dda, uniawn, ddianaf,
 Unionaf, a doethaf, ond Duw ;
Nid oedd yn nirgeloedd ei galon
 Un meddwl anunion ei nôd ;
Efe, ar y dêg grëadigaeth,
 Dan Dduw oedd yn benaeth yn bod.

A'r holl grëaduriaid daearol,
 A'r nefol lu nerthol yn un,
Oedd megys da weision dewisol,
 A hollol heddychol, i ddyn ;
'D oedd neb yn y byd mor wybodus,
 Ar ddelw ddaionus ei Dduw,
Ond Adda, o ran ei dueddiad,
 Gwneuthuriad, na rhodiad, na rhyw.

Ei enaid oedd ganaid ogonedd,
 Heb duedd i drawsedd na drwg ;
Yn ddiball ei ddeall, yn ddiau,
 Heb achos nac ofnau na gŵg ;

Ei 'wyllys oedd hwylus, ddihalog,
   A'i serch yn ddiysgog ar Dduw,
Yn berson da 'ollol deallus,
   Fel arglwydd pur hwylus pob rhyw.

Tra bu 'n y baradwys bur, Eden,
   Hardd dlws y ddaearen oedd e,
Cyn iddo droi yno 'n druenus,
   A chodi 'n alaethus ei le ;
Ond syrthiodd, mewn drygfodd, o'i drigfan,
   Fe werthodd ei hunan a'i hâd !
Dibrisiodd, e giliodd ei galon
   O reol lân dirion ei Dâd.

Pan gwympodd, andwyodd ein daear,
   Aeth hon fel 1'w galar i gyd,
Pob rhyw wed'yn obry dan wybren
   Dro'i megys yn benben drwy 'r byd ;
Yr oedd pob creadur, 'r wy' 'n credu,
   Cyn hyny fel teulu cyttun,
Ond heddwch, chwi goeliwch, a giliodd,
   I lawr pan godymodd y dyn.

Rhyfygodd, e neidiodd yn adyn
   Ar draws y gorchymyn tra chaeth,
A'r gwaethaf, erchyllaf, archollion,
   O'i droion i ddynion a ddaeth ;
Chwant bod yn dduw hynod ei hunan
   A'i hudodd ef, druan, i'r drwg,
Ond och ! fel y mawr gamgymerodd,
   Y dyn ymanafodd dan ŵg.

Yr enaid fu 'n llawn o wirionedd,
   Oblegid anwiredd äi 'n wan ;
'R ol colli 'r goleuni, 'n ganlynol
   Daeth t'w'llwch annhraethol in' rhan ;
Aeth dynion i dybio Duw 'n debyg
   I arian, neu geryg, neu goed,
Am hyny hwy gerfient âg arfau
   Fân ddelwau yn dduwiau 'n ddioed.

Rhai prenau, rhai lloiau, rhai lluoedd,—
   Sef lluoedd y nefoedd, a wna ;

Rhai beunydd afonydd rhyw fanau,
　Neu ddreigiau, wnai dduwiau go dda ;
A'r Arglwydd yn gweled ein gwaeledd,
　Ein tuedd a'n hagwedd yn hyll,
A'n myned yn dra annymunol,
　Yn debyg i'r diafol ein dull ;—

Tosturiodd, E ddododd yn ddidwyll
　I ddynion dda ganwyll ddi-gêl,
Deddf union, eu foddion cyfaddas
　I bawb tua 'i ddinas a ddêl ;
Mae 'n dangos pob achos o bechod,
　A'r perygl o gydfod âg ef,
Erioed ni fu llusern mwy 'llesol,
　Pur reol hen unol y nef.

Mae 'n gwahardd pob anhardd ddybenion,
　Arferion ynfydion y fall ;
I hon, megys drych, os edrychwn,
　Yn eglur bawb gwelwn bob gwall ;
Pob agwedd cyfaredd cyfeiriwyd,
　Gorch'mynwyd, penodwyd i ni
Eu gwrthod, mae 'n bechod mewn buchedd,
　Mae 'n llygredd a braenedd i'n bri.

Pob brudwyr, consurwyr, câs-eirwon,
　A'u holl ofergoelion i gyd,
Rhybuddir, gwaherddir eu harddel
　Dan berygl ein hoedl o hyd ;
Dewiniaid gul afraid, gwael efrau,
　Nid cymhwys i'w bathau gael bod—
Celwyddwyr, hudolwyr, rhai diles,
　Am elw mae neges eu nôd.

Consurwyr a brudwyr, o Brydain
　Darfydded pob filain o'r fath ;
Swynyddion, sy 'n fawrion oferedd,
　O'r diwedd heb fregedd a frath ;
Rhai dieflig, colledig, oll ydynt,
　Pob un a êl atynt ni lwydd,
Mae ynddynt i'w wel'd annuwioldeb,
　Gan Dduw mae casineb i'w swydd.

Gan ddiawl y mae hawl i'r ymholydd,
　'R un modd a'r dywedydd, du wall,
O herwydd pob un, a'i ddybenion,
　Ynt dduon ynfydion y fall ;
Mawr nifer o'r gwael ofergoelion,
　A'u bryntion arferion a fu,
Ac eto heb 'mado 'n ormodol,
　Hyd yma 'n bresennol y sy.

Er trymion fygythion, ac aethus,
　Esiamplau mor hysbys, mae rhai,
Oes llawer, yn arfer yn hirfaith,
　Heb wel'd eu hoferwaith yn fai ;
O ! faint o'n hardaloedd sy 'n dilyn
　Y rhith o dd'weyd ffortun ddiffael,
I dwyllo rhai gweinion â'u gweiniaith,
　Heb ddim ond gau obaith i'w gael.

Mae eraill o'r byd ni arbedant
　Pan ddigiant, os gallant ysgöi,
Trwy ddwfr eu duw Elian dialant,
　I'w Ffynnon y rhedant i'w rhoi ;
Ac felly, drwy hyny, 'n druenus
　Dymunent yn llidus eu lladd,
Er mai o'r hen ddiafol mae 'r ddefod,
　Heb arnynt hwy gryndod un gradd.

O ! 'r nifer ysgeler, gâs galon,
　O ddynion i'r Ffynnon a ffŷ,
Pan ddigier drwy ryw gamymddygiad,
　'R un agwedd a lleiddiaid, yn llu ;
Och ! gymaint o nifer anafwyd,
　Andwywyd, gwanychwyd eu nerth,
Gan rai 'n hoffi niwl Ffynnon Elian,
　Sef lladd trwy dwyll satan tra serth.

O ! dyna hen arfer gynhyrfus,
　Rhyfygus, alaethus, y wlad—
Ei haddef, na 'i dyoddef, nid addas,
　Mae 'n adgas yn lluddias gwellhâd ;
Trefn sâl yw dial yn daeog
　Gan adyn cynddeiriog o ddyn—
Y peth sydd hardd orchwyl ardderchog
　I'r Arglwydd dihalog ei hun.

Ond Duw biau dewis rhoi dial,
　　Yr Arglwydd a dâl yn ddi-dwyll,
Tâl dwys fel cymhwys i'r camwedd,
　　Nid megys dyn bawaidd di-bwyll ;
A gwae fydd yn rhan y gŵr hwnw
　　F'o 'n dial llid (enw) 'n lle Duw,
Daw 'r tro i'w ddirwystr ddarostwng
　　Heb gyfrwng, a theilwng waith yw.

Ac eraill at Elian y gŵyrant,
　　Offrymant, ond tybiant gael tâl ;
Am gyfoeth yn boeth hwy obeithiant,
　　Rhagdalant, aberthant i'w Baal,
Fel pe b'ai gan Elian gynnaliaeth
　　Tu cefn i Ragluniaeth, ŵr glew,
I'w rhoi am addolwyr meddalion
　　Trwy 'i Ffynnon, i'w danfon yn dew.

Ond O ! ystrueiniaid estronol,
　　Ai gwell ydyw diafol na Duw ?
Eu hunain mor warthus pan werthant
　　Am gyfoeth, i'w feddiant i fyw ?
Ond Duw biau cyfoeth, pe cofient,
　　Ac yna ni ddeuent at ddiawl,
A chredu na fêdd yr hen satan
　　Ond uffern ei hunan i'w hawl.

Mae dynion gwâg, ëon, ac euog,
　　Am olud mor serchog yn sôn,
Dymunent oddefiad i ddiafol
　　I dori iawn reol yr Iôn,
Neu rwystro 'r Duw glân a'i ragluniaeth,
　　Na chaffai mwy 'n benaeth mo 'r bod,
Os gallent ryw sut o gell satan
　　Gael arian yn gyfan i'r gôd.

Gweddillion byw gweinion baganiaeth,
　　Yn llygru 'r D'wysogaeth y sydd ;
I'w phuro hi 'n lân o'i heilunod,
　　Gobeithiwn mai dyfod mae 'r dydd ;
Mae rhai yn rhoi coel ar y ceiliog,
　　Mai drwg yn ddiysgog a ddaw
Os clywir e 'n canu gamamser,
　　Hwy lenwir o brudd-der a braw.

Ond credu fod pen y crëadur
  A'i bîg tua llwybr y llàn,
Fe daerir yn hir ac yn arw
  Mai rhywrai fydd meirw 'n y man ;
Rhai eraill i daith yn odiaethol,
  Rhyfeddol mor wrol yr änt,
Os dygwydd dwy frân eu cyfarfod—
  Rhyw ddysgwyl yn hynod a wnânt—

Am lwyddiant, heb neb yn ei luddias,
  'R ol canfod priodas o'r brain,
Fel pe b'ai agoriad trugaredd,
  Neu ryw bethau rhyfedd yn rhai'n ;
Ond gweled piogen, tybygid,
  A fyddai 'n hir ofid i rai,
Fel rhai 'n cael briw uchel, brawychus,
  Rhag myned o'u llwyddiant yn llai.

Mi glywais goel arall eglurach,
  Un ddwysach a chryfach ei chraith,
Sef clywed, gwan adeg, gi 'n udo,
  Bydd rhai ymron gwywo 'n eu gwaith,
Gan gredu mai rhywbeth er rhybudd,
  Yn arwydd o gystudd ac och,
Yw clywed ar droiau gi, druan,
  Ei hunan yn griddfan yn groch.

Gwel'd pen ôl i'r ebol sy rybudd,
  Ac arwydd o gerydd rhy gâs,
Sef ebol a welir tro cyntaf—
  Ar wel'd ei ben blaenaf bydd blâs ;
Ond gwel'd ei ben blaen, ni bydd blino
  Pe edrych wneid arno drwy 'r dydd,
Heb ofnau tröellau un trallod,
  Nac un annybendod, ni bydd.

Ac felly 'r un modd yr oen, meddir,
  Am hwnw fe dd'wedir yn dda
Os gwelir ei ben cyn ei gynffon,
  Arwyddion yn union a wna,
Sef arwydd o gynnydd i'r geiniog,
  I wneuthur rhai 'n dorog o dew,
Rhag bod a'u mawr wrychyn mor uched,
  Gwna 'u blewyn mor llyfned a'r llew.

Yn awr, mi ofynaf am fynyd,
  Y dyrfa wych hyfryd, i chwi,—
Pwy, meddwch, sydd wychaf eu hachos,
  Ai 'r Indiaid, neu 'r Negroes, ai ni ?
Faint gwaeth rhoi addoliad i ddelw,
  Ond fod hon a'i henw 'n o hyll,
A'r rhai yn rhoi coel ar y ceiliog,
  Neu 'r cyfryw, 'n ddiysgog o ddull ?

Ond dyma, 'r wy' 'n tybio, 'r atebiad,—
  Mai gwaeth ein hymddygiad at Dduw,
O herwydd fod genym ni ganwyll,
  Sef cyfraith, un dywyll nid yw ;
A hwythau a'u delwau, hudolwaith,
  Yn byw yn eu drygwaith heb drai,
Mewn gwlad heb na deddf na gorchymyn
  I wel'd hyny 'n fymryn o fai.

Mae 'n resyn i ddyn gael ei ddênu *
  I garu na magu 'n un modd
Y peth a ddifaodd ei fywyd,
  Ac yn y caledfyd a'i clodd,
A dewis anianol, wenwynig,
  Lygredig, gythreulig, a thrist
Hudoliaeth, du weniaith, dewiniaid -
  Melldigaid hen grwydriaid di-Grist.

Gwrthodir, ni choelir ucheliaith
  Y berffaith dda gyfraith ddigoll—
Deddf gyson, gair union gwirionedd,
  Un ryfedd ddiwaeledd yw oll ;
A chredu, coleddu celwyddau,
  Neu ryw hudoliaethau dilês,
Deddf Satan yw anian dewiniaeth,
  Mae hon at ein harchwaeth yn nês.

Echrydus ! mae 'n warthus in' werthu
  Y Duw sy 'n ein maethu 'n mhob man
Mor ddibris, a dewis andwyol
  Ddeddf diafol yn rheol i'n rhan ;
Ond Duw a'i fygythion fe 'u gwthir,
  Os gellir, fe 'u cauir o'r côf,
A rhyw feirw gwael ofergoelion,
  Fe 'u cedwir yn dirion a dôf.

ENGLYNION, &c.

CENEDLIAD A GENEDIGAETH IESU GRIST.

TESTUN ammeuthyn i mi—a ddodwyd,
    I dd'wedyd mawrhydi
Mab Duw glân, Dâd goleuni,
Ein haddfwyn iawn Noddfa ni.

Ganwyd, enem'wyd i ni—Waredwr
    O w'radwydd drygioni;
Plentyn o'r Forwyn Fari,
Iachawdwr rhad o'i bâd hi.

Addewid y genid Gŵr—a gafwyd,
    Yn gyfiawn Waredwr—
Gwych Aberth, ac Achubwr,
A'i enw da i ni 'n Dŵr.

Rhyfeddol, anfeidrol, Fôd—hynotaf
    O natur a hanfod;
Duw difai wedi dyfod
Yn ddyn glân,—E haeddai glod.

Yr uchaf yn isaf o neb,—didwyll
    Dâd tragwyddoldeb;
Daeth trwy ei daith hirfaith heb
Yr un wên ar ei wyneb.

Mawrion argoelion dirgelwch—yw hyn,
    A hynod ddifyrwch,—
Geni Goleuni o lwch—
Haul yn deilliaw o d'w'llwch.

Y'mru Mair bu ymrwymo,—rhyw gwlwm
    Rhy galed i'w eirio,

Dwy natur dra eglur dro,
Dyna 'r man yn ymuno.

Tân ysol, diau, nesodd—i wa'red
  I Wyryf disgynodd,
  Ac o Mari cymerodd
"Y peth"* i fyw byth o'i fodd.

Cyd-dymeru gwaed Morwyn,—halog-ryw,
  Heb lygredd i'r plentyn,
  Hyf wych ganaid fachgenyn,
Gwaith Duwdod hynod oedd hyn.

———

Y FFYNNON SYDD AR OCHR DDWYREINIOL MOEL FAMAU.

Ffynnon y Beirdd, hoff iawn eu byd,—ar ochr
  Oruchel a hyfryd,
  Dŵr uchel, da i'r iechyd,
Deuwch ag yfwch i gyd.

Y ffynnon hon hoff iawn, hynod,—loew,
  I lawer gael diod,
  Sy 'n gyson wedi ei gosod
Ar gopa 'r Fama' i fod.

Diod oer hynod yn 'r haf,—a brwd yw
  I brydydd y gauaf,
  Dwfr croew, gloew, i glaf,
Gwir ffynnon y Gorphenaf.

———

MOEL FAMAU.

CYFANSODDEDIG PAN OEDD YR AWDWR AR EI PHEN.

Ar gopa 'r Fama' 'r wyf fi,—man uchel,
  Mae 'n iechyd bod arni ;
  Eisteddfod hynod yw hi
Im' aros i ymoeri.

* "Y peth sanctaidd," Luc i. 35.

R

Bryn uchel, tawel, a'r tywydd—yn dêg,
   A digon o faesydd
I'w gweled benbwygilydd,
I mi o'u sŵn yma sydd.

Ar goryn y bryn breiniol,—mawr ydwyf,
   Yr adeg bresennol ;
Tŵr hir feini terfynol,
Harddwych lun, sydd ar ei chlol.

Tŵr coffa ar Fama' a fydd,—yn dangos
   Nad ing oedd ar wledydd,
Tra troediai Siôr y Trydydd,
Fel tŵr diffynwr y ffydd.

———

ANERCHIAD YR AWDWR IDDO EI HUN.

DYGWYDDODD mewn rhywfodd i'm rhan,—gael addysg,
   O'wilyddio 'r wy' rw'an,
Na byddwn fyw 'mhob rhyw fan
Er d'ioni i bob dynan.

———

BYR-GYWYDD YR AWDWR AR EI ACHAU.

'R UN hawl mawl a hil Melau,
Da fonyn ydwyf finnau ;
Brigyn o'r gwreiddyn graddol
Oeddwn i ryw ddydd yn ol ;
O'r un cyff neu 'r boncyff bu,
'Ran talaeth a'r un teulu.
Yn awr mae ein hachau ni,
O'n celloedd yn mron colli.
Un hynod oedd fy nhaid i,
IOAN EDWARDS i'w nodi ;
Dysgedig a dwys gadarn,
Gŵr a fu 'n gywir ei farn.
Bryn lluarth, o barth y bu,
Ei nodded i anneddu ;
Llanrhaiad', wlad oludog,
Yrai 'n llu arian yn llôg ;
O hwnw mae 'm henw i mi,
Dïau hyn, wedi hôni.

MARWNADAU.

GALARNAD
AM Y
DIWEDDAR BARCH. THOMAS CHARLES, A.B., BALA,

Yr hwn a ymadawodd a'r byd hwn, Hydref 5, 1814.

MESUR,—*Old Darby.*

YN Nghymru Ogleddol fe gladdwyd,
  Carcharwyd, anfonwyd i'w fedd ;
Nid oedd ar y maes ei rymusach,
  Wr dewrach, na gloewach ei gledd ;
Y penaf drwy Wynedd drywanwyd,
  Gan angeu fe 'i drylliwyd yn drwm,
Charles syml, wir anwyl, ŵr enwog,
  Roed mewn gwely lleidiog yn llwm.

Ardderchog weinidog iawn ydoedd,
  Gan Frenin y nefoedd i ni ;
Gŵr pwysig, eglwysig, cu, lesol,
  Urddasol, a brawdol, mewn bri ;
Mae pobl y Bala 'n helbulus,
  Alarus, ac ofnus mai gŵg,
Neu arwydd o ddig, oedd ei ddygyd,
  Cyn adfyd du, d'ryslyd, a drwg.

'R oedd Charles wedi 'i godi mor gadarn,
  Yn ŵr uniawn farn yno i fyw ;
Fe dystiodd ei ddigoll ymddygiad,
  Ei fod yn wir ddeiliad i Dduw ;
Ni chlywais fod neb a'i hadnabu
  Heb gywir olygu 'n ei le,

R 2

Mai Cristion da, mwyn, a dymunol,
  Rhagorol o dduwiol oedd e.

Mae adsain o lefain wylofus
  Drwy 'n hynys dêg eisus ac och,
Hawdd hynod yw canfod rhai 'n cwynfan,
  Ac eraill yn gruddfan yn groch,
Gofidio gwel'd mudo 'n cymydog
  Pur enwog, ŵr bywiog, i'r bedd,
Na symud, hyd fyd adgyfodiad,
  Sef amser newidiad ei wedd.

Gorphenodd o'i wirfodd ei yrfa,
  Fel un ar ei redfa mor rwydd,
I'r unig buredig baradwys,
  I orphwys yn gymhwys o'n gŵydd ;
Ca'dd fyned yn addfed i'r noddfa,
  Trag'wyddol ddihangfa, dda hwyl,
I uno côr Silo yn Nghaersalem,
  A chanu 'r wir anthem i'r ŵyl.

Mae cofio 'i arferion a'i fwriad,
  Yn troi aml lygad yn wlyb ;
Am Charles, clywir cannoedd yn cwyno,
  A miloedd am dano 'r un dyb,
Mai 'r penaf a phuraf offeryn,
  A'r cyntaf o ddyn ydoedd ef,
I'w cychwyn i ga'lyn eu gilydd
  At grefydd, yn ufudd i'r nef.

Mae plant a atebant, 'rwy 'n tybio,
  Mai Charles fu 'n eu deffro i gael dysg ;
Bu 'n hynod ei *scil* i ddwyn 'sgolion,
  Trwy rwystrau tra mawrion, i'w mysg ;
Mae pobloedd, rai miloedd, yn moli
  Duw am iddo ddodi 'r fath ddyn,
A'i fforddio i ddefnyddio trefn addas,
  Sy 'n ateb ei bwrpas bob un.

Nid plant chwaith eu hunain, ond henaint ;
  Mae 'n anhawdd d'weyd gymaint a ga'dd
Eu dwyn yn fendithiol gymdeithion
  I Sïon, yn gryfion bob gradd ;

Fe drefnodd i bobloedd gael Biblau,
  I droi eu dalenau, drwy 'r wlad ;
Er symud o'r byd anwybodaeth
  Rho'i 'i drysor mor helaeth yn rhad.

'Sgrifenodd, gwahanodd ei hunan,
  Lyfr bychan o'r dwys-lân air Duw ;
Gwir bynciau, da benau dibynol,
  Y grefydd sylfaenol, in' fyw ;
Eglurdeb, crynodeb, grawn ydynt,
  Yn hawdd gall pawb arnynt roi pwys,
Fel addurn iawn cedyrn i'n codi,
  Yn un â'r gair difri,' gwir, dwys.

Mae 'n drwm fod rhai 'sgolion rhy 'sgeulus
  Am wybod mor rheidus yw rhai 'n,
Fel goleu ganwyllau gynnullwyd,
  Fe'u gwir gyfansoddwyd un sain ;
Ond eto mae 'n gwreiddio, mewn graddau,
  Mewn amryw galonau 'n ein gwlad ;
Ca'dd llïaws o blant a hen bobl,
  Drwy rhei'ny lawn siriol lesâd.

Ymdrechodd nes gwelodd ysgolion,
  Cymerodd ar droion fawr drael ;
Trwy hynod ofalon trafaeliodd,
  Yr achos ni welodd yn wael ;
Cynghorodd, annogodd o eigion
  Ei galon, i ddynion yn ddwys
I ddeffro, gan lunio 'n galonog
  Reolau 'r gwaith bywiog ei bwys.

Bu 'n foddion cynhyrfol gan arfaeth
  I ddanfon gwybodaeth am Dduw,
I bell-fanau 'r byd anwybodus,
  Sy 'n warthus enbydus yn byw ;
Portrëad ei fwriad myfyriol
  Sy 'n hollol ddefnyddiol yn awr,
I dynu, gan grafu gau grefydd,
  Ar hyd amryw wledydd, i lawr.

Bu 'n llesol, unigol annogaeth,
  I bawb ddysgu cyfraith ei Dduw ;

Rhag bod mewn un teulu, neu dalaeth,
  Neb mewn anwybodaeth yn byw ;
Ni fynai fod enaid yn unman
  Heb ddysgu rhyw gyfran o'r gair ;
Ei bleser oedd gwrando bob oedfa
  Ddwy bennod gan dyrfa, neu dair.

Yn hwyr ac yn foreu llafuriodd,
  Ei gorff nid arbedodd tra bu ;
Gwr nerthol, rhagorol ei gariad,
  Ei ffydd a'i gyrhaeddiad yn gry' ;
Ni threuliodd ond 'chydig o'i amser
  Heb wneuthur rhyw lawer o les ;
Fe welwyd, at bawb o'r duwiolion,
  O'i galon arwyddion o wres.

Gwres cariad, wir fwriad arferol,
  Oedd ynddo 'n dufewnol yn fyw,
Fel tân yno 'n anian ennynol,
  O roddiad urddasol ei Dduw ;
Pwy burach a dyfnach mewn defnydd,
  Na 'r dedwydd ddwys ufudd wâs hwn ?
Am un wedi 'i-osod gan Iesu,
  Mor llesol i Gymru, nis gwn.

Trwy gryfion beryglon, pur eglur,
  Fe gerddodd ei lwybr ymlaen,
Er cynghrair fwriadol gau frodyr,
  Ei attal mae 'n eglur ni wnaen' ;
Pob picoell trwy ffydd a ddiffoddodd,
  Gwrth'nebodd, ymladdodd yn lew ;
Fel milwr doeth, holl-iach, daeth allan,
  O herwydd ei darian oedd dew.

Gwyliedydd, dwys awydd, da Sïon,
  Rhag mawrion beryglon yr oes,
A chyfeiliornadau annedwydd,
  Gwych rybudd ar rybudd a roes ;
Fe gadwodd ddewisol braidd Iesu,
  Pan geisiwyd eu tarfu, 'n gyttun ;
Yn Sïon bu 'n foddion rhyfeddol
  I'w chadw hi 'n wrol yn un.

Yn awr, yma bellach crybwyllwn,
  Bu 'n ben *Assosasiwn* pob Str,
Yn hyny bu 'n foddion pur fuddiol
  Rhag pethau niweidiol yn wir ;
Rai troion, cynnygion fu 'n agos
  I gychwyn yr achos ar ŵyr ;
Ond Charles gyda 'r tân ni chyttunodd,
  Diffoddodd, fe 'i lladdodd yn llwyr.

Fe gadwodd ei dir yn hyderus,
  Er gwaetha' rhai llidus, yn llon ;
Wrth ymladd yn llaw ei Ben-llywydd,
  Fe gadwodd ei grefydd yn gron ;
Ond bellach, mae 'n burach mewn bwriad,
  Heb boen yn addoliad ei Dduw,
A 'i enaid yn yfed tangnefedd,
  Yn nghanol gorfoledd yn fyw.

Er bod yma 'i drigfa mewn dryg-fyd,
  Bu 'n hyfryd yn ysbryd y nef,
Yn trin y gwirionedd â'i enau,
  A chyda 'i feddyliau 'r oedd ef ;
Darllenai, esboniai 'n ddwys bennod,
  I eraill gael gwybod ei gwerth ;
Pregethodd tan hunodd, do, 'n hynod ;
  Fe dreuliodd i nychdod ei nerth.

Yn awr, wrth ddychymyg a chanmol
  Mor llesol fu 'r siriol was hwn,
Gan dristwch ei golli, 'd wy 'n gallael
  Cael cornel i 'madael â 'mhwn ;
Ei lesol fendithiol gymdeithas,
  Fel gwas, O mor addas ymrôdd !
'R oedd pawb yn nhŷ Dduw yn ei ddewis
  Fel blaenor, yn barchus, o'u bodd.

'R wy' 'n cofio, dan wylo, i mi weled,
  I waered mor ised yr âi
I 'mddiddan â phobl dylodion,
  Yn dirion, yn union fe wnai ;
Gŵr cymhwys, gwir ddwys, ac urddasol,
  I fyw mewn parch hollol o hyd,
O ran ei ymddygiad a'i agwedd,
  Yn gydradd â bonedd y byd.

Gwaith arall, mwy diball, mi dybiaf,
  Ac agos yn olaf a wnaeth,
Bydd sôn ymysg dynion am dano,
  A synu 'n blaid effro o b'le daeth,
Flynyddau, ugeiniau, neu gannoedd,
  Ymysg Cymru filoedd, yn faith,
Ei chwilio a'i astudio 'n wastadol,
  A chanmol mor weddol ei waith.

A hwn yw 'r Geiriadur, gwir reidiol,
  'Sgrythyrol, yn unol a wnae;
Hanesydd, difeinydd, da 'i fwyniant,
  Medd oll, yn eu meddiant lle mae;
Ei waith, fwy na deng-waith, sy 'n dangos
  Ei fod yn byw 'n agos i'r nef,
I'r rhai nad adwaenent ei wyneb,
  Ei ddysg a'i ddoethineb maith ef.

Ond bellach, mwy doethach bendithio
  Duw am iddo ei ddonio mor ddwys,
Gan ddodi 'n ei feddwl iawn foddion,
  Sy 'n ateb dybenion o bwys;
A deffro i weddïo 'r addewid,
  Yn ffyddiog a diwyd heb daw,
Am weled y plant yn lle 'r tadau,
  Yn gedyrn golofnau 'n ei law.

Rho'i 'r syml ŵr anwyl, ar unwaith,
  Holl arfau 'r filwriaeth i lawr;
Mae 'n mhell o afaelion rhyfeloedd,
  Yn nghanol y nefoedd yn awr;
'D oes yno ddim llunio cynllwynion,
  Nac arswyd gelynion, ond gwledd;
Na llafur, na chûr, na charcharau,
  Gwendidau, na chleisiau, na chledd.

Gwnaeth golled mor galed i'r gelyn,
  Er nid yn offeryn di-ffael;
Am hyn nid oedd ef yn ddi-ofid,
  Wrth ganfod ei wendid mor wael;
Er hyny, gwnaeth Iesu ddewisiad
  I ddechreu diwygiad â'i waith;
A chladdu mewn môr ei anmhuredd;
  Tangnefedd fu diwedd ei daith.

GALARNAD.

AM Y

DIWEDDAR BARCH. JOHN JONES, TREFFYNNON,

Yr hwn a ymadawodd â'r fuchedd hon, Awst 2, 1830.

MESUR,—*Elliot*, neu *Old Darby*.

WRTH lunio Cân alar, cynnilaf,
 Nid galar a ganaf i gyd,
Er tuedd i waeledd o wylo
 Sydd eto 'n ymrwyfo 'n fy mryd ;
Y mae genyf destun a dwysder,
 Wnaeth lawer, gan drymder, yn drist,
Sef colli hen frawd yn y frwydr
 Oedd eglur grëadur i Grist.

Pe medrwn, mi ganwn yn gynhes
 Lawn hanes am broffes ein brawd—
Gŵr syml, frwd, anwyl, frawd enwog,
 I Dduw yn weinidog a wnawd ;
Gweinidog ardderchog, hardd orchwyl,
 Yr anwyl efengyl a fu
Hyd ddiwedd ei oes, o'i ddewisiad,
 I Dduw er adeilad i'w dŷ.

Yn ngwinllan, neu gorlan, Caergwrle—
 Ei gartre'—bu 'n dechre 'r hir daith ;
Ac wed'yn, 'n Nhreffynnon gorphenodd,
 Cyflawnodd, diweddodd ei waith ;
Er ised a gwaeled y golwg
 Oedd arno fe 'n amlwg i ni,
Yr oedd yn nirgeloedd ei galon
 Blanigion, byw roddion, heb ri'.

Holl wreiddiau pur radau parodol,
 Defnyddiol, a llesol, er llwydd,
O'r nefoedd i'w fewn a ddanfonwyd,
 Cymhwyswyd, a syflwyd i'w swydd ;
Gweddïai, llefarai 'n llafurus,
 Moliannai mor flasus ei floedd,
Effeithiol ragorol y geiriau
 Yn d'od o'i wefusau ef oedd.

Sylweddol, heddychol, diddichell,
　Oedd John yn ei babell yn byw,
Un llon—a'i ddybenion oedd beunydd
　Am fod o dda ddefnydd i Dduw ;
Er iddo heneiddio 'n flynyddol,
　Ei feddwl, ŵr grasol, oedd gry',
Dan 'r achos yn aros yn iraidd
　Ac nid yn blentynaidd yn tŷ.

Athrawiaeth Calfiniaeth a fynai ;
　Arminiaeth ni fynai efe ;
Fe waeddai 'n ei herbyn o hirbell—
　Ni fynai i un linell gael lle ;
Cyhoeddi rhad ras yn rhydd drysor,
　Fel môr yn dygyfor, ar g'oedd,
Gwaredwr rhag llid i'r colledig,
　A Meddyg i'r ysig, yr oedd.

Gŵr bywiog, têg, enwog, ac union
　Oedd Jones o Dreffynnon, drwy ffydd ;
Heb archoll, äi 'n ddigoll, ddiogel,
　O ganol y rhyfel yn rhydd ;
Hen filwr hir oeswr i'r Iesu,
　Un wedi ei ddysgu oedd ef
I ymladd dan Iesu, ei D'wysog,
　Ardderchog Enneiniog y nef.

Yn awr, rhoes i lawr y filwriaeth,
　Aeth heb ei arfogaeth i fyw
Lle ni ddaw i'r eglwys beryglon,
　Na sŵn y gelynion i'w glyw ;
Fe fedrai iawn drin, yn oedranus,
　Ei gleddyf mor fedrus, mawr fîn,
Ac hefyd ei darian hyderus—
　Fe ddysgodd yn drefnus ei drin.

Cychwynodd o'i wirfodd i'w yrfa
　O Sodom drwy Sina', 'n dra syth,
Gan dybio cael yno 'n galonog,
　Heb ysgog, fyw 'n enwog ei nyth ;
Ond er myn'd i Horeb, mewn hiraeth,
　Gan ddysgwyl yn berffaith gael byw,
Ond och ! ar gwm Sina' camsyniodd—
　Arswydodd pan ddeuodd at Dduw.

O Sina' i Galfaria cyfeiriodd,
  Edrychodd, a gwelodd y gwaed—
Gwaed aberth y Pridwerth parodol,
  A'r taliad digonol a gaed ;
Er myned yn gaeth i Golgotha,
  Ca'dd yno 'r fath oedfa na thaw
A sôn am yr afon fawr, ryfedd,
  A'i golchodd o'i fraenedd a'i fraw.

Ai 'r afon fel môr o ran mawredd,
  Yn rhyfedd, cyn diwedd y daith,
Ac ynddi 'n ymdrochi 'r ymdrechodd
  I fod, tan ddiweddodd ei waith ;
O'r diwedd, ei rhinwedd mawr, hynod,
  A'i golchodd o'i bechod bob un
Yn gymhwys i gynnwys gogoniant,
  Heb fymryn o'i haeddiant ei hun.

Ac wedi 'i rad olchi, rhoed eilchwyl
  Ryddhâd i'n brawd anwyl o'i dŷ,
A'i ddwyn i'r hyfrydwch o'r frwydr,
  I sŵn ei hen frodyr sydd fry ;
Ac yno 'n pur eirio peroriaeth
  Mae 'r teulu, mor berffaith bob un,
I enw 'r Duw hwnw, da hynod,
  Anfeidrol o hanfod, ei hun.

Ni a welsom ein brawd, ar ryw brydiau,
  Fel llong o dan hwyliau—do, 'n hir,
Yn myned dan yfed tangnefedd,
  Nes anghofio ei waeledd yn wir ;
Yn ngolwg y môr anghymharol,
  Rhyfeddol mor wrol yr äi,
Dan waeddi rhydd drysor rhad rasol,
  Rhagorol egnïol y gwnai.

Mi glywais, do, gwelais argoelion
  Fod dynion yn bruddion mewn braw,
Ar ol rhoi gwŷr buddiol mewn beddau,
  Rhag ofn fod trallodau gerllaw ;
Wrth weled ein didwyll hen dadau
  Gan angeu dan gloiau 'n y glyn,
Mae ffyddlon dduwiolion yn wylo
  Mewn llawer drws eto 'n dra syn.

Och! wele, i gist angeu gostyngwyd,
   Carcharwyd, danfonwyd i'w fedd,
Wr ydoedd a'i floedd orfoleddus,
   Hyderus, mae 'n hysbys, mewn hedd,
Heb ddychryn hen golyn y galar,
   Na 'r ddaear fodd hagar fedd hyll,
Na 'r diafol uffernol, na 'i ffwrnais,
   Na 'i falais, na 'i ddyfais, na 'i ddull.

'R oedd John fel rhyw golofn rhy galed
   I'w gael, er ei ludded, i lawr,
Trwy falais na dyfais y diafol—
   Ei rym oedd dufewnol, yn fawr ;
Trwy rymus ddïwgus Dduw Iago,
   Ei ras oedd yn para 'r bob hin ;
Fe drö'i yn ei gystudd i'w Gastell,
   Ni phrofai mor fflangell yn flin.

Gadawodd y ddaear, yn ddiau,
   Aeth adre' dan hwyliau, do, 'n hawdd ;
Angylion fu 'r gosgordd, fawr gysgod,
   I'w arwain o'i nychdod i nawdd ;
Ehedodd mewn rhywfodd o'r rhyfel,
   Mor uchel, ddiogel, na ddaw
I'w gyrhaedd na dialedd, na dolur,
   Na llafur, na brwydr, na braw.

Cychwynodd i'r glŷn yn galonog,
   Fel llestr dromlwythog, i'w wlad ;
A'r awel yn uchel o'i ochr,
   A'i chwythodd hyd oror ei Dâd ;
Tebygwn mai 'i sŵn yn bresennol
   Yw canmol hen dreiddiol rad ras
Am ethol, a'i nol o'r anialwch,
   I wledd a hyfrydwch mor fras,—

Sef gwledd a digonedd, dêg, unol,
   I deulu heddychol ei Dduw ;
Fe 'i codwyd, danfonwyd i fyny
   At lu, o sŵn pechu, sy'n byw ;
Aeth yn ei lân drwsiad, lawn drysor,
   'R ol gorphen ei dymmor, i'w daith ;
Mewn tanbaid wisg ganaid, esgynodd,
   Gorchfygodd, diweddodd ei waith.

'R wy' 'n tybio 'i fod yno 'n fwy doniol,
  A llawer mwy gwrol nag oedd,
Yrwan, na phan yn Nhreffynnon
  Y seiniai fawl êon trwy floedd ;
Yn awr y mae 'n fawr ei ddifyrwch,
  Wrth edrych ar degwch Mab Duw,
Yn moli 'r Iachawdwr parchedig,
  Heb fymryn o beryg', yn byw.

'R wyf agos ar fin penderfynu
  I gredu, neu daeru, ei fod ef
Cyn hyn wedi clywed yn ddirgel,
  Neu 'n uchel, gan angel o'r nef
Ei fod wedi 'm canfod yn cwynfan,
  Fy hunan, mewn ffwdan mor ffol,
Ac hefyd er 's ennyd yn synu
  Fel un yn hiraethu ar ei ol.

Nid yw fy hen frawd yn hyfrydu,
  Yn hytrach rhyw synu, mae 'n siŵr,
Wrth feddwl fod gŵr fu 'n ei garu
  Fel un am ei dynu o'i Dŵr ;
Am hyny, o'r diwedd mi dawaf—
  Ei wel'd ni ddymunaf ddim mwy,
Nes myn'd i'r un frawdol hyfrydwch,
  Heb dristwch, na ch'ledwch, na chlwy'.

————

MARWNAD

AM Y

DIWEDDAR FRENIN SIOR Y TRYDYDD.

Bu farw Ionawr 29, 1820.

MESUR.—*Ymadawiad y Brenin (King's Farewell).*

O! BRYDAIN FAWR, mae 'n bryd un fwriaid,
In' ymgais dilyn megys deiliaid,
Sef dilyn addysg hyddysg heddwch,
Dyna gwlwm diogelwch ;
Dyna gwlwm telwm teulu,
Er darogan, rhag eu drygu ;

A chwlwm gwlad,
Er hir barhâd,
Mewn gwellhâd a gallu ;
A'u nerthu 'n abl i wrth 'nebu
Ochr alaeth a chwerylu ;
Heddwch teulu, harddwch talaeth,
Tŵr iawn offer tirion effaith,
Yw cariad pûr,
Er cadw cûr,
Ac a'mhur drwg ymaith,
Rhag cael tario mewn gwladwriaeth,
Na ddêl i'r cyfryw unrhyw anrhaith.

Yn awr mae achos i ni ochel,
Rhag athrofa pob gwrthryfel ;
A rhag galanas rhwyg gelyniaeth,
Drwy bryderu, a bradwriaeth ;
Ond magu cariad ymhob cŷrau,
Fel cydwladwyr, ac aelodau
O deyrnas dêg,
Rhag briw na brêg,
Un adeg i eneidiau,
Neu neb rhyw ddynion, na 'u meddiannau,
Fel rhyw alon* i'r rheolau ;
O ! faint a luniwyd drwy elyniaeth,
Hyll i'w adrodd, i'r llywodraeth,
O dro i dro
Mewn amryw fro,
Am daro mewn bradwriaeth,
Yn erbyn Brydain Fawr, bur odiaeth,
A'i siŵr hoff, union, SIOR ei phenaeth !

Er hyny, 'n hanwyl wir eneiniog,
Tiriona' tâd y wlad oludog,
Ga'dd ei guddio 'n swyddog addas
Gan Dduw, rhag darnio 'r enwog deyrnas ;
Teyrnasai 'n hir, do 'n wir, yn orau,
Hawdd ydyw addef, hyd ei ddyddiau
Ar bawb sy 'n bod,
A'u rhif dan rhôd,
I 'nabod eu hwynebau ;

* Gelynion.

Er bod gwŷr enwog tan goronau,
Mewn mawr a dedwydd awdurdodau,
Er hyn, nid tebyg, 'r ŷm yn tybio,
I SIOR Y TRYDYDD, neb yn troedio,—
  Mor dirion dâd
   Am lwydd ei wlad,
    Mewn bwriad heb ŵyro ;
Yn ol ei lŵ, e fynai lywio,
Er pob cynllwynion ga'dd eu llunio.

Cyfrifai 'r difai wir bendefig,
Fod llwyr ammodau 'r llŵ 'n rhwymedig
I'w ddal o hyd, heb lid, yn bleidiwr
I'r ffydd, a'i phenaf ymddiffynwr ;
Ac felly 'n blaid i'r deiliaid daliodd ;
Hwynt yn hoff union ymddiffynodd ;
  Llawn rhyddid rhoes,
   O hyd ei oes,
    Gwir dda foes goddefodd,
Ac ef ei hunan ni wahanodd,
Ond gyda 'i ddeiliaid cyd-addolodd ;
Ei hiraeth oedd, a'i araethyddiaeth,
Am i bob teulu ymhob talaeth,
  Gael Bibl Duw,
   Tra byddai byw,
    Y gwir i'w fagwraeth,
Er eu diogel dröedigaeth
I'r goleuni, o'u gelyniaeth.

Pan ga'dd ein Brenin a'n Brenines
Eu coroni, cywir hanes,
Nid rhaid ei wadu, tröent wed'yn,
Y maent i'w canmol, at y cymun ;
Ond wrth wynebu 'r swper sanctaidd,
Fe ofnai 'mddygiad rhy fon'ddigaidd,
  Anturio taith
   Ryfygus, faith,
    Afaelu y'ngwaith nefolaidd,
O dan ei goron enwog, auraidd ;
Am hyn fe 'i bwriai i lawr yn buraidd ;
Ac fe adroddai 'n hynod dreiddiol,
Nad megys brenin gerwin, gwrol,

Y dylai e'
Wynebu 'r ne',
Y di-fai le dwyfol,
Ond fel pechadur, a baich hudol,
Ger bron y mawredd anghymharol.

Er llunio pestel gan Bapistiaid,
A'u bryd ystuno 'r Protestaniaid,
I lawr yn ddarnau, trwy lwyr ddyrnod,
Sior oedd ein gosgordd a'n hardd gysgod ;
E safai 'n wrol hyf iawn araeth,
Rhag ceisio boddio cås Babyddiaeth ;
Rho'i nerthol nag
I rhei'ny rhag
Pwy bynag fai 'n benaeth,
Na chaent le i edrych i'w lywodraeth,
Er bradus dynu Protestaniaeth ;
Ac, gyda hyny, cadwer hanes,
Agorai brif-ffordd cywir broffes
Yn llawer mwy,
O'u hachos hwy,
O ! 'r edrych trwy rodres,
Ar ein goleuni mae 'n gelynes !—
Hyn nid yw 'n boddio 'r hen Babyddes.

Diau fod rhediad ei fawrhydi,
Nid at elyniaeth, ond haelioni ;
Rhyw dlodion gwaelion pan eu gwelai,
O'u gwall-anghen fe'u gollyngai ;
Pedair mil ar ddeg o bunnau,
Heb draws eiriol, o'i drysorau,
A ro'i 'n ddi-baid
Bob blwydd yn blaid,
Mewn rhediaid anghenrheidiau,
Lle byddai dyrys gyfyngderau,
Haelionus un yn elusenau ;
Ac ni bu gryfach blaid i grefydd
Nag ef, na phenach ymddiffynydd,
Rhag blinaf blaid,
Hen hudol haid
Fileiniaid aflonydd,
Erioed ar Loegr yn olygydd,
Ar enw Brenin yn ei bronydd.

O ! 'n awr collasom y gŵr llesol,
Wnai fwy i Frydain yn fwriadol,
Na 'r un erioed a roed lle 'r ydoedd,
Yn aer y llŷs, yn yr holl oesoedd ;
E ga'dd yr eglwys ddwys, ddewisol,
Sior, do, yn gaerau da rhagorol,
  I fagu plant,
  Do, lawer cant,
  Mewn mwyniant dymunol ;
Maent yn llïosog deulu llesol,
Ddeiliaid Brydain dda, briodol ;
Bu rhai 'n yn fynych â'u gruddfanau,
Yn wir galonog ar eu gliniau,
  Yn codi llef,
  Yn un i'r nef,
  Rhaid addef, yn ein dyddiau,
Do, dros ein brenin, gwreiddyn graddau,
Ei holl fyddinoedd a'i feddiannau.

Gobeithio 'r ym yn awr yn rymus,
Gael o'i enaid le daionus ;
A gwisgo coron union yno,
Heb fileiniaid mwy i'w flino,
Gyda 'r côr yr ochr uchaf,
Llu o frodyr, lle hyfrydaf,
  Tu draw i'r llen,
  A'i wisg yn wen,
  Heb gynnen nac anaf,
Lle pur addas, llu pereiddiaf,
Mwyniant bythol, mi obeithiaf ;
Ein Duw yn dadol in' a'i dododd,
Ac yn helaeth a'i cynnaliodd,
  Yn gysgod hir,
  Ar fôr a thir,
  I'r gwir yr hwn a garodd ;
Boed iddo glod yn bod trwy 'r bydoedd,
Ac oll gan nifer llu y nefoedd.

Mae genym eto, cyn ymattal
Iachusa' defod, achos dyfal
Gweddïo llawer dros ein Llywydd,
Sior (boed wrol) y Pedwerydd ;

S

Bod o'i roddiad bob arwyddion,
A'i sefydliad, Iesu 'n fod'lon,
 Er cadw 'i braidd
 Rhag blinder blaidd,
 Fileinaidd elynion ;
Tâd goleuni, rhag gelynion,
A'i hymddiffyno yn hoff union,
Gan roi i'n newydd Lywydd lawer,
Er pawb a'u trwst, o bob medrusder ;
 A ninnau 'n llu
 F'o 'n dal o'i du
 I fyny 'r hen faner,
Er cynnal llys golygus Lloegr,
Heb na thristwch mwy na thrawsder.

EMYNAU CLADDEDIGAETHOL.

CYFANSODDEDIG I'W CHANU AR GLADDEDIGAETH
JOHN THOMAS O LANCWNLLE.

MAE 'n brawd wedi gorphen ei daith,
　　Ei lafur a'i waith yr un wedd,
A Christ wedi talu ei ddyled,
　　Mae 'n addfed i fyned i'w fedd ;
Caiff gysgu hûn dawel, nes d'od,
　　Ryw ddiwrnod, heb bechod, yn bur,
O'r beddrod, yn hynod mewn hedd,
　　Heb ffaeledd, na chamwedd, na chur.

'Ddaw gwewyr, na dolur, na dig,
　　Na gelyn, na pheryg', na phoen,
I'w flino 'n yr ardal lle trig,
　　Yn nghwmni caredig yr Oen ;
Dim achos i wylo ni wêl,
　　Mae 'n sicr ddïogel na ddaw
Dim oerni 'n ei gariad na 'i zel—
　　Mae 'n dawel, heb ryfel, na braw.

Ymdrechodd hardd ymdrech y ffydd,
　　Er uffern fawr beunydd, a'r byd ;
Gorphenodd ei yrfa, mae 'n rhydd ;
　　Gadawodd ei gystudd i gyd ;
Mae bellach yn holl-iach mewn hedd,
　　O gyr'edd ei lygredd, yn lân ;
Dim tristwch i'w feddwl ni fydd ;
　　Hosanna 'n dragywydd a gân.

s 2

CYFANSODDEDIG I'W CHANU AR GLADDEDIGAETH DAFYDD ROBERTS, O'R GREEN, DINBYCH.

FFARWEL, frawd anwyl, hyfryd, dwys,
Ar Grist yn benaf rho'ist dy bwys,
  Ce'st ddechreu gorphwys gydag Ef;
A'th ben uwchlaw byth boen a chlwy',
Na ddaw ofn marw i'th flino mwy,
  I'r deyrnas anllygradwy, gref.

Hyderu 'r ŷm fod Duw, o'i ras,
Byth wedi cuddio 'th bechod câs,
  A'th ddwyn i mewn i'r ddinas dda,
I ganu 'n mysg yr hyddysg rai,
Sy 'n moli 'r Drindod yn ddi-drai,
  Heb boen oblegid bai neu bla.

Yr olwg nesaf a gawn ni,
Ar wedd ein brawd, a fydd mewn bri,
  O'r bedd yn adgyfodi 'n fyw;
Heb boen, na chroes, na bai, na chraith,
Yn wŷn heb un brycheuyn chwaith,
  Yn canu am iachawdwriaeth Duw.

Pan glywo sain yr udgorn mawr,
Fe gŵyd o'i wely gyda 'r wawr,
  Heb ddim o sawr y bedd, yn syth;
Fe gyfnewidia Duw ei wedd,
Mewn moment bach, tu mewn i'r bedd,
  I'w ddwyn ger bron ei fawredd fyth.

Caiff gorff ysbrydol, wrol un,
Yn wir ddilwgr, hardd ei lun,
  'R un wedd a Mab y Forwyn mwy;
Fe naid mewn hedd o'r bedd lle bu,
Heb faich, na chroes, yn iach a chry,'
  Heb ddim all ei wanychu 'n hŵy.

Nid ofna 'r byd, ei wên na 'i ŵg;
Nid ofna 'i galon droion drwg;
  Troes ffydd yn olwg iddo 'n awr;
Mae 'n dechreu sylwi, uwch y ser,
Ar Iesu byw, a'i lais yn bêr,
  I'w foli gyda mwynder mawr.

Mae gormod galar ar ei ol,
Wrth ei goffâu, yn agwedd ffol ;
  Mewn cartref mwy dewisol mae :
Yr Arglwydd a waharddodd hyn,
Am frodyr gloyw ant drwy 'r glŷn,
  Rhag myn'd dros derfyn i dristâu.

———

CYFANSODDEDIG I'W CHANU AR DDYDD CLADDEDIG-AETH EIN DAIONUS FRENIN SIOR III.

Tɪ, Arglwydd da, a roddaist in'
  Dda frenin, ddedwydd fraint,
A safai 'n gysgod hynod, hir,
  Da, sicr, i dy saint.

E gafodd Sïon hir lesâd
  Dan ei deyrnasiad ef ;
Eppilio plant, a'u magu 'n llu,
  Yn addas deulu 'r nef.

Bu Sɪoʀ ʏ Tʀʏᴅʏᴅᴅ, ddedwydd ŵr,
  Yn swcwr hir i'r saint ;
Ca'dd llawer enaid, yn ei ddydd,
  O fry wir newydd fraint.

Ond wele 'n awr, dduwiolion oll,
  Aeth Sɪoʀ ar goll o'n gŵydd ;
Gobeithio 'r ŷm ei symud ef,
  Er hyn, i'r nef yn rhwydd.

Collasom lywydd dedwydd, da ;
  O ! deyrnas, cwyna di !
A deisyf ar dy liniau lwydd
  I'n brenin newydd ni.

Gweddïa 'n daer ar Dduw bob dydd,
  I'n llywydd gadw lle
Ei anwyl dâd, wrth feddwl Duw,
  Yn fyw tra fyddo fe.

Duw, dysg i'n llywydd newydd ni
   Dy ofni di, o Dâd ;
A'i holl gynghorwyr ger ei fron,
   I Sion er llesâd.

Peth dwys yw colli llywydd da,
   F'o 'n ymddiffynfa ffydd,
Rhag cael un arall yn ei le,
   Am dòri 'r rhwymau 'n rhydd.

Ein brenin newydd, dedwydd, dwys,
   F'o 'n blaid i d' eglwys di ;
Ac ar ei galon, ddydd a nos,
   Wneyd lles i'w hachos hi.

Duw, gwna fe 'n llywydd, ufudd ŵr,
   F'o 'n ymddiffynwr ffydd ;
Ac i dy Sion, er llesâd,
   Yn anwyl dâd bob dydd.

Dysg iddo wrthwynebu 'r drwg,
   Sy 'n amlwg îs y nef ;
A dôs yn blaid, i'w ddi-baid ddal,
   I'w lŷs, a'i gynnal ef.

Dysg iddo droi, neu roi ei rym,
   I daro 'n llym bob dydd
Yn erbyn cynnydd beiau câs,
   Am soddi 'r deyrnas sydd.

Ar orsedd Brydain sicrhâ
   Fe 'n frenin da, a'i fryd,
Drwy urddau gwych, dro hardda' gwedd,
   I gynnal hedd o hyd.

Boed SIOR BEDWERYDD, llywydd llu,
   Yn hynod gry' mewn gras,
I gadw Brydain, ymhob bro,
   Rhag llunio cyffro câs.

Hir bydded pen teyrnwialen wych,
   Yn lwyr-wych yn ei law ;
A Duw ei blaid, ar dywydd blin,
   Er cadw 'r dryo-hin draw.

O! Brydain oll, mae 'n bryd i ni
 Gyd-waeddi, Cadw ef
Yn llywydd medrus ymhob man,
 I ni o dan y nef.

A chadw 'i ddeiliaid unblaid oll,
 Rhag chwennych archoll chwaith
I deyrnas Lloegr—ond ei llwydd,
 Mae 'n gweddu i'n swydd a'n gwaith.

Dymuno llwyddiant pawb a'u lles,
 Bob dydd f'o 'n neges ni,
Sef brenin, deiliaid, a phob dyn,
 A'n crefydd ;—hyn f'o 'n cri.

ENGLYNION COFFADWRIAETHOL

AM Y DIWEDDAR

MR. EDWARD JONES, MAES Y PLWM.

———

BARDD MAES Y PLWM, trwm fu 'r tro,—i'n gwlad oll,
    Glywed am ei briddo,
  Gorchwyl prudd, orfod cuddio,
  Yn y bedd ei wyneb o.

Pwnc cyfyng im' pan cofiwyf—am ei farw,
    Myfyriawl ddwys bruddglwyf ;
  Yr awr hon, galarwr wyf,
  Am Edward Jones, trwm ydwyf.

Aml waew gûr, ei deimlo gawn,—rhwyg i'r fron,
    Rhyw egr frath tra chreulawn, .
  Oll ar ol colli 'r hylawn
  Athraw y gerdd, lithrig iawn.

Ei ddyfal gerdd oedd fel gwin—(hyn yw barn
    Y Beirdd yn gyffredin),
  A fu i'r oes o fawr rin ;
  Mae athraw fu 'n ein meithrin ?

Mae ef ? pa'm rhaid 'mofyn,—marw weddillion
    Yn mhriddellau 'r dyffryn ;
  Yma 'r huna am ronyn,
  O'n gwydd oll, yr enwog ddyn.

Ond ei enaid yn dyner,—tuedd rhwydd,
    At Dduw 'r aeth ar fyrder ;
  Draw ehedai, drwy hyder,
  I achles iach uwchlaw sêr.

Edrych i'r drefn anfeidrawl,—mae yno,
  Mewn mwyniant ysbrydawl ;
Ac uno mewn canu mawl
Godidog, ehediadawL

Ei dda awen fydd hoewach,—hon ar dân,
  Rhed yno 'n gyflymach ;
Yn y nef fe seinia 'n iach
Fawl Iesu yn felusach.

Daw ei gorff â rhyw newid gwedd—arno,
  Addurniad tra rhyfedd,
At yr enaid hir rinwedd,
I fwynhâu diderfyn hedd.

JOHN OWEN.

Llynlleifiad.

———

GWIR gristion, ffyddlon, hoff, hardd,—un dıdwyll,
  Nodedig, a phrif-fardd ;
Un addfwyn, awenydd-fardd,
Dwyfol fu, a dyfal fardd.

Bu urddedig, bardd ydoedd,—cry', astud,
  Cristion diargyhoedd ;
Athraw plant, moliant miloedd,
A gloew sant mewn eglwys oedd.

DAVID JONES.

Cilcain.

CYNNWYSIAD.

CAROLAU.

CANEUON AR WAHANOL DESTUNAU.

ENGLYNION, &c.

P. M. EVANS, ARGRAFFYDD, TREFFYNNON.

Printed in Great Britain
by Amazon

78470976R00163